박정희의 유산

박정희의 유산

김재홍 지음

돌선 푸른숲

미국 하버드대 캠퍼스를 풍요와 평화로 감싸듯 잔잔하게 흐르는 찰스강. 다리 앞의 쌍둥이 건물이 하버드의 레베래트 기숙사이며 강 아래쪽은 보스턴 대학이다.

미국 동부의 자그마한 대학도시 케임브리지 옆으로 소담스런 찰스강이 흐른다. 찰스강은 맑고 잔잔해서 첫눈에 친근감이 느껴진다. 더구나 강가의 잔디밭 위에 언제나 노닐고 있는 다람쥐와 물오리들을 보면 서울을 떠나 먼 곳에 왔다는 생각이 전혀 안 들었다. 이따금 동부해안에서 강줄기를 따라 날아온 갈매기 서너 마리가 대학촌의 정경(情景)을 구경하다 가곤했다. 오리들은 내 두 딸아이가 던져주는 과자 부스러기를 먹기 위해 날개를 퍼덕거리며 모여들었다. 경계심 많은 다람쥐도 주저없이 다가왔다. 강변 곳곳에선 하버드의 남녀 학생들이 잔디 위에 엎드려 책을 보거나 얘기꽃을 피웠다.

또 주말이면 강변 자동차도로는 진입로가 차단된다. 자동차 없는 도로는 롤러 스케이트장이다. 어른 아이 할 것 없이 강가로 쏟아져 나와 롤러 스케이트를 즐긴다. 그리고 강 위엔 보트를 젓는 대학생들이 한창 젊음을 뽐낸다.

보트 타는 모습이 어찌나 부러웠던지 나는 아내와 함께 보트 하우스에 갔다. 중고교 시절 고향에서 보트를 꽤 저어본 경험이 있는 터였다. 보트 관리인은 1백 피트 수영 테스트를 받고 오라고 일러

주었다. 수영 테스트는 어려운 일이 아니었지만 보트는 모양도 늘씬하게 빠진 경기용으로 좌우 기울기가 심해서 한국 것과는 전혀 달랐다. 기본 기술을 익히려면 상당한 시간이 필요했다.

처음에 한 시간 정도 지도를 받고 보트를 띄웠으나 그 실력으로는 어림도 없었다. 우선 기본기가 한국 보트처럼 좌우에서 일직선으로 회전운동을 하며 젓는 것이 아니었다. 이 경기용 보트는 양쪽 팔을 교차하며 저어야 했다. 조심조심 저었으나 나중에 힘이 빠지자 그만 손등을 손톱으로 긁어 쓰린 생채기가 나기도 했다.

나는 1995~1996년 하버드대 니만펠로십 연구과정을 이수하면서 이렇게 제2의 대학생활에 빠져들었다. 그것은 나의 나쁜 습관 중 하나였던 공상(空想)이 실현되는 듯한 시간들이었다. 그러면서 공상이 해로운 것만은 아니라는 생각에 점점 더 캠퍼스의 푸르름 속으로 용해되어갔다.

하버드의 기숙사들은 대부분 찰스강가에 위치해 있다. 내가 시니어 커먼 룸(기숙사운영평의회)의 멤버로 배속된 레베레트 기숙사는 찰스강과 강변 잔디밭이 한눈에 들어오는 식당을 갖고 있었다. 나는 대부분 이 식당에서 아내와 함께 점심식사를 했다. 주말엔 초등학교를 다니는 두 딸아이도 함께 뷔페 분위기를 한껏 즐겼다. 교수와 지역유지들로 구성된 시니어 커먼 룸의 멤버들은 기숙사생들의 상담역이었다. 나는 이 멤버들이 갖은 한국과 아시아에 관한 궁금증을 틈틈이 풀어주었으며 학생들의 소그룹 세미나에도 참석해야 했다.

그러던 1995년 11월 하순의 어느 주말, 나의 여유로운 대학생활을 깨는 뉴스가 서울에서 터져나왔다. 이날 니만펠로 동급생들이 아파트로 전화를 해왔다. 이들은 "한국에서 전직 대통령이 체포됐다는 주요 기사가 〈뉴욕 타임스〉에 실렸다."며 걱정스런 말투였다. 나는 이미 10월 말부터 서울의 정국 동향이 이상해서 짐작하고 있었노라고 답변해주었다. 그러나 구속된 전직 대통령은 한 명도 아니고 두 명으로 늘어나고 있었다. 그러자 각국에서 온 동료 펠로들은 나에게 저녁식사나 함께 하자며 모여들었다.

〈보스톤 글로브〉의 편집부국장으로 동경특파원을 지낸 톰 애시브룩과 〈시카고 트리뷴〉의 칼럼니스트인 메리 슈미크는 나에게 "이 코스가 끝난 뒤 귀국하는 데 문제가 없겠느냐."고 물었다. 나는 속으로 웃음도 나왔지만 국제 저널리스트들에게 비친 한국의 정정(政情)이 그런 수준이었다는 데 부끄러움을 떨쳐버릴 수가 없었다.

이들은 전두환 · 노태우 씨의 구속을 일종의 정변으로 이해하고 있었다. 새로이 정권을 잡은 대통령이 구원(舊怨)을 가졌던 전직 대통령과 기존 체제에 대해 정치적 보복을 가하는 친위 쿠데타 정도로 생각한 것이다. 나는 우선 이들에게 전 · 노씨의 내란과 정권찬탈 과정을 설명했다. 또한 전직 대통령이라는 말에 대한 나의 이견을 밝혔다. 단일후보에 흑백투표나 다를 바 없는 추대과정을 거친 권력자가 민주적 선거에서 뽑히는 대통령과 같은 직함으로 불리는 것 자체가 정당하지 않다고 피력했다. 나는 국가위신이란 말을 처음으로 실감하면서 그들에게 전직대통령이란 호칭을 붙이기에 적합하지 않다고 토로했다. 이 말에 동료 펠로들은 나의 안위에 대해 일단 문제가 없다고 느끼는 모양이었다.

이어 나는 김영삼 정권이 정치자금 공개 압력의 위기에서 탈출하기 위해 전 · 노씨 구속이라는 정국 전환 카드를 썼을 정략 가능성도 배제할 수 없다고 설명했다.

이것이 내가 하버드에서 가진 본격적인 첫 한국정치 세미나인 셈이었다. 그후 나는 하버드 한국학 연구의 중심인 한국학연구소 측 요청으로 한국 현안문제 세미나에서 주제발표를 했으며 법대의 동아시아 법률연구소가 주최한 '5·18 특별법의 소급입법 논란'이라는 세미나에도 참석했다. 이 자리엔 평소 한국을 소홀히 하던 하버드의 아시아문제 전공자들도 참석했다.

이렇게 한국정치에 대한 수요가 갑자기 늘어나는 바람에 나는 찰스강가의 낭만을 더 이상 만끽하지 못했다. 겨우 일년 간의 하버드 생활이 그나마 또 하나의 한국정치 쇼크로 침범당해 영 아까운 생각이 들었다. 강을 넘어서면 뉴잉글랜드의 중심지 보스톤이었으나 보스톤 시내도 다 돌아볼 여유가 없었다. 보스톤과 케임브리지는 사실상 하나의 도시라 할 수 있다. 서울의 대학촌과 도심보다도 더 근접한 동일 생활권이다. 뉴잉글랜드에 정착한 앵글로 색슨들이 자신들의 고향인 영국 런던시가를 그대로 복사해 건설했다는 보스톤은 고풍의 도시다. 니만펠로십 본부에서 내준 초대권으로 보스톤 심포니 오케스트라 연주도 참관했지만 보스톤은 나에게 내내 낯선 도시였다. 오자와라는 오케스트라 전속지휘자는 한국인 단원을 한 명도 들이지 않는 것으로 악명 높았다. 여기서도 일본은 한국을 소외시키고 있었다. 그것이 현실이었다.

그렇다면 한국의 미래는 어떤가. 분단 체제는 언제쯤이나 통일될 것인가. 아시아태평양지역에서, 또한 미국을 비롯한 국제사회에서 한국의 위상은 어떻게 자리매김될 것인가.

나는 하버드에서 이런 물음에 답하기 위한 책을 구상했다. 당시 나의 연구주제는 '정당정치와 외교안보'였다. 이는 내가 〈동아일보〉 정치부 기자를 거쳐 데스크를 맡으면서 경험했던 한국의 시대사를 어제, 오늘, 내일로 연결시켜보려는 시론적(試論的) 연구주제였다.

모처럼 일상업무에서 벗어나 재충전의 욕심으로 꽉 차 있던 나에게 하버드의 여러 교수들과 대학원생들은 깊은 인상을 주었다. 아시아학 대가인 에즈라 보겔, 국제안보론의 실레스티 왈란더, 미국외교정책론의 그레이엄 앨리슨과 로버트 블랙월 교수들의 친절한 가르침은 쉽사리 잊혀지지 않을 것이다. 특히 니만펠로십의 책임자 빌 코바치 전 〈뉴욕 타임스〉 워싱턴본부장과 에드워드 베이커 옌칭(燕京)연구소 부소장, 레베레트 기숙사의 사감과 부사감인 존 다울링 교수부부, 그리고 한국학연구소장 카터 에커트와 한국근대사를 강의하는 마일란 헤이트마넥 교수 등은 오래도록 교유하고 싶은 선배며 동지로서 두터운 정을 느끼게 해준 분들이었다.

이 분들이 나에게 한반도와 국제사회, 과거와 미래, 그리고 언론과 공동체 간의 상호관계에 관해 귀중한 재충전 기회를 주었음을 적어두고자 한다.

우리의 미래는 21세기라는 시간과 통일한반도라는 공간, 그리고 오랜 분단 체제의 주민으로 이질화된 한민족이라는 행위자에 의해 구성된다. 이런 요소들을 어떻게 종합적으로 탐구하고 소화하느냐가 나의 관심사다.

박정희 권력은 개발 독재로 경제성장을 이루었다지만 나쁜 유산을 더 많이 남겼다는 것이 나의 관점이다. 무엇보다도 국가정보기관의 정치공작, 정치군벌과 지역차별, 왜곡된 언론구조, 북한과의 극단적 대결 구조가 박정희 권력에서 자라났다. 이 책은 그 실상을 경험적으로 제시하기 위해 쓰여진 것이다. 제대로 책을 쓰려면 기획에서부터 집필까지 일관되게 하나의 주제에 전념해야 하는데 산고(散考) 형식으로 돼버리지 않았나 하는 아쉬움도 있다. 그러나 나는 저널리스트로서 최소한의 시대사적 자료를 남길 수 있다면 그 이상의 욕심을 갖지 않는다.

나는 이 책을 쓰는 데 있어 많은 선배와 동료들로부터 성원을 받았다. 우선 중견언론인들의 연구 및 친목단체인 관훈클럽 신영연구기금이 이 책을 저술지원대상으로 뽑은 것은 나에게 큰 용기를 주었다.

미욱한 후배를 이끌어주는 〈동아일보〉의 남중구(南仲九) 논설주간과 김종심(金種心) 논설실장께 감사한다. 또 〈동아일보〉 정치부의 선후배들과 나눈 평소 격의 없는 대화와 우의가 이 책의 산파역이었음을 고백한다.

자식의 앞날을 남달리 관심 있게 지켜보던 아버님〔金泳吉〕 영전에 이 책을 바치며 어머님〔金貞淑〕께 작은 기쁨이라도 드리고 싶다. 아내 용경식(龍敬植)과 아빠와의 대화를 한창 갈구할 두 딸 지연(志娟) 세연(世娟)에게는 휴일 없는 가장의 변명이 될 수 있기를 기대해본다.

1998년 가을, 〈동아일보〉 논설위원실에서

김 재 홍

차   례

박정희의 안가에 온 여인들

중앙정보부 채홍사의 육성 증언(녹음테이프 1)

10 · 26 박정희 살해 사건은 대통령의 비밀 요정 격인 중앙정보부 부속 궁정동 연회장에서 일어났다. 그것 자체가 이 사건의 직접적인 원인을 알려주는 단서였다. 대통령과 그가 가장 신임하는 측근 권력자들인 중앙정보부장, 청와대 비서실장, 경호실장, 이렇게 네 명이 저녁에 벌인 술자리에서 일이 터진 것이다. 이미 20년 가까운 세월이 흐른 1979년의 일이다.

그 자리엔 여자도 둘이 동석했다. 한 여자는 가수이고 다른 한 여자는 여대생으로 아르바이트 패션모델이었다. 대통령과 국가 공직자들이 외부와는 일체 차단된 안가에서 주연을 벌이는 자리에 주흥을 돋우고 술시중을 들게 하기 위해 젊은 여자들을 불러들인 것이다. 이런 술자리 행사가 한 달에 열 번, 그러니까 사흘 걸러 한 번씩 벌어졌다. 그 자리에 한 번씩 왔다간 여자들은 지금도 이름만 대면 누구나 알 만한 TV 탤런트와 가수 등 연예계의 일류 스타들이라는 증언이 나왔다.

또 대통령의 술판은 소행사와 대행사로 구분됐다. 소행사는 대통령 혼자서 즐길 때이고 대행사는 측근 권력자 3, 4명이 함께 하는 것을 뜻했다.

이것이 절대군주나 봉건영주 시대가 아닌 20세기 말 자유민주주의 국가 한국에서 벌어진 일이다. 국가 기밀 보호를 빙자한 중정의 안가는 권력자들의 전용 연회장으로 이용됐다. 그 국가 기밀의 보호막 속에 대통령의 술과 여자가 숨겨져 있었다. 소문은 더러 나돌았지만 근거 없는 루머라고 깔아뭉개졌다. 그 진상 여부를 아무도 조사하거나 취재할 수 없었다.

대통령의 채홍사

그러나 금단의 장막으로 가려진 것 같은 관립 비밀요정에서 벌어진 일들도 햇빛을 볼 날이 있었다. 그 관립 요정의 관리책임자는 김재규(金載圭)가 가장 신임하던 부하로서 10·26거사를 함께한 박선호(朴善浩) 전 중앙정보부 의전과장이다. 그는 김재규와 함께한 법정 비공개 진술을 통해 처음으로 외부 여인을 동석시킨 대통령 박정희의 술자리 행사에 대해 증언했다. 중앙정보부 의전과장의 임무는 언제부터인가 대통령의 술자리 행사에 여자를 조달하고 관립 요정을 관리하는 것으로 변질돼 있었다.

그래서 붙여진 이름이 대통령의 채홍사.

채홍사의 증언에 따르면 이미 명성을 얻은 일류 탤런트보다는 20대 초반의 연예계 지망생이 무난한 조달 대상이었다. 그 중엔 유수한 대학의 연예 관련학과 재학생도 있었다. 채홍사가 구해온 여자들은 먼저 경호실장 차지철이 심사했다. 차지철은 채홍사에게 "돈은 얼마를 주더라도 좋은 여자를 구해오라."고 투정을 부리기도 했다. 그래서 대통령의 채홍사란 중앙정보부 의전과장보다도 경호실장 차지철에게 붙여야 할 이름이었다.

10 · 26 박정희 살해사건이 일어난 중앙정보부 비밀 연회장의 대행사 현장에서 술시중을 들었던 두 여인이 1979년 12월 17일 오후 4시 15분경 비공개 군사법정에 증인으로 출두하고 있다.

차지철의 심사에 이어 여인들은 술자리에 들어가기 전 경호실의 규칙에 따라 보안 서약과 함께 그날의 접대법을 사전에 엄격하게 교육받았다. 우선 이 자리에 왔던 사실을 외부에 발설하면 안 된다, 술자리에 들어가면 대통령을 비롯해서 고위 인사들의 대화 내용에 관심을 표하지 말아야 한다, 특히 대통령이 말을 걸어오기 전엔 이쪽에서 먼저 응석을 부리지 말아야 한다.

김재규가 대륜중학교 교사로 잠깐 재직할 때 제자였던 예비역 해병대 대령인 박선호는 "자식 키우는 아버지로서 할 일이 못 된다는 생각이 들어서 몇 번이나 사표를 냈다."고 진술했다. 그러나 그는 김재규의 만류로 그 수치스럽다고 생각한 채홍사 일을 계속하다가 김재규와 함께 형장의 이슬로 사라지는 비운의 주인공이 되고 말았다.

그의 비공개 진술은 최초로 대통령 박정희의 은밀한 사생활을 역사에 기록하게 했다. 10 · 26의 원인을 김재규의 최후 진술로 분석하면 유신 독재와 야당 탄압, 부산과 마산의 시민 항쟁 사태, 그리고 미국과의 관계 악화 등 정치적 명분에서 찾을 수 있다. 그러나 어떤 역사적 사건도 항상 그렇듯이 명분은 표피일 뿐이며 행동의 직접 원인이 되는 비화가 깔려 있는 법이다. 10 · 26의 원인은 상당부분 대통령 박정희의 사생활 문란으로 인한 판단력 마비와 그것에 대한 측근들의 환멸감에 있었다. 유신 독재에 대한 비판의식만으로는 그 체제의 실질적 2인자인 중앙정보부장이 대통령을 살해한 동기를 다 설명할 수가 없다.

인간적인 환멸감과 국가안보의 위기의식이 합해졌기 때문에 김재규와 박선호는 자신들이 가장 가까이서 모셔온 각하를 제거했다고 설명해야 비로소 설득력을 갖게 되는 것이다. 그 인간적인 환멸은 흐트러진 사생활을 들여다본 데서 비롯된다. 대통령의 판단력 마비로 인한 국가안보의 위기의식을 절감했던 것이 10 · 26의 동인으로 작용했다.

그럼에도 김재규는 법정진술에서 자신의 고향 선배요, 직속상관이며 은인인 '각하'의 사생활 부분에 대해서는 일절 입을 다물었다. 그는 오로지 자유민주주의에 대한 박정희의 배반과 국민적 항쟁에 대한 살상진압 우려를 거사의 명분으로 내세웠다. 오히려 그는 부하인 박선호가 각하의 소행사 · 대행사를 진술하려 하자 뒤에서 소리쳐 제지했다.

그러나 결국 대통령 박정희의 술과 여자에 대한 증언은 채홍사 역을 해온 박선호의 몫이었다.

다음은 1979년 12월 11일 군법회의 제1심 4회 공판에서 박선호 피고인에게 처음으로 대통령 박정희의 술과 여자에 대해 진술하기를 유도한 강신옥(姜信玉, 국회의원 역임) 변호사의 신문이다. 강 변호사는 교도소에서 박 피고인에게 변호인 접견 등을 통해 사전취재를 많이 했으며 암시도 주었다. 그러나 이때만 해도 박선호 피고는 변호사의 의도대로 따라주지 않았다. 그는 중앙정보부 사람답게 대통령의 비밀을 가슴 속 깊이 묻어두려 했다. 그런 그가 심경의 변화를 일으킨 것은 1심에서 사형선고를 받은 후 고등군법회의 항소심 재판부터였다.

▣ (녹음테이프 1)

변호사 : 피고인은 차지철 경호실장이 여자 문제를 더욱 힘들게 하고, 피고인 자신이 어린애들을 갖고 있는 아버지로서 그런 일을 하고 있다는 데 대해 인간적으로 괴로워서, 김 정보부장에게 수차 "도저히 이 일

을 계속할 수 없습니다."라고 하소연하면서 그만두게 해달라고 했으나 김 부장이 "궁정동 일은 자네가 없으면 어떻게 하느냐."고 하면서 사의를 만류시켰다고 하는데, 사실입니까?

박선호 : 제가 근무하기를 몇 번 꺼렸습니다. 그래서 부장님에게 하기 어렵다는 여러 가지 사유를 몇 번 말씀 올린 적이 있습니다.

변호사 : 결국 정보부장이 "자네가 없으면 어떻게 하느냐."고 또 그렇게 해서 할 수 없이…….

박선호 : 네. 저를 신임하시어 자꾸 계속 근무하기를 원하셨습니다.

변호사 : 청와대 차지철 경호실장은 "돈은 얼마든지 주더라도 좋은 여자를 구해달라."고 하면서 실제로 돈은 한푼도 주지 않을 뿐만 아니라 하도 말만 많아서, 피고인이 경호처장인 정인형한테 "당신이 고르라."고 말했더니 "청와대에서 고르는 걸 국민이 알면 큰일난다."며 안 된다고 하기에, 피고는 "그러면 골라놓은 사람들에게 좋다 싫다 말이나 말아야 할 것 아니냐."고 항의까지 했더니 그 이후에는 차 실장도 잔소리가 적어졌다는데, 그렇습니까?

박선호 : (나지막한 목소리로) 말씀 안 드리겠습니다.

변호사 : (한참 묵묵히 있다가) 피고인은 1978년 8월 11일에 의전과장이 되어서 1979년 10월 27일 면직될 때까지 하루도 출근하지 않은 날이 없었다는데, 그렇습니까?

박선호 : 네.

변호사 : 출근한 날에 추석이나 정초 휴일까지 포함되지요?

박선호 : 그렇습니다.

변호사 : 휴일을 포함해서 하루도 결근을 하지 않고 계속 출근했다는 말이지요?

박선호 : 네. 부장님이 언제 어떤 지시를 내릴지도 모르고 그래서 제가

매일 나갔습니다.

　변호사 : 피고인은 어제 말한 소행사나 대행사, 이게 하도 빈도가 심해 남효주 사무관과 같이 앉아서, "대통령이지만 너무 심하다." 라고…….

　검찰관 : 재판장님. 이의 있습니다. 지금 변호인은 본건 공소 사실과는 아무런 관계 없는 사실에 대해서 질문하고 있습니다. 신문을 제한해주시기 바랍니다.

　법무사 : 사건과 관련 있는 건만 신문해주십시오.(검찰관의 이의 제기에 동의하지 않는 말투)

　변호사 : 사건과 관련이 있습니다. 만약 관련이 없다면 재판부에서 대답하지 않게 해도 좋습니다만.

　법무사 : 피고인도 마찬가지입니다. 직무상 비밀 등에 대해서 진술거부권이 있다는 것은 고지한 바와 같습니다.

　변호사 : 어떻습니까?

　박선호 : 다시 말씀해주십시오.

　변호사 : 소행사 · 대행사의 빈도가 하도 심해 남효주 사무관하고 같이 앉아서, "대통령이지만 너무 심하다." 는 불평을 주고받았다는데…….

　박선호 : 답변을 거부하겠습니다.

　변호사 : 있죠?

　박선호 : 답변을 거부하겠습니다.

일류 배우들이 왔었다

　10 · 26 군사재판에서 박선호 피고인을 담당한 강신옥 변호사는 항소심에 들어와 채홍사 일을 진술하게 하는 전략으로 나갔다. 그것은 바로 대통령 박정희의 술과 여자를 폭로하는 증언이었다. 대통령의 방탕과 그로 인한 판단력 마비, 그리고 국가안보 위기, 이것

이야말로 10·26거사의 정당성을 부각시킬 수 있는 가장 효과적인 변론이었다. 어느 정도 10·26거사의 정당성이 인정되면 김재규와 박선호 등 피고인들의 죄는 내란 목적 살인에서 단순 살인으로 정상 참작이 가능한 것이었다. 이것이 피고인들에게 극형을 면하게 해주는 길이었다.

1심에서 사형선고를 받은 뒤 박선호는 상당한 심경 변화를 일으켰다. 어차피 죽게 될 바에야 역사적 증언이나 하자는 생각이었다. 마치 주색에 빠져 나라를 빼앗긴 군주국의 마지막 왕들을 연상케 하는 얘기들이 그의 깊은 가슴 속에서 흘러나왔다. 그러나 그는 끝내 대통령의 술자리 여인들의 이름은 공개하지 않았다.

다음은 10·26이 일어난 해를 넘긴 1980년 1월 23일, 서울 용산 국방부 경내에 설치된 계엄사 고등군법회의 2회 공판의 녹음이다.

변호사 : 피고인은 1심에서 변호인이 그날 당일 여자 두 사람을 인솔해온 것을 물었을 때 대답을 않겠다고 했는데, 지금도 그런 심정입니까?

박선호 : 그 문제를 제가 답변하게 되면 지금 현재 시내에서 일류 배우들로 활동하고 있는 그들에게 역효과가 나고, 사회적으로 문제가 되고, 돌아가신 분에게 욕되기 때문에 제가 그 문제를 피했습니다.

변호사 : 지금도 그런 심경입니까?

박선호 : 예. 그 문제를 가지고 제가 말하고 싶지 않습니다.

변호사 : 이번에 한 행동의 숨은 동기 중 혹시 그런 사정 때문에 자신의 결정에 어떤 영향을 미치지 않았나 하는 생각은 없습니까? 이번에 부장의 명령에 따르기는 했지만 그 행위에 가담하게 된 사정 속에는, 사람

의 행동 속에는 무의식중에 그것을 결정하게 하는 여러 가지 요소가 있는데, 이번 행동에 가담하게 된 사정 속에 어떤 숨은 동기가 있느냐 이겁니다.

박선호 : 제가 무슨 동기가 있었다기보다, 저는 하여간에 일년 내내 하루도 근무를 쉬지 못했습니다. 여러 가지 이유가 있는데, 특히 불시에 오시기 때문에……. 저는 그때 동기라든가 이런 것보다는 존경하는 부장님의 지시면 무조건 한다는 것 외에는 없고, 만약 그때 다른 지시를 했어도 응했을 것입니다.

변호사 : 만찬에 참석한 여자 둘을 몇 시에 보냈습니까?

박선호 : 제가 11시경에 보냈을 겁니다.

변호사 : 11시경에, 그러니까 거사가 있고 난 뒤에 그날 보냈죠? 그날 돈도 주고 보냈죠?

박선호 : 네. 완전히 다 계산해서 보냈습니다.

당시 중앙정보부에서 술자리 여인들에게 주는 화대는 지금 돈 가치로 쳐서 보통의 경우 50~100만 원 정도였고, 이름 있는 스타인 경우는 그 두 배를 주었다. 당대 최고의 술자리였음을 감안하면 일반의 상상보다 꽤 짠 편이었다. 재벌이나 정치인들이 룸살롱에서 이름 있는 연예인이나 모델들에게 뿌리는 팁에 비한다면 어림도 없는 액수였다.

그 이유는 권력의 힘도 작용했겠지만 시중엔 대통령의 술자리에 가고 싶어하는 지원자가 상당히 많았기 때문이었다. 공급이 많은데 가격이 비쌀 필요가 없었다. 거기에도 수요와 공급의 시장법칙이 적용됐다는 것이다.

대표적으로 그런 지원자를 골라 보내주는 마담이 장충동에 있던 모 요정의 김 마담으로 알려졌다. 특히 연예계에서 스타가 되기 전 20대 초의 나이 어린 신참들은 김 마담으로부터 은밀히 제의를 받으면 대부분 쾌히 응낙했다. 이들은 그런 자리에 갔다온 경력을 자랑스럽게 여겼으며 그것으로써 연예계의 정상에 다가가고 있는 것으로 착각하기도 했다. 박선호는 급할 때 종종 김 마담에게 도움을 청하곤 했다고 변호사에게 털어놓았다.

술자리 여자를 최종 심사했던 경호실장 차지철은 요정에 소속돼 영업하는 여자들은 데려오지 못하게 했다. 고위층과 술자리를 함께 하는 것을 자랑스레 생각하는 연예계 지망생이 가장 무난한 대상이었다.

또 하나의 원칙은 같은 여자를 두 번 이상 들여보내지 않는 것. 단골을 만들 경우 각하에게 부담을 주게 되고 또 보안상의 문제가 생길 우려도 있기 때문이었다.

갑작스런 궁정동 연회의 차출 지시로 영화나 TV 프로 촬영 스케줄이 펑크나는 일도 종종 일어났다. 납득할 만한 설명 없이 연예계의 힘 있는 '협회'에서 무조건 출두하라는 연락이 가는 것이다. 이런 일로 한두 차례 곤욕을 치른 경험이 있는 연예계의 제작진 사이에서 소문이 나지 않을 수 없었다.

중앙정보부 의전과장

의전비서나 의전과장이란 본래 그 조직과 외부 간의 접촉에 필요한 절차와 일정 등을 관리하는 직책이다. 그런데 고위층일수록 만나고 싶어하는 외부 인사는 많고 시간은 부족하기 때문에 의전비서가 그만큼 세도를 부릴 수 있게 된다. 즉 고위층과 만나는 시간을 잡아주는 역할이 상당한 영향력을 파생시키는 것이다.

또 의전비서는 대부분 고위층의 심복이다. 자신의 하루 일과표를 관리하는 비서란 자신의 행동거지 하나하나를 훤히 알고 있는 인물이다. 그런 비서가 나중에 수틀려서 자신에게 불리한 행적을 폭로한다면 매우 곤란한 상황에 처할 수 있다. 따라서 어떤 경우에도 자신을 배신하지 않을 평생동지를 의전비서로 삼는 것이 통례이다. 특히 독재자의 경우 개인적으로 가장 가까운 부하는 역시 경호실장과 의전 수석비서관이었다. 개인 생활과 관련된 비밀스런 역할을 수행하는 부하인 것이다.

중앙정보부에서 의전과장은 언제부터인가 부장이 가장 신임하는 오른팔이 맡게 돼 있었다. 대통령과 중앙정보부장 등 최고 권력자들의 내밀한 사생활을 관리하는 직책이 되면서부터였다. 국가 기밀과 정보 관리를 내세워 일반 국민의 눈에 완전히 가려져 있는 중앙정보부에 대통령을 위시한 최고 권력자들의 환락 생활을 뒷바라지하도록 한 것이다. 그 실무 책임자가 의전과장이었다.

중앙정보부의 김재규 부하들은 직위가 높든 낮든 그에게 거의 절대적인 복종심을 보였다. 이는 두 가지 면에서 해석할 수 있다.

하나는 한 번 인연을 맺은 부하들은 평생 따라다니며 영욕을 함께하는 일종의 가신(家臣)문화 때문이다. 즉 국가 공직자 의식보다는 가신 의식이 더 강한 부하들을 중앙정보부의 요직에 포진시켰다는 것이다. 이런 풍토에선 그의 부하들이 국민이나 국가 또는 대통령보다도 우선적으로 직속상관에게 충성하게 돼 있다고 보아야 한다.

박선호는 10 · 26 당일 김재규가 권총 방아쇠를 당기기 직전 그에게 "각하까지 포함됩니까?" 하고 확인했다. 김재규의 수행비서인 박흥주 대령도 이 얘기를 들었다. 그러니까 박선호와 박흥주도 분명히 김재규가 대통령 박정희를 쏠 것이라는 것을 알고 행동했다. 국가 공조직의 일원으로서보다는 김재규 가신으로서의 의식이 더 강했던 것이다. 이는 봉건 시대 영주의 가신이 국가의 군주보다도 영주에게 더 충성을 바치는 것과 똑같은 양상이다.

그리고 또 하나 중앙정보부 부하들이 보인 복종심의 배경은 김재규의 인격과 신망에 있었다. 김재규가 평소 부하들에게 어떤 명령을 내리더라도 따를 수 있는 존경의 대상으로 비쳐졌다는 사실이 중요하다. 박선호와 박흥주는 법정에서 최후 진술 때까지 "평소 존경하던 김 부장님의 명령이라서 그대로 따랐다."고 한결같이 말했다.

다음은 1980년 1월 24일 고등군법회의 항소심 3회 공판에서 행해진 박선호의 최후 진술이다. 그는 법정에서 하는 것으로는 마지막인 이날 진술을 통해 대통령의 술판에 관한 증언을 남기려 했으나, 재판부 법무사의 제지로 끝내 시원스레 토로하지 못했다.

법무사 : 감사합니다. 들어가십시오. 박선호 피고인 앞으로.

박선호 : 제가 지금 여기에서 최후 진술을 하게 된 것을 영광으로 생각합니다. 제가 정보부에서 근무하면서 존경하는 김 부장님을 모셨다는 것을 첫째 영광으로 생각하고, 아직까지 원망이나 비관해본 적이 없습니다. 이것은 저의 솔직한 심정입니다. 지금 저희가 거기서 근무하면서 부장님께서 구국을 위해, 민주를 위해 수시로 청와대에 들락날락하시면서 간혹 저희에게 숨통이 막히는 절박한 상황을 전달해주시고, 저로 하여금 일깨워주시고, 국가의 앞날을 버러지의 눈이 아니고 새의 눈으로 볼 수 있게 똑바른 눈이 되도록 길러주신 데 대해서 제가 항상 영광으로 생각했습니다. 그리고 그날 당일에 있었던 상황은 1심에서도 말씀드렸습니

다만, 긴박한 상황에서 아마 어느 누구도, 1백 명 중 90명은 반드시 그 행동을 그대로 취했으리라 믿습니다. 지금 또 그와 같은 상황에 처해도 저는 그 길밖에 취할 수 없다는 것을 분명히 말씀드립니다.

제가 그 진행 과정에서, 어제도 잠깐 말씀드렸듯이 제가 궁정동 일대 모든 건물을 관리하고 있으며 제 밑에 많은 부하들이 있습니다만, 완전히 사살을 목적으로 했다면 여러 가지 방법이 있고, 저는 구두로 지시만 했으면 됐습니다. 그러나 부장님의 뜻이 그것이 아니고, 이것이 과연 누구를 사살하고 누구를 어떻게 하는 것인지도 모르겠고, 흔히 각하 정도는 납치하면 일이 되지 않을까 생각했습니다만 윗분이 하는 일을 제가 알 바도 아니고, 하달하신 명령에만 충실하기 위해서 했고……. 전우를 살리려고 들어갔다가 오히려 희생시킨 데 대해서 이 자리를 빌어 다시 한 번 애통한 마음을 금할 수가 없습니다.

이렇게 될 바에는 차라리 제가 그 장소를 피했어도 될 것을, 살려보겠다는 마음으로 그랬다는 것을 말씀드리고 싶습니다. 여기에 지금 제 부하였던 이기주, 유성옥, 유석술, 김태원 이들은 아무 뜻도 모르고 나와 있습니다만, 제가 지시한 대로 한 쪽으로 몰아라, 왜냐하면 총소리가 났을 때 일단 저희가 먼저 행동하지 않으면 부장님이 희생당하기 때문에 그런 상황을 염려해서 한 군데로 몰라고 지시했고, 이 사람들은 내용도 모르고 따라 했다가 이 법정에 서게 되었다는 데 대해서 가슴 아픕니다. 아무튼 이 부하들에 대해서만은 관대하게 처리해주실 것을 말씀드립니다.

어제 여기에서 검찰관께 그 집은 사람 죽이는 집이냐 하는 질문 같지 않은 질문도 받았습니다만, 그 집은 사람 죽이는 집이 아닙니다. 그와 같은 건물은 대여섯 개가 있는데, 이것은 각하만이 전용으로 사용하시는 건물로서…….

법무사 : 범죄에 관계되는 사항만……

박선호 : 예. 그래서 이것을 제가 발표하면 서울 시민이 깜짝 놀랄 것이고, 여기에는 수십 명의 일류 연예인들이 다 관련되어 있습니다. 명단을 밝히면 시끄럽고, 그와 같은 진행 과정을 알게 되면 세상이 깜짝 놀랄 일들이 많이 있습니다. 평균 한 달에 각하가 열 번씩 나오는데, 이것을……

법무사 : 범죄 사실에 관해서만……

박선호 : 예?

법무사 : 피고인의 범죄 사실에 관해서만 말하시오.

박선호 : 예. 그래서 제가 일년 연중 하루도 쉬지 않고 열심히 근무했고, 상관의 명령을 충실히 이행했다는 것을 이 자리에서 말씀드립니다.

사흘에 한 번 펼쳐진 술자리

박선호 피고의 변론을 담당한 강신옥 변호사는 초기에 중앙정보부에서 그의 임무와 사건 가담 동기, 당일의 행적 등을 정리하다가 사건에 대한 의문이 풀려감을 느꼈다. 변호사들은 수시로 교도소에 가 피고인 접견을 하며 공판에서 주고받을 반대신문 내용을 준비했다. 강 변호사는 교도소에서 박선호 피고를 접견해 당시까지 숨겨졌던 많은 이야기를 듣는다.

강 변호사는 처음 김재규 피고인의 사선 변호인단 21명에 포함됐으나 김 피고인이 사선 변호인단의 변론을 거부하는 바람에 박선호 피고의 변론에 주력하게 된다. 김재규는 변론이 오히려 자신의 10 · 26혁명을 퇴색시킨다며 구차하게 사선 변호인들의 도움을 받지 않겠노라고 피력했다.

10 · 26 당일 박선호는 서울 시내 플라자 호텔과 내자 호텔에 다

녀온다. 그날 술자리에서 시중들 여자를 데리러 간 것이다. 유신 체제의 핵심 권력자들의 술판과 그 자리에 불려온 여자 두 명. 그는 불현듯 어떤 생각이 머리를 스쳐감을 느꼈다. 권력자들의 타락상으로 예로부터 언제나 문제를 일으켰던 것이 술과 여자가 아니던가.

강 변호사는 중앙정보부장이 대통령을 쏠 수밖에 없었던 상황에 대해 품었던 자신의 의혹이 풀려감을 깨달았다. 국정 최고 책임자의 방탕과 판단력 마비 때문에 국가위기가 다가옴을 절감했을 것이다. 국내적으로 부산과 마산의 시민항쟁 사태가 이미 자제의 한도를 넘었고, 밖에서는 미국측의 압력이 전해져오고 있었으니 그것이 국가위기가 아니고 무엇이겠는가.

생각이 여기에 미치자 강 변호사는 중앙정보부 의전과장으로 대통령의 비밀 요정 관리와 채홍사 역을 해온 박선호 피고인을 통해 박정희의 타락상을 폭로하기로 결심했다.

1979년 12월 11일 오후 보통군법회의 제4회 공판.

오전에 박선호, 박홍주 등 김재규의 중앙정보부 부하들에 대한 검찰관 사실심리가 끝난 데 이어 변호인 반대신문이 시작됐다.

변호사 : 정보부 비서실 의전과장의 임무는 정보부 궁정동 사무실에 있으면서 궁정동에 있는 다섯 개 연회장을 관리하고 정보부장을 보필하는 비서까지 겸하고 있다는데요?

박선호 : 네.

변호사 : 궁정동 다섯 개 연회장은 피고인이 의전과장이 되기 전부터 있던 구관과 현재는 가동이라 부르는 신관, 세검동 및 피고인이 와서 새로 건축한 나동과 다동을 말하는데, 그렇습니까?

박정희의 채홍사 역을 했던 당시 중앙정보부 의전과장 박선호가 군사법정에서 진술하고 있다. 왼쪽은 함께 재판을 받았던 김계원 전 청와대 비서실장.

박선호 : 네.

변호사 : 이번에 대통령이 살해된 궁정동 식당은 앞서 말한 나동입니까?

박선호 : 네.

변호사 : 피고인이 관리하는 다섯 개 연회장은 대통령이 혼자 사용하시거나 이번에 사건이 생겼을 때와 같이 대통령, 경호실장, 비서실장, 김정보부장, 이 네 사람이 연회를 가질 때 사용하는 장소라는데 사실입니까?

박선호 : 네. 그렇습니다.

변호사 : 궁정동 연회가 있게 되면 청와대 경호실 경호처장인 정인형이 피고인에게 전화로 연락을 주는데, 대통령 혼자 오실 때는 '소행사'라고 말하고, 네 사람이 같이 오실 때는 '대행사'라는 표현을 한다는데, 그렇습니까?

박선호 : 그렇습니다만, 그 행사 관계는 참고로 해주시면 좋겠습니다.

이때 박선호의 진술은 목안으로 기어들어가는 소리가 됐다. 무언가 꺼리는 말투가 역력했다. 강 변호사는 여기서 더 바짝 다그쳤다. 박 대통령의 부도덕성과 타락상이 부각될수록 10 · 26거사가 명분을 얻을 수 있기 때문이다.

변호사 : 아까 검찰관 신문할 때 얘기하다 말았는데, 그날 몇 시 몇 분에 플라자 호텔에 간 일이 있죠?

박선호 : ……

변호사 : 그때 플라자 호텔에 간 것은 바로 그날 연회장에서 도와줄 여

자를 데리러 간 거죠?

군사법정에 긴장이 흐르는 사이 "야, 얘기하지 마." 하는 작은 외침이 박선호의 등 뒤에서 터졌다. 피고인석 맨 앞줄에 앉아 있던 김재규가 박선호의 답변을 제지하는 목소리였다. 김재규는 법정진술에서 박 대통령의 사생활 부분에 대해서는 일체 함구했다. 그는 유신 체제와 박 대통령의 영구집권 욕심에 대해서만 신랄하게 비난했다. 그 외의 사생활은 거론하지 않았고 박 대통령을 호칭할 때마다 깍듯이 존칭어를 썼다.

그런 그가 이날 공판에서 박 대통령의 치부를 은폐하기 위하여 부하의 진술을 막기까지 한 것이다. 오랫동안 '모신' 상관에 대해 애증이 엇갈리는 모습이었다. 이에 박선호도 잠시 '양심선언'을 유보하는 태도를 보였다.

법정에는 잠시 묘한 긴장이 감돌았다. 무언가 최고 권력자의 내밀한 문제가 숨겨진 것인가. 법정에서도 공개적으로 말 못하는 사연이 있는 것만은 분명해 보였다.

[O▣O]

박선호 : 상상에 맡기겠습니다…….

그는 답변 말미에 살짝 웃음기를 띠었다. 그러나 강변호사는 이날 준비해온 대로 밀고 나가기로 마음먹었다.

변호사 : 플라자 호텔에서 내자 호텔로 간 것도 여자를 데리러 간 거죠?

박선호 : …… 상상에 맡기겠습니다.

그가 거듭 답변을 거부했지만 이것만으로도 박정희의 술자리와 여자 조달행각이 처음으로 세상에 알려지는 순간이었다. 박선호의 얼굴 표정이 일그러졌다.

> **변호사** : 그래서 도착한 것은 몇 시죠?
> **박선호** : 제가 오니까 이미 행사가 시작되고 있었습니다. 약 6시 30분쯤, 정확한 시간은 기억나지 않습니다.

절대권력은 절대 타락한다

박선호 피고인이 대통령의 주연 담당이었다는 사실 때문인지 처음부터 군 검찰관은 사실신문에서 피고의 진술을 통제하고 나섰다. 박선호가 10 · 26 당일의 행적에 대해 진술하면서 대행사 얘기를 꺼내자 검찰관은 재빨리 "네, 알겠어요."라면서 말을 더 이상 못하도록 끊었다. 또 행사 준비차 플라자 호텔에 갔다면서 다음 말을 이으려 하자 검찰관은 급히 "네, 알겠습니다."라고 말을 막았다. 플라자 호텔은 그가 대통령의 술자리에서 시중들 여자들을 만나 데려오는 약속장소였다.

이는 군 검찰관이 피고인을 신문할 때 사건 발생의 전후관계를 따져 밝히는 것보다 대통령의 사생활 보호에 더 비중을 두었다는 얘기가 된다. 또 검찰관이 그런 말의 의미가 무엇인지를 사전에 알고 있었다는 증거이다. 이 군사재판은 법정의 옆방에 보안사령부 파견관이 대기하면서 지시 메모를 수시로 전달한 이른바 '쪽지재판'이었다.

10 · 26사건에 대한 군사재판에서 김재규 피고인이 주로 고도의 정치 문제를 진술한 데 비해 박선호와 박흥주 피고 등 그의 부하들

은 핵심 권력자들의 사생활과 권력투쟁상을 묘사했다. 1979년 12월 11일 오전 보통군법회의 4회 공판에서 박선호 전 중앙정보부 의전과장이 증언한 궁정동 관립 비밀 요정의 대행사·소행사는 극히 일부 알 만한 사람만 아는 일이었다. 권력층 주변 사람들은 이를 그럴 수 있는 일이라고 눈감아주는 태도를 취했다. 그러나 일반 국민은 대통령과 고위 공직자들의 그런 행태를 이해할 리가 없을 것이다. 당시까지 그런 비화는 국가 기밀과 함께 묻혀 일절 알려지지 않았다. 국민이 알든 모르든 그날의 궁정동 행사는 결국 "절대권력은 절대로 타락한다."는 금언을 실증하는 자리였다.

🔊

검찰관 : 피고인. 구속되기 전에 직업은 무엇이었습니까?

박선호 : 잘 안 들립니다.

검찰관 : 잘 안 들려요? 이번에 구속되기 전에 직업이 뭐냐고…….

박선호 : 전 중앙정보부 의전과장이었습니다.

검찰관 : 피고인은 해병 대령으로 예편한 사실이 있지요?

박선호 : 네.

검찰관 : 대령으로 예편한 다음 중앙정보부 의전과장이 되기까지의 경력을 얘기해보십시오.

박선호 : 예편된 다음 해인 1974년도에 중앙정보부 총무과장으로 들어가서 부산의 정보과장을 거쳐 거기서 의원면직을 하고, 그 다음에 현대건설 사우디 현장에서 안전과장으로 일년 간 근무를 하고 돌아와서 중앙상사라는 상사를 차려 대표로 근무하다가, 지난 해 8월 11일에 비서실에 근무하게 되었습니다.

검찰관 : 그러니까 작년 8월부터 중앙정보부 의전과장으로 근무했지

요?

박선호 : 그렇습니다.

검찰관 : 본래 의전과장이 하는 일이 뭡니까?

박선호 : 네?

검찰관 : 의전과장이 하는 일이 뭡니까? 임무……

박선호 : 의전과장이 하는 일은 궁정동에 있는 본관, 즉 정보부장님의 집무실과 각하가 쓰시는 구관, 가동, 나동, 다동, 이 다섯 개 건물의 관리를 하고, 주로 제가 하는 90퍼센트의 일은 각하 행사를 지원하는 일이었습니다.

검찰관 : 피고인과 피고인 김재규와는 어떤 관계입니까?

박선호 : 과거에는 사제지간으로서, 그리고 제가 지금까지 성장해 오는 데 있어서 여러 면으로 제게 많은 충고와 지도를 해주신 분으로서 제가 항상 존경해왔습니다.

검찰관 : 피고인 김재규가 3군단장으로 있을 당시에도, 피고인이 대륜중학교 동문들과 같이 방문한 사실이 있지요?

박선호 : 네, 그렇습니다.

검찰관 : 피고인 김재규가 유정회 국회의원과 건설부 장관으로 있을 당시에도 피고인이 찾아가 인사를 나눈 사실도 있지요?

박선호 : 네, 그렇습니다.

검찰관 : 피고인이 이번에 중정 의전과장으로 취직하게 된 것도 피고인 김재규의 힘이 컸죠?

박선호 : 네.

검찰관 : 피고인이 보기에 피고인 김재규와 전 청와대 경호실장 차지철과의 사이가 어떻다고 생각했습니까?

박선호 : 제가 근무하면서 정치나 기타 정보에 대해서는 잘 모르고 있

었습니다마는, 제가 느낀 바로는 모든 면에서 차지철 경호실장은 정보부 장님에 대해서 뿐만 아니라, 행동에 있어서도 안하무인격으로 한다는 것을 제가 피부로 느꼈고, 또 특히 경호실장으로서 경호 외에 정치 문제를 자꾸 관여하기 때문에 혼선을 일으킨다는 것을 느낄 수가 있었습니다. 그래서 이분은 정보부장님뿐만 아니라 여러 분께서 상당히 싫어하신다는 것을 많이 느꼈습니다.

검찰관 : 지난 10월 26일 대통령 각하 주재 만찬이 있다는 연락을 언제 누구로부터 받았습니까?

박선호 : 26일 오후 4시 25분경에 청와대 경호처장으로부터 오늘은 대행사가 있다, 장소는 나동이다 이렇게 나왔습니다. 그래서 내가 그 연락을 직접 받고 바로 나동을 관리하는 남효주 사무관에게 나동에서 대행사가 있다고 말했습니다. 대행사가 있다고 그러면……("네, 알겠어요." 라며 검찰관이 말을 끊음) 그래서 준비시켰습니다.

검찰관 : 김재규 피고인이 남산 분청에서 본관 집무실에 몇 시에 도착했습니까?

박선호 : 약 4시 30분경으로 생각됩니다.

검찰관 : 피고인이 식당 관리인인 남효주에게 만찬 준비를 시킨 후에 시내에 손님을 만나러 간 사실이 있죠?

박선호 : 네.

검찰관 : 몇 시에 나갔다가 몇 시에 들어왔나요?

박선호 : 부장님이 4시 30분경에 도착하셨기 때문에, 행사 관계를 보고드리고 제가 차를 가지고 바로 플라자 호텔을……. (이때 검찰관이 "네, 알겠습니다." 하고 말을 막음. 플라자 호텔은 박 대통령의 술자리 여인들을 만나 데려오는 장소들 중 하나였다)

검찰관 : 그래서 18시 25분경 식당으로 되돌아왔습니까?

박선호 : 네.

검찰관 : 피고가 만찬장에 도착했을 때 이미 만찬은 시작되었죠?

박선호 : 네. 제가 오니까 이미 만찬이 시작됐습니다.

검찰관 : 만찬 도중에 김재규 피고인이 밖으로 나왔다가 구관 정문에서 피고인을 만난 일이 있죠? 그 경위를 말씀하시오.

박선호 : 그때 저희는 정보처장과 전부 같이 주방에 있었는데, 남 사무관이 와서 저를 보고 깜짝 놀라면서 부장이 나가신 지 한 5분 가량 됐는데 모르고 있느냐 하길래, 제가 당황하면서 플래시를 가지고 구관을 거쳐서 본관에 갔습니다. 보니까 이미 부장님이 나오시고 계셔서 모시고 같이 왔습니다.

검찰관 : 그때 김재규 피고인 혼자 왔습니까?

박선호 : 그 뒤에 있던 박흥주 비서관이랑 셋이서 왔습니다.

검찰관 : 김재규 피고인이 박흥주와 피고인을 구관 침실 뒤쪽 잔디밭쯤 와서 되돌아서면서 "둘 다 모여." 했죠?

박선호 : 네.

검찰관 : 첫마디에 어떤 이야기를 하던가요? "자네들 어떻게 생각하나? 잘못되면 자네들이나 나나 죽는 거야." 첫마디가 그거였죠?

박선호 : 네.

검찰관 : 다음에는 어떤 이야기를 하던가요? "오늘 저녁에 해치우겠다. 방안에서 총소리가 나면 너희들은 경호원을 처치해라." 이렇게 이야기를 하던가요?

박선호 : 네.

검찰관 : 그때 피고인 김재규가 권총을 휴대하고 있다는 것을 알았습니까?

박선호 : 네.

검찰관 : 어떻게 알았습니까?

박선호 : 툭 치면서 권총을 가진 시늉을 해주셨습니다.

검찰관 : 그후 김재규 피고인이 본관을 가리키면서 "이미 육군총장과 제2차장보도 와 있다. 자네들 각오는 돼 있지?" 했을 때, 피고인은 뭐라고 했습니까?

박선호 : 각오가 돼 있다고 했습니다.

검찰관 : 그때 곁에 있던 박흥주는 어떻게 했나요?

박선호 : 대답이 없었습니다.

검찰관 : 알았다는 듯이 고개를 끄덕이고 있었죠?

박선호 : 네, 침통한 얼굴로 그랬습니다.

검찰관 : 그리고 나서 피고인이 김재규 피고인의 귀에 입을 가까이 대면서 "각하까지입니까?"라고 물은 사실이 있죠?

박선호 : 이미 가까이 다가가 있었기 때문에 귀에 댈 것도 없이 그냥 있는 상태에서 이야기했습니다.

검찰관 : 각하까지냐고 물은 사실은 있죠?

박선호 : 네.

검찰관 : 그때, 김재규 피고인은 뭐라고 하던가요?

박선호 : "응." 이라고 대답했습니다.

정보를 가장 잘 아는 분의 판단이었다

김재규 전 중앙정보부장이 가장 믿는 부하였던 박선호 피고인은 국내에서 정보를 가장 잘 아는 분의 판단이었기에 옳다고 생각했다. 그는 평소 김 부장이 잘못된 명령을 내린 일이 없다고 말했다. 그는 다시 그런 상황에 처한다고 해도 그대로 따를 수밖에 없을 것이라고 했다. 김재규 피고인 자신은 물론 회한이야 있겠지만 후회할 입장이 아니었다. 유신 체제와 박정희에 대한 타도 이유를 밝힌 그의 법정진술은 언제나 당당했고 일관성이 있었다. 그러나 그의 부하들도 똑같이 확신에 차 있었는지의 여부는 검증이 필요하다.

박선호 피고는 항소심의 최후 진술에서 결코 판단을 잘못했다거나 일시 오류에 빠졌다고 말하지 않았다. 오히려 1심에서 사형선고를 받은 뒤 항소심에서는 대통령의 술자리와 여자 문제에 대한 증언을 내놓았다. 그는 사형선고를 받기 전인 1심 최후 진술에서만 해도 대통령의 사생활 비밀에 대해 언급하지 않았다.

여기 이어지는 1심 최후 진술에서 그는 김재규 중앙정보부장이 대통령에게도 언제나 바른 말을 하며 사실 그대로 보고하는 것을 보고 상관으로서 존경했다고 토로했다. 그는 김재규의 10 · 26거사로 한국의 민주 회복이 10~20년 앞당겨졌다고 말했다. 조금도 후회하지 않고 정당한 행동이었음을 믿고 있었다. 그는 다만 해병대 장교 동기생인 청와대 경호처장 정인형을 설득하다가 실패, 자신의 손으로 쏘아야 했던 것을 가슴 아파했다.

이 점에서 김재규 전 중앙정보부장의 수행비서였던 박흥주 대령은 달랐다. 박 대령은 군대 근무 성적이 좋아서 중앙정보부장의 수행비서로 발령을 받았고, 10 · 26 당일 상관의 명령이라서 우선 복종했지만 사려 깊게 생각해보지 못한 결과라며 실수였음을 인정했다.

물론 본인으로서는 예기치 않았던 일이고 행동에 참여는 했지만 큰 계획도 모르고 실시했던, 생각해보면 많은 복잡한 생각을 가져오게 하는 사건이었습니다. (중략) 당일 갑자기 부장께서 "나라가 잘못이면 자네나 나나 죽는 거야."라고 말씀하시고 "민주주의를 위하여"라고 외치며 들어가실 때 본인은 판단을 제대로 하지 못하고, 단지 부장의 평소의 인격과 판단력과 본인 스스로 갖고 있던 사태 소요에 대한 핵심, 이런 것들만 생각하고 실제 행동에 옮겼던 것입니다.

박 대령은 현역 군인으로서 명령에 충실히 따랐을 뿐이며, 일이 잘못돼 법정에 서자 크게 당황한 모습이 진술에서도 나타난다. 실제 박 대령은 정규 육사 18기의 선두주자 중 한 사람으로서 전도가 유망한 장교였다. 그런데도 산동네 전셋집에서 사는 그의 청빈한 생활이 드러나 여러 사람을 안타깝게 하기도 했다.

박선호와 박흥주 피고는 김재규 전 중앙정보부장과 같이 1979년 12월 18일, 보통군법회의 제9회 공판에서 1심의 최후 진술을 했다. 군 검찰로부터 사형을 구형받고 재판부의 선고를 남겨둔 시점에서의 진술이었다.

다음은 박선호 피고의 최후 진술이다.

본인은 그때 당시의 상황이 지금 도달해도 그와 같이 할 수밖에 없는 입장에서 그날 일이 벌어졌다는 것을 다시 말씀드리며, 또한 그 진행과정에서 지금 곰곰이 생각할 때 저로 인해서 저의 훌륭한 부하들이 이 법정에 서게 됐다는 데 대해서 마음 둘 곳 없습니다. 이것은 오로지 존경하는 재판장님들께서 저의 부하들에 대해 관대히 처리해주시기를 부탁드립니다.

그리고 저희가 사람을 죽이는 게 목적이 아니었고, 단지 그때는 저희가 판단을 잘못했습니다만, 위협을 하면 모든 사람이 행동을 자제할 것으로 생각하고 심지어 운전기사까지 저희가 데려갔다는 것, 이렇게 해서 저희가 자진해서 겁도 없이 들어가 전우를 살리려고 했던 것이 오히려 제 손으로 희생을 시키고 나니까 지금 뼈가 저립니다.

제 입장 나름대로 최선을 다했습니다만 제가 할 수 있는 길은 그것밖에 없었습니다. 그리고 저희 부장님을 제가 존경하게 된 동기에 대한 모든 것은 지난번에 말씀드렸고, 이분이 지시하는 것을 왜 제가 따랐느냐 하는 것도 지난번에 말씀을 올렸습니다만, 부장님은 다른 사람과 달라서 국민이 거꾸로 돌아가도 거꾸로 돌아갑니다가 아니고 바로 돌아갑니다 하는 것, 또한 국민의 가려운 데를 긁어주고 아픈 데를 어루만져줄 수 있는 정확한 판단하에서 일을 집행하시는 것에 대해서 제가 항상 존경하고 따랐던 것입니다. 제가 생각할 때, 현재 이 나라에서 정보 면에서 가장 정확하게 많이 알고 계시는 분이 정보부장을 3년 가량 하신 김 부장님이라는 것은 국민 전체가 아실 것으로 판단하고 있습니다.

그러면 이분께서 직접 민주주의 회복을 위해서 건의하시다가 안 되고, 마지막으로 부산까지 가서서 실제 체험을 하고 오셨고, 또한 부산과 같은 상황이 서울에서 긴박하게 일어날지도 모를 직전에 이와 같은 것을 막지 못했을 때는 옛날의 4·19는 어린아이 장난과 같은 것에 불과하다, 저는 이렇게 판단했고, 부장님도 그렇게 판단하심으로써 이것을 행하신 것으로 생각됩니다.

이로 인해서 최소한 대한민국의 모든 국민이 갈망했던 민주 회복은 10~20년은 앞당겨놓은 것으로 제가 알고 있습니다. 이상입니다.

〈녹음테이프 1 끝〉

야수의 마음으로 유신의 심장을 쏘다

김재규 최후 진술(녹음테이프 2)

전두환 · 노태우 피고에 대한 실정법재판은 그들의 행위를 군사반란과 내란으로 단죄했다. 그러나 12 · 12군사반란과 5 · 18내란에 대한 진정한 역사재판이 요구되고 있다. 그것은 박정희 체제가 그 원죄에 해당한다는 역사인식을 전제로 한다. 박정희 체제, 즉 유신의 심장을 쏘아버렸다는 김재규의 10 · 26거사는 그래서 이제 역사재판의 한가운데 다시 세워져야 한다는 목소리가 나오고 있다. 매년 10월 26일이 되면 많은 사람들이 박정희와 김재규, 그리고 전두환 · 노태우의 12 · 12와 5 · 18을 생각한다.

김재규는 당시 군사재판의 비공개 최후 진술에서 많은 국민의 희생을 막기 위해 대통령 한 사람을 제거할 수밖에 없었다고 토로했다. 이에 앞서 그는 자신의 거사 동기를 밝힌 비공개 법정의 진술에서 부산 · 마산 시민항쟁에 대한 대통령 박정희의 발포 명령 언질에 크게 충격받았다고 말했다. 또 대통령 경호실장 차지철이 "캄보디아에서 3백만 명이나 희생시켰는데 우리는 1백만이나 2백만 명 정도 희생시키는 것쯤이야 뭐 문제냐."고 말하는 것을 듣고 소름이 끼쳤다고 김재규는 진술했다.

박정희의 발포 명령을 침묵시켰다

부산에서 민심의 폭발이 먼저 일어난 것은 그 지역 출신 야당 당수인 김영삼 의원을 국회에서 제명했기 때문이지만, 이미 서울, 대전, 광주 등 지방 대도시를 중심으로 전국이 폭풍 전야의 상황이었다. 남산의 정보망은 이미 적신호가 켜진 채 진화대책을 재촉하고 있었다. 누구보다도 남산의 부장 김재규가 그 심각성을 잘 알았다. 남산의 부장은 또 민심의 적신호와 함께 최고 권력자 박정희의 심기를 가장 잘 파악할 수 있는 위치였다.

대통령 박정희는 민심 같은 것은 아랑곳하지 않았다. 부산·마산 사태가 더 악화되면 자신이 직접 발포 명령을 내리겠다고 내뱉었다. 그것은 절박한 사태가 돼도 발포 명령을 내릴 책임자가 정부 내에 없으리라는 판단의 표시이기도 했다.

중앙정보부장 김재규의 10·26거사는 국민을 향한 발포 명령이 나오기 전에 그 명령자를 침묵시켜버린 것이다. 그러나 그것이 불과 7개월 후 박정희가 키워놓은 친위세력의 광주항쟁에 대한 발포 명령까지 침묵시키지는 못했다. 5·18내란 재판은 광주항쟁에 대한 발포 명령을 규명하지 못했다. 10·26이 국민에 대한 발포 음모를 사전에 제거한 거사라면 그것은 국민적 정당방위에 해당한다.

박정희와 차지철의 발포 음모는 박정희가 살해된 후 결국 그의 친위군에 의해 실행에 옮겨진 셈이다. 그것이 5·18광주항쟁에 대한 살상진압이다. 이처럼 음모와 실행의 그룹이 분명한데도 발포 명령자를 색출하지 못한다면 그 재판은 결코 실체적 진실을 규명했다고 할 수 없다. 그래서 실정법 재판은 끝났지만 역사재판은 결코 마무리될 수 없다.

1996년 여름, 세계의 이목을 집중시킨 가운데 전두환 피고는 사

박정희 대통령이 운명의 날인 1979년 10월 26일, 충남 삽교호 방조제 준공식에 참석, 테이프를 자르고 있다. 이것이 그의 마지막 공식행사로 기록됐으며 국민에게 공개된 최후의 사진이다.

형, 노태우 피고는 징역 22년 6월을 각각 선고받았다. 이 형량은 최종심에서 한 단계씩 낮추어졌다. 1979년 12월 12일의 군사 쿠데타와 1980년 5·18내란의 죄값이 뒤늦게 계산되고 있었다. 이들의 명약관화한 죄행을 처벌하는 데 17년이 걸린 것이다. 그러고도 살상진압의 발포 명령에 대한 책임은 아직 미결인 채 남아 있다. 전직 대통령이라는 허울 때문에 천인공노할 죄의 외상값이 17년 간이나 묵어온 셈이다.

이런 정황을 생각해보면 1997년 대통령 선거 정국이라고 해서 전두환·노태우 씨에 대한 정치적 목적의 사면이 이루어진 것은 민족정기와 역사의 방향을 의심케하는 처사였다. 그러나 지역감정 해소와 국민통합이라는 지상과제 아래 두 사람은 다시 사면혜택을 받았다.

전두환·노태우의 12·12군사반란은 10·26 박정희 살해사건이 직접적인 원인이었다. 전두환·노태우의 군사반란과 내란은 김재규가 척결하고자 했던 박정희 체제가 그 원죄였다. 김재규는 계엄보통군법회의 1심 재판의 최후 진술에서 누구도 선뜻 이해할 수 없었던 '10·26혁명'의 동기를 예상 외로 또렷하게 토로했다. 김재규의 진술을 육성녹음으로 들어보면 많은 사람들이 그에 대한 이미지가 오도돼 있었음을 느낄 것이다.

무엇보다도 그가 의외로 날카로운 상황 분석과 똑똑한 논리를 갖추고 있었다는 점이다. 특히 그의 최후 진술은 어느 숙달된 정치인의 준비된 연설 못지않게 선명하고 조리가 있었다. 그의 육성녹음을 받아적고 보니 꼬이지 않은 제대로 된 문장이 구성됐다. 대중연설에 이골 난 유명 정치인의 말솜씨를 연상케 했다. 물론 최후를 앞둔 피고인으로서 혼신의 힘을 기울인 탓도 있을 것이다.

김재규의 최후 진술은 고대 로마의 권력자 카이사르를 살해한 직후 브루투스가 토해낸 불후의 웅변에 비견됐다. 변호인단은 김재규를 로마 시대 공화정을 회복시키기 위해 자신에게 은총을 베푼 지배자 카이사르를 살해한 브루투스에 비유했다. 10·26은 그만큼 드라마틱한 사건이었다. 그리고 상관 살해의 목적이 똑같았다. 브루투스는 자신의 은인인 로마제국의 지배자 카이사르를 죽인 뒤 이렇게 외쳤다.

"나는 카이사르를 사랑한다. 그러나 나는 로마를 더 사랑하기 때문에 그를 죽였다."

김재규는 박정희를 살해한 후 1979년 12월 8일 2회 군사재판 비공개 진술에서 이렇게 토로했다.

"각하는 나와 개인적으로 가까운 사이고 동향이고 동기생이지만, 많은 국민의 희생을 막기 위해 각하 한 사람을 제거할 수밖에 없었다."

1979년 12월 18일 오후, 군사법정은 박흥주·박선호·김계원 피고에 이어 김재규 피고의 최후 진술을 남겨놓고 10분 간 휴정에 들어갔다. 휴정하는 동안 재판부는 방청객들을 모두 내보냈다. 그가 최후 진술에서 국가기밀을 공개할 우려가 있다는 이유로 법정은 비공개로 들어갔다. 변호인들과 김 피고인의 가족 대표 4명만이 남은 법정에서 그는 최후 진술을 했다. 당시 비공개 법정의 장막에 갇힌 그의 최후 진술은 계엄당국의 녹음기에만 담겨 훗날의 역사재판을 기다려왔다.

물론 피고인의 진술은 자기 변호이기 때문에 그 진실성에 회의론이 제기될 수도 있다. 하지만 김재규는 최후 진술을 할 때 이미 자신의 목숨을 구하기가 불가능하다는 것을 잘 알고 있었다. 그는 목숨을 구걸하지 않겠다고 전제하기도 했다. 따라서 그가 자신의 거사를 정당화하려는 기본 태도는 불가피하겠지만, 죽음을 눈앞에 둔 최후 진술에서 최소한 날조나 허위는 없었으리라고 생각된다.

(녹음테이프 2)

재판장 : 지금부터 군법회의를 속개하겠습니다. 어떻게, 서서 하시겠습니까, 앉아서 하시겠습니까?

김재규 : 서서 하겠습니다.

재판장 : 예. 마이크······.

김재규 : 재판장님, 그리고 심판장님(옛날 군대의 재판장 호칭으로 김재규가 이렇게 불렀다). 최후 진술의 기회를 주셔서 감사합니다. 목이 잠

겨서 제대로 될지 모르겠습니다만 최후 진술이니까 끝까지 해보겠습니다.

본인 외에 피고인들이 내란죄로 지금 기소되어 재판받고 있습니다. 그런데 우리나라에서는 그 동안에 합법적으로 수립됐던 민주당 정권이 5·16혁명에 의해서 밀려났습니다. 그 다음에 10월유신은 자기 집, 말하자면 자기 집 앞마당에서 또 한 번 치르는 혁명이었습니다. 그리하여 이 혁명은 자유민주주의를 말살했습니다. 그러나 금번 10월 26일의 혁명은 이 나라의 건국이념이고 또한 국시이고, 6·25를 통해서 전 국민이 수난을 겪고 수없이 많은 사람이 생명을 바치고 지켜 온 자유민주주의를 회복하기 위해서 한 것입니다.

이 혁명이 어떻게 하여 내란죄의 심판을 받아야 되느냐 하는 생각이 듭니다. 또 오늘날 자유민주주의는 우리 대한민국 전체 국민, 남녀노소 할 것 없이 3,700만이 다 같이 갈구하는 것이 사실입니다. 이것을 회복시키려는데 어찌하여 내란죄의 적용을 받아야 되느냐, 이런 생각이 듭니다. 또 10월 26일 혁명은 순수하고 깨끗합니다. 집권욕이나 사리사욕이 있는 게 아닙니다. 오로지 자유민주주의를 회복하겠다는 일념에서 이루어진 것입니다. 또 이 혁명의 결과 자유민주주의는 완전히 회복되었습니다. 그것이 보장되었습니다.

최 대통령께서는 권한 대행 시절에 국민 앞에 공약을 했습니다. 현 대통령 자리의 임기를 다 마치지 않고 도중에서 그만두시겠다, 다시 말해서 과도적으로 이 정권을 지키겠다는 말씀을 하셨습니다. 그렇다면 과도라는 것은 자유민주주의로 이행해가는 과도를 의미합니다. 따라서 10월 26일 혁명의 목적은 완전히 달성되었다고 생각할 수 있습니다. 뿐만 아니라 국회에서 긴급조치 9호의 해제를 결의했습니다. 만일 10월 26일의 혁명이 없었던들 어떻게 이런 결의를 할 수 있었겠습니까? 이것 또한 이 혁명의 성공을 입증해주는 것입니다. 또 이 혁명은 5·16혁명이나 10월 유신에 비해서 그야말로 정정당당합니다. 허약한 자유민주당 정권을 무력하다는 이유로 밀어치우는 것과 앞마당에서 한바탕 해서 자유주의를 말살하는 것에 비하면……. 우리는 서슬이 시퍼렇고 막강한 힘을 갖고 있는 유신 체제에 정면으로 도전해서 유신 체제를 타파하는 데 성공했습니다. 그렇게 해서 민주주의를 회복하는 데 완전히 성공했습니다. 따라서 10월 26일 혁명이야말로 역사상 가장 정정당당한 혁명이라고 생각합니다.

물론 우리가 혁명을 하는 데는 무혈혁명이 가장 이상적입니다. 그러나 무혈혁명으로 혁명의 목적을 달성할 수 없을 때는 부득이하게 최소한의 희생을 안 낼 수가 없습니다. 이번 10월 26일의 혁명은 최소한의 희생이 불가피했던 것입니다. 여러분도 아시다시피, 박정희 대통령 각하께서는 자유민주주의 회복과 자신의 희생을 숙명적 관계로 만들어놓았기 때문에, 자유민주주의 회복을 위해서는 대통령 각하께서 희생되지 않을 수가 없게 되어 있었습니다. 물론 우리가 대통령 각하를 잃었다고 하는 것은 매우 마음 아픈 일입니다. 그야말로 아픈 마음을 어디에 비길 데가 없습니다.

그러나 유신 이후 지금 7년이 경과되었습니다만, 영구히 집권할 수 있는 모든 것이 보장된 오늘날 20~25년, 이것은 이 박사(이승만 전대통령) 수명을 기준해서 본 것입니다, 최소한 자유민주주의 회복이 안 된다고 볼 때에 가슴 아픈 일이 아닐 수 없습니다. 따라서 이 나라 전체 국민의 희생을 막기 위해서는 결국 이 혁명을 안 할 수 없게 된 것입니다.

지금 우리들은 모두 감상적인 상태가 되어 있습니다. 그리고 또 감정이 몹시 앞서 있습니다. 그래서 어떤 사리판단에 대해 감정이 앞서 있기 때문에 한쪽으로 지나치게 판단하기 쉽습니다. 다시 말해서 금번에 저희

김재규가 1979년 12월 군사법정에서 당당한 모습을 보여주고 있다. 그의 오른쪽으로 두 사람 건너에선 수행비서관이던 박흥주 대령이 시선을 떨구었다.

들이 이 내란죄로 심판을 받는 것도 나는 그런 까닭이라고 생각합니다. 따라서 우리는 감정은 감정으로 또 정치현실은 정치현실로 냉정하게 판단하고, 법은 엄연히 이런 자세로 적용되어야 한다고 생각합니다.

나는 법을 잘 모릅니다만, 때나 경우를 가리지 않고 공정한 법을 적용하기 위해서 판례를 매우 중요시하는 게 아닌가 생각합니다. 나는 내 생명을 구걸하기 위해서 최후 진술을 하는 것은 결코 아닙니다.

오히려 나는 대장부로 이 세상에 나서 내가 할 수 있는, 내가 죽을 수 있는 명분을 발견했다는 것에 대해 대단히 죽음의 복을 잘 타고난 사람이라고 자부하고 있습니다. 다시 말해서 내가 오늘 죽어서 영생할 수가 있다는 자부심이 있으므로 나는 조금도 내 생명을 구걸하고 싶은 생각이 없습니다. 그런데 나는 10·26혁명의 이념과 정신과 그 성공 결과를 뚜렷이 해놓기 위해서 법이 허용한 마지막 날까지는 투쟁할 수밖에 없습니다.

다시 말해서 5·16도 10월유신도 범법이 아니라면 자연히 10월 26일의 혁명도 범법이 아니라고 생각하기 때문에, 마지막까지 투쟁을 할 것이라고 얘기하는 것입니다. 만일 내가 이것을 하지 않으면 10·26혁명은 의미 없는 혁명이 되고 맙니다.

여러분, 우리나라는 자유민주주의 국가여야 합니다. 이것은 내가 새삼스럽게 설명할 필요도 없습니다만, 건국의 이념이요, 우리의 국시입니다. 수없이 많은 국민이 희생을 치르고 전체 국민이 수난을 당하고 지켜 온 자유민주주의입니다. 무슨 이유로든 이것은 말살될 수가 없습니다. 그런데 1972년 유신과 더불어 까닭없이 말살되어버렸습니다. 그렇게 하여 유신 체제는 국민을 위한 체제가 아니라 박정희 대통령 각하의 종신대통령 자리를 보장하기 위한 체제가 되어버렸던 것입니다. 나는 민주주의 국가에서는 대통령이라도 자유민주주의를 지킬 의무와 책임은 있어도 이것을 말살할 권한은 누구로부터 받을 수도 없고 절대 있을 수도 없다고 생각합니다.

그렇게 해서 우리나라에는 모순의 시대가 온 것입니다. 특히 체제에 대한 반대의 소리가 높아지고 민주주의를 회복하라는 소리가 높아지자 긴급조치 9호가 1975년에 발동되어서 수많은 사람이 옥고를 치렀습니다. 그러나 이 불은 꺼지지 않고 번져나갔습니다. 전국으로 팽배해진 상태까지 번졌습니다. 내가 정보부장으로서 파악하고 있는 바에 의하면 앞으로 이 유신 체제를 두고 정부와 국민 간에 치열한 공방전이 벌어집니다. 이 공방전에서 많은 사람이 희생됩니다.

이승만 대통령과 박정희 대통령을 비교해보면, 이승만 대통령은 그만 둬야 할 때 그만둘 줄 알았습니다. 그러나 박정희 대통령 각하는 절대로 그만두시지 않습니다. 마지막까지 방어를 했습니다. 그러면 많은 희생자는 나도 자유민주주의는 결코 회복되지 않습니다. 본인은 이걸 알기 때문에, 유신 체제를 지탱하는 한 지주의 역할을 했던 나이지만, 더 이상 국민이 당하는 불행을 보고만 있을 수가 없기 때문에 이 사회의 모순된 문제들을 해결하기 위해 뒤돌아서서 그 원천을 두드린 겁니다.

저의 10월 26일 혁명의 목적을 말씀드리자면 다섯 가지입니다.

첫째는 자유민주주의를 회복하는 것이요, 둘째는 이 나라 국민의 더 많은 희생을 막는 것입니다. 또 셋째는 우리나라를 적화로부터 방지하는 것입니다. 넷째는 혈맹의 우방인 미국과의 관계가 건국 이래 가장 나쁜 상태이므로, 이 관계를 완전히 회복하여 혈맹 우방으로서의 돈독한 관계를 가지고 국방을 위시해서 외교·경제까지 더욱 적극적인 협력을 통해 국익을 도모하자는 데 있었던 것입니다. 마지막 다섯째는 국제적으로 우리가 독재국가로서 나쁜 이미지를 갖고 있습니다. 이것을 씻고 이 나라 국민과 국가가 국제사회에서 명예를 회복하자는 것입니다. 이 다섯 가지가 저의 혁명의 목적이었습니다. 이 목적은 10 · 26혁명 결행 성공과 더불어 모두 해결되었습니다. 해결이 보장되었습니다.

미국 CIA 개입설의 진상

김재규가 내세운 거사의 목적을 보면 많은 국민의 희생을 막는 것 외에도 그의 사고를 지배하는 강력한 규범이 있었다. 그것은 반공과 친미적 국가안보 의식이었다. 박정희도 한국의 적화 방지와 반공을 철저하게 지켰다. 그러나 혈맹 우방국과의 유대를 국가안보 기반으로 삼기보다는 자주국방을 더 강조했다. 이 때문에 미국이 가장 껄끄러워했던 아시아의 독재자 중 한 사람이 박정희였던 것은 사실이다.

이에 비해 김재규는 미국의 지원이 끊어지면 한국은 태평양 한가운데의 일엽편주에 불과하게 된다고 주장했다. 김재규의 이 같은 외교안보관도 10 · 26거사의 한 주요 요인으로 분석된다. 또 당시 10 · 26사건에 미국의 CIA가 개입했다는 풍문이 나돈 것도 이런 김재규의 친미 외교안보관 때문이었다.

당시 김재규를 신문 · 조사했던 보안사의 수사 책임자는 그가 수사 초기에 "미국 쪽에서 무슨 연락 없었느냐?"고 두어 번 물었다고 전했다. 이로 미루어 그가 거사 준비 단계에서 미국과 사전 조율 같은 것을 가졌는지 그 여부는 아직 밝혀지지 않았으나, 거사 이후 잘못될 경우 미국측의 구원을 계산했던 것만은 분명해 보인다.

그러나 미국측이 사건 직후 김재규를 정치범으로 대우하고 손을 쓰기는 무리였다. 무엇보다도 CIA의 개입설이 유포돼 가는 마당에 미국측이 김재규를 구원하려 든다는 것은 그런 소문을 기정 사실화시키는 자충수 외에 아무것도 아니었기 때문이다. 미 국무부와 CIA

가 김재규를 살려낼 생각을 가졌다손 쳐도 최소한의 시간이 지나고 정국이 정상화된 뒤에나 그런 시도를 해봄직했을 것이다. 그러나 신군부는 마치 그런 미국측의 계획을 사전 봉쇄라도 하듯 야간 재판까지 강행한 뒤 숨돌릴 시간 여유도 주지 않고 1980년 5월 24일 김재규와 그의 부하 4명을 처형해버렸다.

그리고 그날은 바로 그가 예고했던 민심의 폭발이 광주에서 터져 유신 체제의 사생아인 신군부에 의해 짓밟히고 있을 때였다. 김재규 재판은 5월 20일 대법원이 변호인단의 상고를 기각함으로써 그에 대한 사형선고를 확정짓고 끝났다. 그로부터 불과 나흘 후 신군부는 사형을 집행했다. 세계에 유례 없는 신속한 집행이었다. 당시는 광주에서 시민·학생들과 신군부가 파견한 진압군 간에 총격전이 벌어지고 있는 상황이었다. 이 총격전 대치 상황은 27일 전남도청을 점거하고 있던 시민군 본부를 진압군이 기습공격함으로써 종료됐다. 그 중간에 신군부가 김재규 처형을 서두른 이유는 바로 민심의 불꽃이 김재규 구원 쪽으로 향할 수도 있다는 판단 때문이었다.

이 때문에 유신 체제를 타기시했던 미국 등 우방국들이 그 유신 체제의 심장을 쏘아버린 김재규에 대해 정치범으로 대우할 만한 기회가 없었다.

김재규의 최후 진술은 다음과 같이 이어진다.

[녹음]

여기서 내가 한마디 확실히 말씀해둘 것은 저는 결코 대통령이 되기 위해서 혁명을 하지는 않았습니다. 저는 군인이었고 혁명가입니다. 군인이나 혁명가가 정치를 하면 독재를 하게 마련입니다. 독재를 마다하고 혁명을 한 제가 독재 요인을 만들 이유가 없습니다. 또 제가 대통령 각하와의 개인적인 의리를 청산하고 혁명을 했습니다만, 대통령 각하의 무덤에 올라설 정도로 아직 내 도덕관은 타락되어 있지 않습니다.

혁명의 결행은 성공했습니다만, 혁명 과업은 손대지도 못한 채 50여 일이 흘렀습니다. 혁명 결행에 못지않게 과업의 수행이 중요합니다. 장장 19년 동안 이 나라에는 많은 쓰레기가 꽉 들어차 있습니다. 이거 설거지 안 하고 어떻게 하시겠습니까. 여러분 보십시오. 증권파동이나 4대 의혹, 이것은 곧 6·3사태를 불러일으켰습니다. 그 당시 나는 사단장으로서 서울에 나와서 사태를 진압하는 지휘관이었습니다. 따라서 나는 그때 상황을 역력하게 기억하고 잘 알고 있습니다. 그때 의혹 사건은 국민을 우롱하는 사건이었습니다. 수없이 많은 돈을 치부해놓고 책임지는 사람은 하나도 없었습니다. 지금까지 그때 치부한 돈을 한푼도 정부에서 환수한 일이 없습니다. 이래가지고도 이 사회에 정의가 살아 있다고 할 수 있겠습니까. 이런 것 설거지하지 않고도 자유민주주의를 출범시키면 이 자유민주주의가 순조롭게 가겠습니까?

또 나는 생각합니다. 지금은 우리나라에 핵심이 없습니다. 대통령 각하께서 돌아가시고 나서 핵심이 빠져버렸습니다. 중심이 없습니다. 이런 상태가 가장 위험한 상태입니다. 4·19혁명 이후의 상태와 비슷합니다. 주인이 없는 것입니다. 이렇게 해서 자유민주주의가 출범하게 되면 힘센 놈이 밀면 또 넘어갑니다. 악순환이 계속됩니다. 이것을 막는 것은 오로지 민주 회복을 지도한 저만이 할 수 있다고 생각했습니다. 저는 군의 주요 지휘관들과 협력해서 자유민주주의를 출발시켜놓고 이것을 보호하는 데 내 역할이 있다고 생각했습니다.

우리나라엔 건국 이래 지금까지 한 번도 대통령이나 정권이 순리적인 방법으로 오고갔던 적이 없습니다. 이번만 해도 그렇습니다만, 4·19혁명과 5 · 16혁명, 이런 악순환을 언제까지 가져가야겠습니까? 나는 군 수뇌들과 손을 잡고 이 나라의 정권이 앞으로는 국민의 뜻에 따라 순리 적으로 오고가도록 토착화시켜야겠다, 그것이 내가 할 일이다, 그렇게 한 번 만들어놓으면 그것이 계기가 돼서 정권이 바뀌든 대통령이 바뀌 든 국민의 뜻에 따라 순리적인 방법으로 이뤄질 수 있다고 생각했습니 다. 그것이 내가 해야 할 일이라고 생각했습니다.

그리고 나는 최 대통령 각하에게 말씀드리고 싶습니다. 자유민주주의 가 대문 앞에까지 와 있는데 왜 지금 문을 열지 않고 있습니까? 그래서 자유민주주의가 들어오지 못하고 있습니다. 자유민주주의를 빨리 회복 시키는 데는 절대로 혼란이 올 리 만무합니다. 자유당 때 자유민주주의 를 해서 혼란이 온 것이 아닙니다. 자유민주주의를 안 하고 부정선거를 해서 혼란이 온 것입니다. 공화당 정권이 되고 난 이후에, 국민을 우롱 하는 의혹 사건을 만들어내니까 혼란이 왔지, 자유민주주의 해서 혼란이 온 게 아닙니다.

물론 지나치게 급격한 변화를 가져오는 것은 문제가 있지만, 3, 4개 월이나 5, 6개월이면 충분하지 일년이나 일년 반씩 끌 아무 이유가 없 다고 봅니다. 빨리 민주주의 회복을 안 하고 자꾸 끌다가는 오히려 내년 3, 4월이면 틀림없이 민주회복운동이 크게 일어납니다. 그때는 걷잡을 수 없는 사태가 벌어집니다. 지금 핵이 없습니다. 정부가 통제력이 없고 국민은 자제력이 없습니다. 이런 상태에서 큰일을 당하면 뭐가 될지 모 릅니다. 나는 그래서 이런 문제가 될 만한 요인을 미리 미리 없애라고 권고드리고 싶습니다.

서울의 봄과 광주항쟁 예언

유신 체제 말기 김재규는 민심이 한계상황에 이르렀다는 판단에 따라 유화책을 기조로 한 시국 수습 방안을 대통령 박정희에게 건의했다. 그러자 경호실장 차지철이 박정희 앞에서 남산부장 김재규의 무능을 꼬집었다. 박정희도 김재규의 정보 보고와 정국 수습안을 못마땅하게 생각하고 면박을 주곤 했다. 이런 상황에서 김재규는 박정희와 차지철이 시민 시위대에 발포를 하는 등 유혈 사태를 저지를 것으로 우려한 것이다.

10·26거사로 박정희와 차지철을 제거했으나 정국 주도세력이 공백 상태이기 때문에 민주화 조치의 지연과 민심 폭발 등 위기 관리가 문제라고 김재규는 이 최후 진술에서 제언했다. 1980년 봄에 틀림없이 민주회복운동이 크게 일어난다는 그의 언급은 서울의 봄과 광주시민항쟁을 적중한 예견이었다. 그는 계속해서 최규하 과도정부가 민주화 일정을 늦추어 잡고 정국의 위기 관리에 허점이 많다는 점을 지적했다.

또 나는 대한민국 입법부에 말씀드리고 싶습니다.

진정 민의를 대변하는 국회의원들이라면, 국민이 어느 정도 자유민주주의를 갈망하는가를 파악한다면, 국회에서 10·26혁명의 지지를 결의해야 한다고 봅니다. 그래서 하루빨리 자유민주주의가 회복되어야 한다고 봅니다. 만약 이렇게 하지 않고 자유민주주의가 회복되었을 때 대한민국 국회의원들은 뭐라고 할 것인가 물어보고 싶습니다. 그 동안 긴급조치 9호의 해제를 결의했지만, 지엽적인 일에 불과합니다. 더 원천적인 일은 자유민주주의 회복을 결의하는 것입니다. 그것이 더욱 중요하다고 생각합니다.

나는 지금 모든 것을 체념하고 가만히 눈을 감고 있을 때 가장 염려

스러운 것은, 내가 한 혁명이 원인이 되어서 이 나라에 혼란이 오고 경우에 따라서는 국가마저 흔들릴 요인이 생길지도 모른다는 것입니다. 그렇게 될까 봐 몹시 겁이 납니다.

나는 최 대통령 각하에게 지금이라도 '감상에 사로잡혀 있지 말고, 정치는 현실이고 냉혹한 것이니 내가 아무리 밉더라도 밉다고 생각지 말고, 나를 끌어내서 나와 같이 혁명 과업을 수행하여 핵을 만들고 중심세력을 만들고, 그렇게 해서 국가의 모든 장래를 반석 위에 올려놓읍시다'라고 말씀드리고 싶습니다. 그러나 나의 이런 얘기가 현재 분위기로 봐서 받아들여질 리가 없다고 생각합니다만, 진정 나라의 장래를 걱정한다면 우리는 감정을 초월하고 이성으로 돌아가서 정치 현실을 냉혹하게 보고 정치의 전망을 정확하게 판단해야 합니다. 일시적인 감정이나 감상에 사로잡혀서 국사를 그르치는 일이 있어서는 안 된다고 생각합니다.

심판장님, 심판관님. 여러 날 계속되는 재판에 매우 피곤하시겠습니다. 또 오늘 제가 장황하게 이야기하는 것을 경청해주시니, 마지막 이 세상을 하직하고 가더라도 여러분에 대한 고마움은 간직하고 가겠습니다. 나는 오늘 마지막으로 이 나라에 자유민주주의를 회복시켜놓고 20~25년은 앞당겨놨다는 자부심, 누구의 무엇하고도 바꿀 수 없는 이 자부심을 가지고 있습니다. 아무쪼록 우리 대한민국에 자유민주주의가 만만세가 되도록 기원하고, 또 10월 26일 민주회복국민혁명이 만만세가 되도록 기원합니다.

다만 내가 이 세상을 빨리 하직함으로써 자유민주주의가 이 나라에 만발하는 것을 보지 못하고 가는 그 여한이 한량없습니다. 그러나 이미 모든 것이 기약되어 있기 때문에, 내가 못 보았다 뿐이지 틀림없이 오기 때문에 나는 웃으면서 갈 수 있습니다. 아무쪼록 심판장님께서는 소신껏 심판해서 제게 알맞는 형벌을 내려주시기 바랍니다.

끝으로 심판장님께 부탁드리고 싶은 것은, 아까 여기 나와서 모두 최후 진술을 했습니다만, 모두 양과 같이 착하고 순한 사람들입니다. 너무 착하기 때문에 저와 같은 사람 명령에 철두철미하게 복종을 해서, 그 사람들 입장에서 볼 때, 제 입장에서는 혁명을 했습니다만, 죄를 저질렀습니다. 그러니 그 모든 원천이 저에게 있습니다.

따라서 우리가 많은 사람을 희생시킨다고 해서 법의 효과를 얻는 것이라고 생각지 않습니다. 저 하나가, 이 나라의 중앙정보부장까지 지낸 사람이 총책임을 지고 희생됨으로써 충분히 대가를 치를 수 있다고 생각합니다. 따라서 저에게는 극형을 내려주시고, 나머지 사람들에게는 극형만은 면하게 해주시기 바랍니다.

특히 전번에 말씀드렸습니다만, 박 대령(중앙정보부장 수행비서 박흥주 대령을 지칭함)의 경우는 현역이기 때문에 단심으로 알고 있습니다. 심판장님의 판결이 곧 박 대령에게 마지막 결정이 되는 것입니다. 매우 착실한 사람이었고, 가정적으로도 매우 모범적이고 결백했던 사람입니다. 청운의 꿈을 갖고 사관학교에 지망했던, 그리고 지금 선두로 올라오는 대령입니다. 물론 군에서는 더 봉사할 수 없겠지만, 여생을 사회에서 더 봉사할 수 있도록 극형만은 면하게 해주시기를 간곡히 부탁드립니다. 두서없는 얘기를 장황하게 해서 죄송합니다. 이것으로 끝마치겠습니다. 감사합니다.

〈녹음테이프 2 끝〉

유신 체제의 실질적인 권력 2인자였던 중앙정보부장 김재규의 진술은 당시 반체제 인사들의 비판과 똑같았다. 그는 바로 한 달 전까지 현직 중앙정보부장이었다. 중정이 잡아들이고 고문했던 반체제 인사들의 주장을 중앙정보부장이 그대로 하고 있었다. 박정희 정권이 가장 자랑스럽게 내놓았던 고도성장 경제정책에 대해서도 피고용자를 보호하지 못하는 부익부 빈익빈 정책이라고 지적했다. 명령대로 움직이는 식의 능률화는 능률화가 아니라 병영화이며 전형적 독재 유형이라고 그는 토로했다. 그는 계속해서 한국적 민주주의라고 해서 서구의 민주주의와 다를 수 없다며 유신헌법에 대해 근본적으로 비판을 가했다.

1980년대의 새로운 지배세력 신군부로 등장한 하나회 군벌은 12·12군사반란과 5·18내란을 거쳐 박정희 체제를 상속한 제2세대 군부정권을 출범시켰다. 이로 말미암아 10·26은 김재규 피고인 자신이 법정 진술에서 걱정했던 대로 민주화의 보상을 받지 못하고 정치적·사회적 위기감만 뿌려놓은 꼴이 되고 말았다. 아무런 명분도 인정받지 못하고 들어선 신군부의 5공 정권은 권력 기반을 조작하기 위해 대대적인 야당 정치인의 구속과 비판적 언론인의 강제 해직, 공직자 숙정을 자행했다. 따지고 보면 10·26의 부산물이었다. 그것은 시민 자체의 성숙된 힘으로 이루어낸 혁명이 아니고서는 아무런 대가를 얻을 수 없다는 또 하나의 역사적 교훈이었던 셈이다.

3부
박정희의 공작정치와 YS의 구속

박정희의 공작정치

지난 1993년 임기 초 한 해 동안 90퍼센트 이상으로 치솟던 김영삼 대통령에 대한 국민 지지율이 임기 일년을 남겨놓은 1997년엔 10퍼센트 아래로 맴돌았다. 국제통화기금(IMF) 관리체제라는 외환 경제난이 터지기 이전의 일이다. 외환난 이후 그는 경제청문회의 심문대상자로 전락한 실정이다.

전두환보다도 뒤진 YS지지율

여론조사 결과가 조사 방법과 조사 기관에 따라 약간의 차이는 있지만 이 같은 큰 추세는 공통적으로 나타났다. 여론이나 인기는 군중심리와 같은 것이어서 뜨겁게 달아올랐다가 차게 식어버리곤 하는 변덕이 그 특성이긴 하다. 또 한국의 민심은 곧잘 냄비 기질로 묘사돼 왔다. 끓을 때는 너무 열기를 뿜어대고 식을 때는 또 언제 그랬느냐는 듯이 빨리도 냉각돼버린다.

그러나 여론의 냄비가 끓거나 식을 때마다 그만한 요인이 존재하는 것은 틀림없다. 냄비 기질이라는 말은 자극 요인에 대한 반응이 지나치게 즉각적이며 완충 과정이 없다는 데서 나온 것이다. 아무런 변수가 없는데도 올라갔다 내려갔다 하는 이상 증세와는 다르다는 얘기다.

그렇다면 YS의 지지율이 기록적인 상승세에서 밑바닥으로 곤두박질친 배경은 무엇일까. 민심 속에서 YS의 몰락은 말할 것도 없이 차남 현철(賢哲) 씨의 한보 비리와 국정농단 의혹에서 시작됐다. 그리고 민심의 이반(離反)은 김현철 씨의 비리 연루 의혹 자체보다도 YS의 정직성과 문민정권의 도덕성에 대한 국민적 배신감 때문에 가속화됐다고 여겨진다. 여론과 민심이란 사회심리학과 깊은 관계를 맺고 있어서 겉으로 드러난 현상 자체보다도 그것이 인간의 내면을 건드리는 심리 효과에 의해 더 크게 좌우된다. 임기를 일년 남겨둔 시점에서 YS에 대한 국민 지지율이 급작스럽게 한 자릿수로 떨어지기 시작한 것은 무엇보다도 그 동안 믿어 왔던 그의 정직성에 문제가 있었다는 실망감과 배신감 때문이라고 분석되고 있다.

더구나 정직성과 도덕성은 문민정권과 그 이전의 군사정권을 가르는 울타리 같은 기준 개념이었다. 정권이나 지도자의 요건 중 경제를 이끌어갈 능력이나 국가안보와 치안질서를 확보할 조직력으로 따진다면 과거 군인 출신 대통령들이 YS보다 앞섰다고 볼 수 있다. 그럼에도 불구하고 문민정부 출범 초기인 1993년 일년 간은 YS가 역대 대통령 중 단연 최고의 인기와 국민 지지율을 누렸다. 그 배경은 YS가 어느 대통령보다도 정직성과 도덕성에서 우위에 있다고 평가됐기 때문이었다.

그런데 97년 4월 1일 〈동아일보〉가 창간 77주년 기념 특집으로 발표한 역대 대통령 인기 조사 결과는 많은 식자층을 놀라게 했다. YS의 인기가 박정희 전 대통령보다 훨씬 떨어질 뿐 아니라 심지어 전두환(全斗煥) 씨보다도 뒤지는 것으로 나타났다. 역대 대통령 중

직무를 가장 잘 수행한 대통령은 누구라고 생각하느냐는 질문에 응답자 중 압도적 다수인 75.9퍼센트가 박정희 전 대통령을 꼽았다. YS는 불과 3.7퍼센트의 지지를 받아 6.6퍼센트인 전두환 씨보다도 크게 떨어졌다.

이런 여론조사 결과를 본 식자층은 크게 당황했다. 이들은 과거의 군사정권이 문민정부와 동일한 기준 위에서 비교될 대상은 아니라고 믿고 있다. 실제로 이날 그런 조사 결과에 어이없어하는 일반 독자들이 신문사로 전화를 걸어왔다. 이들은 "예컨대 전두환 정권 시대 물가지수가 현재의 YS정부 시대보다 훨씬 낮고 안정적이었다고 해서 그것에 점수를 더 줄 수 있느냐."고 문제를 제기했다. 폭력적이고 위협적인 독재정치 하의 경제 안정과 민주화가 진전된 문민정부 아래서의 경제 불안이라는 두 가지 삶의 내용 중 어느 편이 바람직한가는 그리 쉬운 선택 문제가 아니다.

김영삼 정권하의 박정희 신드롬

문민정치 5년 만에 30여 년 군사정권의 시조인 박정희 신드롬이 번지는 것은 그야말로 역사적 아이러니였다. 문민정치 1기인 김영삼 정권이 끝나 가면서 몇 가지 앞뒤가 안 맞는 일들이 벌어졌다.

그 중 하나가 문민대통령 김영삼 씨는 정치사에서 몰락의 길로 급전직하한 데 반해 군정의 창업자 박정희 씨가 향수의 대상으로 떠올랐던 현상이다. 그리고 둘째는 5·18광주항쟁의 국가 기념일 지정이라는 명예 회복이 이루어진 것과 함께 시민항쟁을 잔인하게 짓밟았던 당시의 내란 주범들에 대한 사면론이 대두된 것이다. YS정부는 97년 5월에 5·18을 광주 민주화운동 국가 기념일로 제정했다. 이에 대해 전두환·노태우 씨를 사면해주기 위한 사전 포석이 아니냐는 의구심이 여론층에 일었다. 실제로 이들의 사면은 김대중 정부 아래서 이루어졌다.

문민정치의 몰락과 구체제 군인 권력자들의 복권 조짐은 한마디로 서구의 시민혁명사에서 간헐적으로 등장하는 복고반동 현상에 다름아니다. 그래서 오늘의 우리에게 중요한 것은 역사에 항상 따라다니는 전진과 복고의 리듬을 어떻게 궁극적 발전의 에너지로 전환시켜 가느냐는 지혜라 할 수 있다.

현직 대통령이던 YS의 권위 추락 배경은 차남 김현철 씨가 구속된 것만으로도 충분히 설명된다. 김현철 씨는 알선수뢰와 증여세 포탈 혐의로 구속됐지만, 그보다 더 큰 의혹을 받은 92년 대통령 선거 당시의 자금 문제가 또 남아 있었다. 김 대통령 퇴임 후 이 문제가 다시 불거져나올 공산이 상당히 커보였다. 당시 국민회의 등 야당은 집권한다면 미국 닉슨 대통령의 워터게이트 도청 사건을 파헤친 특별검사제를 도입해서 대선자금 비리를 수사하겠다고 공언했다.

이에 비해 전직 박 대통령은 추모의 붐을 타고 되살아나는 형국이었다. 어렵게 문민시대를 연 국민이 웬 군인 독재자 예찬인가. 이에 대해서는 어느 TV 방송의 여론조사 결과가 답변해주었다. 이 방송은 여론조사 결과 다수의 국민 정서가 독재 방식일지라도 경제 발전의 추진력을 가진 지도자를 선호하는 것으로 나타났다고 보도했다. 이것은 지난 72년 10월 유신헌법에 대한 국민투표에서 무려 90퍼센트 이상이라는 압도적인 지지를 보였을 때와 똑같은 국민의식이다. 집권세력의 공작이 있었다손 쳐도 군부독재 체제를 지지한 책임은 상당 부분 다수 국민에게 돌아간다는 것이 당시 내 생각이었다.

그로부터 25년이 지난 지금 똑같은 국민 정서를 대하면서 나는 정치문화의 불변성을 실감한다. 쉽게 변하지 않는 것이 사람들의 습

속이고 문화이다. 유신 체제 같은 것이 박정희 추종자들의 말대로 정녕 한국인의 체질에 맞는 한국적 민주주의일지도 모른다. 많은 여론조사 결과가 한국인들이 그것을 원하고 있음을 보여주었다. 정신문명의 풍요보다 물질의 가치를 절대적 우위에 두고 자유를 팔아 질서를 사며 합리적 과정보다 독선적 결단을 더 평가하는 것이 개발독재 아래 신민(臣民)문화의 특징이다. 끝없는 개발독재를 요구하는 한국의 정치문화에서 나는 정치적 마조히즘 냄새를 맡으며 허무주의에 사로잡히고 만다.

하지만 오늘날 역사의 아이러니는 문민시대의 정치인들이 그 씨앗을 뿌렸다. 목불인견의 문민정치가 군인 정치인의 개발독재에 대한 향수를 자극했다는 말이다. 이것이 바로 복고반동이 아니고 무엇이겠는가. 그렇다면 역사의 진전을 가로막은 책임은 다름아닌 문민정치의 주역들이 져야 할 것이다. 오랜 군사정권에 억눌린 한국의 시민사회에 문민정치를 되살려준 공이 그들에게 있었던 것은 사실이다. 그러나 문민정권 5년 만에 경제 발전과 부패 방지는 역시 독재 방식이 아니고서는 이룰 수 없다는 잘못된 인식을 갖게 한 과(過)가 그들에게 돌아갈 수밖에 없다.

박정희 향수의 실체를 단순논리로 재단할 수는 없는 일이다. 복고주의의 속성이 그렇듯이 진보의 가치를 신봉해 온 데 대한 배신감이 그 밑바탕에 깔려 있는 것 같다. 문민대통령 김영삼 씨의 개혁 · 도덕 · 정도(正道) 이미지가 임기 일년이 안 남은 시점에 이르자 날개 없는 추락을 실행해 보였다. 국민이 가졌던 문민의 이미지가 김현철 사건과 대선자금 파문 이후 배신감으로 불타버렸다. 그리고는 어느 구석에선가 박정희 예찬론이 모락모락 피어올랐다. 그것이 역사의 아이러니를 출루(出壘)시킨 적시타가 된 것이다. 미묘한 대

중심리를 파고든 플레이였다. 그리고는 뒤틀린 감정이 사람들의 역사관을 바꾸어놓고 발전의 방향을 거꾸로 돌리는 역사적 반동조짐이 이어졌다.

5월 16일을 전후해서 경북 구미시 상모리에 있는 박 전 대통령의 생가에 관광객이 늘어나는 것은 그리 놀라운 일이 아니다. 또 5·16쿠데타의 지휘부 6관구 사령부가 있었던 서울 영등포구 문래동 3가의 문래시민공원에 퇴역 군인들이 많이 다녀간다는 것도 그럴 법한 일이다. 그보다는 전반적인 국민의식을 드러내는 여론조사 결과가 문제이다. 한 유력 여론조사는 역대 대통령의 인기도 순위를 박정희-이승만-전두환-김영삼으로 내보였다. 우리의 시민사회가 한마디로 부드러움보다는 매서움의 정치를 더 선호하는 마조히즘 문화에 가깝다는 사실을 입증해주는 지표가 아니고 무엇이겠는가.

공동체의 목표와 생활규범을 함께 만들어가는 참여의 문화가 아니라 어떤 우월한 권위에 이끌려가기를 바라는 신민문화가 어느덧 우리 사회에 뿌리내려져 있는 것이다. 이 같은 권위주의 문화는 오랜 왕조정치와 일제 식민 지배, 그리고 32년 간의 군사정권이 그 원죄임에 틀림없다. 물론 서구에도 우리 못지않게 오랜 절대군주정과 봉건 시대가 있었다. 그래서 민주정치를 정착시키기 위해 피땀 어린 시민혁명과 함께 소모적인 복고반동기도 거쳤다. 역사 발전에는 어린아이의 홍역처럼 복고반동의 병이 꼭 따라다닌다는 경험도 얻었다. 그렇다면 이 복고의 병이 공동체의 성장 자체에 치명타가 되는 우를 범하지 않도록 합심하는 것이 우리의 과제가 아니겠는가.

YS-박정희 막후협상

YS와 대통령 박정희는 숙명적인 관계였다. 1979년 10월 26일의 박정희 살해사건도 따지고 보면 당시의 제1야당 신민당과 그 총재였던 YS에 대한 정권측의 무리한 정치공작의 산물이다. 또한 10·26사건이 조금만 늦게 터졌어도 YS와 박정희 사이에 막후협상이 시작될 뻔했다는 증언도 있었다.

증언자는 지금은 고인이 된 박종규(朴鐘圭) 씨이다. 그는 박정희 소장이 5·16쿠데타를 주도할 때 소령으로 경호대장이었으며 후에 13년 간이나 청와대 경호실장을 지내면서 피스톨 박이란 별명까지 얻었다. 그는 대통령 박정희의 평생 경호실장감이었으나 1974년 8월 15일 대통령 부인 육영수(陸英修) 여사 피격 사건에 책임을 지고 물러났다.

10·26 당시 박종규 씨는 국회의원이었다. 그때 많은 청와대 주변 인사들은 박종규 씨가 경호실장 자리에 계속 있었더라면 10·26 같은 사건이 일어나기 어려웠을 것이라고 말했다. 첫째는 차지철이 경호실장 자리에 갔을 리 없었을 것이고, 둘째는 박종규 씨가 박정희의 곁에 있었던들 김재규의 거사에 호락호락 당하지 않았을 것이라는 얘기다.

박정희는 정치공작을 한 기관이나 한 측근에게만 맡겨놓지 않았다. 그의 성격 탓이란 얘기도 있지만 정보 보고나 공작을 여러 채널로 가동해 특정 기관이나 개인의 독점과 그로 인한 세력화를 견제했다.

박종규는 10·26 당시 청와대 밖에 있었지만 박정희를 수시로 면담하면서 정치권의 분위기를 전달했다. 10·26이 일어나기 이틀 전 박종규는 YS의 측근으로 신민당 원내총무인 황낙주(黃珞周) 의원을 만났으며 그 다음날엔 청와대에 들어가 박정희를 면담했다. 청와대에서 나온 그는 다시 황낙주 신민당 총무에게 전화를 걸어 "박 대통령과 김영삼 총재가 직접 만나는 방안이 없을까."라고 타진 겸 암시를 주었다. 이어 그는 황 총무에게 "하루만 더 기다려 다시 연락하겠다."라고 말하고는 전화를 끊었다. 그가 당초 황 총무를 만나게 된 전후 종말은 이렇다.

1979년 10월 24일, 김재규 중앙정보부장은 황낙주 신민당 원내총무를 궁정동의 중앙정보부장 집무실로 불렀다. 김재규는 황 총무에게 정운갑 총재대행 체제를 존중하라고 종용했다. 총재대행 체제란 당시 박정희 정권이 YS를 어거지로 밀어내고 대신 비주류 인사를 앉혀놓은 정치 코미디였다. 중앙정보부장 김재규는 주류인 YS계가 이 대행 체체를 받아들이고 국회를 정상화하지 않으면 더 불행한 일이 생길 수 있다고 회유했다. 그러자 황 총무는 그 길로 박정희의 측근이며 국회의원인 박종규를 찾아간다. 황 총무는 박종규에게 신민당측의 결사항전 의지를 흘렸다. 이 얘기를 들은 박종규는 박정희에게 신민당을 더 누르면 정국만 악화될 것이라고 보고할 예정이었다.

그러나 박종규가 최종적인 역할을 해야 할 날인 10월 26일 김재규는 그만 박정희와 차지철을 향한 권총 방아쇠를 당겨버림으로써 YS – 박정희 막후담판은 영구 미결과제로 파묻히고 말았다.

사실 10·26의 여건은 1979년 5월 당시 제1야당인 신민당에 대한 박정희 정권의 정치공작 실패로 내연된 자중지란을 타고 무르익고 있었다. 박 정권은 신민당 전당대회에서 경선을 통해 YS가 총재로 선출되자 비상이 걸렸다. 당시 야권 상황을 보면 1971년 신민당 대통령 후보였던 김대중(金大中) 씨는 1973년 8월 13일 동경에서 납치돼 와 자택에 연금된 후 언론도 그 이름을 쓰지 못하고 '재야 인사'라고만 지칭했다. 일반 국민의 눈과 귀에서 김대중이란 이름은 사라진 지 이미 오래였다. 신민당은 대여(對與) 강경파인 YS계와 타협파인 반YS계로 나뉘었다.

　박정권은 어떻게 해서든 타협할 줄 모르는 YS계가 야당의 당권을 장악하지 못하도록 공작을 폈다. 이런 정치공작의 주무부서가 중앙정보부였다. 그러나 정치공작은 어긋났으며 YS가 신민당 총재로 선출된다. 이때 중앙정보부장 김재규는 결정적으로 박정희의 신임을 잃었으며, 이에 차지철도 김재규에게 모욕을 주곤 했다. 즉 YS의 야당 당권 장악으로 10·26의 조건이 성숙된 것이다.

　김재규는 실제로 야당에 대한 정치공작을 적극적으로 하지 않았다. 당시의 한 중앙정보부 국장은 참고인 진술조서에서 "(김영삼 총재 시절) 김 부장은 정보부 국장급들을 불러놓고 신민당 일에 너무 관여하지 말라는 지시를 했다."고 밝혔다. 또 외국에서 박정희의 치부를 공개한 김형욱(金炯旭) 전 정보부장이 있는 곳에 출장을 가지 말라고 지시했다고 진술하기도 했다.

야당 총재직 박탈

　이승만, 박정희, 전두환, 노태우 등 역대 대통령들 중에서 절대권력자를 들라면 단연 박 대통령이 꼽힌다. 이들이 대통령 시절 휘둘렀던 권력의 크기를 수치로 환산할 수 있는 과학적 방법은 존재하지 않는다. 그러나 권력의 중압감을 느끼는 체감도(體感度)로 평가할 때 해방 이후 지금까지 한국에서 최고의 권력을 행사한 사람은 대통령 박정희라고 할 수 있다.

　우선 집권 기간으로 봐서도 박정희는 1961년 5·16 군사 쿠데타 후 국가재건최고회의 의장직까지 포함해서 18년으로 가장 길었다. 그리고 그의 통치는, 특히 1972년의 유신 이후에는 군대를 배경으

로 한 물리력과 중앙정보부, 보안사령부 등을 앞세운 정치공작으로
버틴 것도 타의 추종을 불허하는 독재권력이었다.

더욱이 유신 체제 아래서는 국민이 대통령을 뽑거나 지지 여부를
제대로 표시해본 적이 없었다. 자유민주주의 원리에 따라 국민이 자
발적으로 위임하고 그에 따를 것을 약속함으로써 형성된 통치권이
아니라, 통일주체국민회의라는 조작된 대의 기관의 간접선거를 통
해 '어거지'로 만든 권력을 행사했을 뿐이다.

유신 체제의 이 같은 '사기성'을 폭로한 것이 10·26사건에 대
한 군사재판에서 행해진 김재규 등 피고인들의 진술이다.

김재규는 10·26사건 39일 만인 12월 4일부터 시작된 계엄보통
군법회의 10회와 다음 해 1월 22일부터 있었던 고등군법회의 항소
심 4회 등 모두 14회의 공판 중 수차례에 걸쳐 박정권의 공작정치
를 비판했다.

그 중에서도 신민당과 김영삼 총재에 대한 박정희 정권의 공작정
치가 상당한 비중을 차지한다.

12월 8일 오후, 서울 삼각지 육군본부 군사법정. 12월 4일에 이
어 두 번째 공판이 열렸다.

이날도 오전 내내 변호인단과 검찰관을 포함한 재판부 간의 설전
이 계속됐고 오후에야 검찰의 직접 신문이 이루어졌다. 검찰의 신
문은 자신들이 요구하는 대답만을 강요하는 모습이었다.

검찰관 : 그 만찬장에 들어가서…… 처음에 각하께서 "삽교천이 참 좋
더라……."

김재규 : 예. 각하께서 "오늘 삽교천이 참 좋던데 저런 것은 왜 TV에

서 방영하지 않느냐."고 저하고 비서실장 쪽을 보면서 말씀하시는데, 꼭
절 보고 말씀하신 것이 아니고 비서실장 쪽을 더 주시하면서 말씀하셨
습니다.

검찰관 : 그때 각하께서 "신민당 공기가 어떻소?" 하고 다시 물었죠?

김재규 : 그렇습니다.

김재규의 10·26거사 결심은 박정희·차지철과 야당 공작에서 다
른 길을 걸었을 때 싹텄다고 볼 수 있다. 김재규는 야당이나 반체
제인사들에 대해 박정희가 요구하는 대로 탄압하질 않았다.

검찰관 : "신민당 공기가 어떻소?" 해서 어떤 얘기를 했습니까?

김재규 : "신민당 공기가 어떻소?" 하고 말씀하시기 때문에 공화당 친
구들이…….

검찰관 : "비주류는 국민이 사쿠라라 하고 또 정운갑(鄭雲甲)이는 신비
주류이기 때문에 주류의 협조가 불가피합니다." 이런 얘길 했죠? 그때
차지철 전 경호실장이 뭐라고 했습니까? 그 말을 받아서…….

김재규 : 차 경호실장 얘기가, "신민당 친구들 그만둘 생각을 가진 사
람 하나도 없습니다. 언론을 의식하고 반체제를 의식하는 겁니다. 앞으
로 그 친구들 까불고 나오면 전차로 쓸어버리겠습니다." 그랬습니다.

김재규는 강신옥(姜信玉) 변호사에게 "1978년 12월 총선 때 정보
부의 관여를 금지시켰고, 그 결과가 신민당의 득표율 1.1퍼센트 승
리였다."고 말했다. 김재규는 "누가 뭐래도 지난 선거는 내가 공명
선거 하라고 해서 야당이 이겼다. 선거 후 공화당 사무총장이 나를
잡아먹으려 했다."고 자긍심을 보이기도 했다. 정보부의 선거 및 야

당 공작의 정도를 짐작할 수 있게 해주는 언급이 아닐 수 없다.

　그는 또 "김대중 씨는 진주교도소에서 서울대 병원으로 이감시켰다. 김씨는 내가 아니었으면 벌써 이 세상 사람이 아니었을 것"이라며 재야 및 야당 인사들에 대한 선처를 박 대통령에게 건의, 많은 혜택을 주었다고 말했다.

　당시 김재규 중앙정보부장은 정운갑 대행체제를 굳히기 위해 당직자들의 사표를 받는 공작을 하고 있었지만, 결과는 신통치 않았다. 그리고 김영삼 총재가 국회에서 제명되자 국회의원직 사퇴원을 낸 신민당 의원들에게 사퇴원 철회 공작도 하고 있었는데, 공화당 측이 선별수리론을 내세워 신민당을 더욱 강경하게 돌아서게 했다.

　정보부는 또 야당 의원들을 모두 긴급조치 9호 위반이나 비위(非違) 사실을 캐내 구속할 계획까지 세워놓고 있었다. 김재규는 신민당 의원들을 모두 구속시킬 수 있는 비위조사서를 갖고 있었으나 이들의 구속 기소를 보류하고 있었다. 그러자 대통령 박정희는 "정보부가 좀 무서워야지, 김 부장은 왜 신민당의 비위조사서만 움켜쥐고 그냥 있느냐."고 재촉을 하기도 했다.

　김재규는 당시 김영삼 총재에 대해 "긴급조치 위반 등 70건의 위법 사실을 알고 있었으나 마음대로 할 수 없었다. 이와 관련, 글라이스틴 주한 미국 대사 등의 압력도 간간이 들어왔다."고 변호사 접견시 말했다. 박정희는 "준비를 다 해놓고 실행하지 않는다."고 몇 차례에 걸쳐 김재규를 다그쳤다. 이에 대해 김재규는 "박 대통령은 장기 집권을 하면서 자신의 힘을 너무 과신, 자신이 곧 법이고 자신이 하는 일은 모두 옳다고 생각하고 있었다."고 진술했다.

　그는 또 "김영삼을 국회에서 쫓아냈으면 됐지, 형사처벌을 하려고 들고, 거기다 정운갑 체제를 만들려고 별 짓을 다 하는 것이 못마땅했다."고 말하기도 했다. 김재규 자신의 '10·26혁명'의 한 원인이 야당 탄압에 있었다고 말했다.

YH 여공 사건과 긴급조치 건의

검찰관 : 그 다음에, YH사건에 관해서…… 다른 사람들은 안전 대책을 고려해서 모두…….

YH사건이란 기업주의 갑작스런 폐업으로 갈 곳을 잃은 YH무역의 여공들이 마포 신민당사에 들어가 농성을 하는데 경찰이 강제로 해산시킨 사건이다. 당시 경찰은 여공들은 물론 당사에 있던 김영삼 총재도 강제로 당사 밖으로 끌어냈고, 국회의원, 당직자, 기자들을 구타해서 끌어내는 만행을 저질렀다. 이 와중에서 여공 한 명이 사망했다. 야당은 물론 국민까지 크게 분노케 한 충격적인 사건이었다.

이런 문제의 처리도 중앙정보부의 지휘를 받았음은 물론이다. 농성이 장기화될 경우 국민 여론과 정국 동향에 크게 악영향을 끼칠 것으로 분석한 중앙정보부가 조기 강제진압을 지시해 인명 피해가 났고 민심이 더욱 악화됐다는 다른 공안기관들의 지적이 김재규를 코너로 몰았다. 다른 기관은 강제연행의 연기를 주장했는데, 정보부가 결행을 지시했다는 것이다.

검찰관 : 8월 10일 김계원(金桂元) 대통령 비서실장실의 대책회의에서

논의했지요? 그때 참석한 사람이 피고인과 김계원 피고인, 유혁인, 고건, 김정섭 씨 등이 들어와 있었죠? 그날 (강제 해산 연행을) 하려고 하다가 21시 30분과 22시 30분에 치안본부장이 안전대책을 점검한 결과 다칠 우려가 있으니 연기해달라고 하고, 김계원 피고인도 "연기합시다."라고 했죠? 그런데 피고인께서 "일단 상부에 보고했는데 강행해야지 무슨 소리야?" 하고 그날 새벽 02시경에 해산시켜라……

김계원은 당시 상황을 알아보기 위해 고건 수석비서관을 신민당사로 보냈다. 고 수석은 "안전관계로 병력투입이 곤란하다."고 보고했다. 이와 관련한 변호사 접견시 김계원의 증언은 다음과 같다.

"그 문제는 정보부장 소관이니 정보부장에게 연락하라 이르고, 나도 얼마 뒤 김재규에게 직접 전화했다. 김재규는 모든 준비가 돼 있어 연기할 수 없다고 말했다."

김재규 : 아닙니다. 명확하게 말씀드리겠습니다. YH사건 때 신민당사에 여공들이 몰려들어 갔습니다. 그때 신민당의 노동국장이 면도칼로 배를 그어 피를 흘렸습니다. 그런데 여공들은 그 사람이 국회의원인 줄 알고, "우리를 위해서 국회의원이 배까지 그어 저렇게 되었다."고 했습니다. 면도칼로 한 줄 모르고 정말로 할복자살한 줄 알았습니다. 군중이란 붉은색 피를 보면 본디 흥분하게 마련입니다. 그 순수한 여공들이 낙하산부대 점프하듯이 투신자살조를 1번부터 10번까지 짰습니다, 당사에서 뛰어내리기로. 그렇기 때문에 그대로 방치해두면 굉장한 희생이 생깁니다. 우선 1번 아이가 창문에 가 섰을 때 본인은 뛰어내릴 생각이 없더라도 뒤에서 밀어버리면 그만입니다. 그리고 후에 가서 그 애가 1번이

라서 뛰었다, 이렇게 됩니다.

검찰관 : 그 상황은 이해가 됩니다. 그런데 그 당시 뛰어내릴 것을 예상하고 하등 안전 대책도 고려함이 없이…….

김재규 : 그렇지 않습니다. 경찰에 지시를 했습니다. 작전 개시 전에 건물 주위에 전부 네트를 쳐라. 네트가 모자라서 매트리스를 몇 겹으로 바닥에 깔았습니다.

YH 여공 농성 사건의 강제 해산에 김재규가 얼마나 관여했는지는 더 이상 밝혀진 게 없다. 재판 과정은 물론 변호인 접견시에도 이에 대한 증언은 없었다.

검찰관 : 다음으로 긴급조치 10호를 주장했다고 하는데요…….

유신 체제의 칼로 불렸던 긴급조치는 아무것이나 금지시킬 수 있었던 적나라한 권력의 도구였다. 개헌논의나 체제비판 금지, 그리고 그것에 대한 언론보도마저 금지시켰다.

김재규가 유신 체제 타도니 민주 회복을 위해 거사했다고 주장하자 검찰관은 "긴급조치 9호도 모자라 10호까지 만들어달라고 했던 중앙정보부장이 무슨 민주 회복 운운이냐."는 논리로 반박하려 한 것이다.

검찰관 : 피고인께서 계속 민주 회복을 위해서 이렇게 노력을 했다, 혁명의 계기가 여기에 있다고 얘기를 하시는데요. 우선 YH사건이 일어난

직후 도시산업선교회라든가 가톨릭농민회라든가, 또 반체제를 탄압하기 위해서 두 차례에 걸쳐 대통령 각하께 긴급조치 10호를 건의한 걸로 알고 있습니다.

첫 번째는 1979년 8월 중순경이죠? 청와대 안보회의에 피고인과 김계원 피고인, 신직수 수석비서관이 있었는데, 사태에 강경대처하기에 긴급조치 9호는 3년 이상 경과해서 효력이 없으니, 긴급조치 10호가 필요하다고 했죠? 그때 대통령이 뭐라고 그랬어요? "9호만 가지고 하지, 그것도 제대로 못하는 사람이 뭘 또 강경하게 하려고 하느냐."고 한 사실이 있지요?

두 번째로는 1979년 8월 하순경이죠? B-1 벙커에서 을지훈련을 할 때, 국무총리, 내무, 법무, 보사, 김계원 비서실장 등이 전부 참석한 자리에서 다시 "긴급조치 9호는 날이 무디어졌습니다. 긴급조치 10호라는 시퍼런 칼날을 주십시오." 라고 말한 사실이 있습니까? 있다 없다만 대답해 주십시오.

김재규 : 예. 있습니다.

검찰관 : 그때 각하께서 뭐라고 하셨습니까?

김재규 : 설명을 드려야겠습니다.

검찰관 : 설명은 나중에 하십시오. 제가 묻는 사실만 우선 얘기를 한번…….

김재규 : 그러면 답이 안 되고 설명이 안 됩니다. 긴급조치 9호 위에 우리들이 긴급조치 10호를 각하로부터 달라고 한 것은 긴급조치 9호가 가지고 있는 헌법에 대한 비방, 체제에 대한 비방, 말하자면 긴급조치 9호의 독소조항을 뽑아 없애기 위해서 긴급조치 10호를 달라고 한 것이지 더 강경한 것을 요구한 것이 아닙니다. 9호의 독소를 뽑겠다고 하는 것이 저희들의 목적입니다.

검찰관 : 제가 피고인의 가슴 속에 들어가 보지 않는 한 그런 방식이 하나의 편법이었다고 생각할 수는 없는 것 아닙니까. 또 그 당시에 참석한 장관들이 다 그런(강경한 조치) 식으로 받아들였어요. 당시 각하께 "종교나 학원 세력을 전부 적으로 돌리고 무슨 정치를 하겠느냐."라는 꾸지람을 들은 사실이 있습니까?

김재규 : 그런 말씀을 들은 일은 없습니다.

검찰관 : "학생, 종교인, 근로자 등을 적으로 돌리면 어떻게 난국을 해결하겠소. 당분간 9호만 갖고 밀고 나가시오. 그리고 정치를 종교와 분리하는 방법만 연구하시오." 이런 얘기를 들었죠?

김재규 : 만일 각하께서 그런 말씀을 하셨다면 그건 매우 고무적이고 발전적인 말씀이신데요. 각하께서는 그런 말씀을 하지 않으셨습니다. 긴급조치 9호만 갖고 강력하게 대처하라 하는 것이 각하의 기본정신입니다. 저희가 말한 것은 긴급조치 9호의 독소조항을 뽑는 것이 목적이었습니다. 중정 기정국장 현 검사(당시 현홍주 씨)에게 긴급조치 10호를 만들 때는 9호의 독소조항을 뽑고 연구해보라는 과제가 이미 내려가 있었습니다. 그렇기 때문에 그 문제는 제 가슴 속을 들어와보지 않더라도 충분히 이해가 가실 겁니다.

김재규는 긴급조치의 해제를 여러 차례 박 대통령에게 건의했다. 박동선(朴東宣) 로비사건으로 시끄러울 때 미국이 다른 나라와는 달리 우리의 로비만 문제삼는 건 한국의 독재 체제를 못마땅하게 보기 때문이란 사실을 알고, 1977년 2월 말 대통령에게 보고하는 자리에서 "체제를 바꾸는 게 좋겠다."는 건의를 했다고 한다. 그러나 박 대통령은 "미국은 왜 남의 나라 내정에 간섭하는가. 미군들이 철수해도 좋다."는 강경한 반응을 보였다는 것이다.

또 1977년 6월, 유신 체제의 철폐는 대통령 직선제를 통해 이뤄질 수 있다고 보고, "직선제에서 단독 출마하셔도 당선될 수 있다."며 통일주체국민회의 대의원에 의한 간접선거를 없앨 것을 건의했고, 1978년에는 긴급조치 해제를 건의했다고 한다. 그러다가 1979년 8월에 '긴급조치 10호'를 건의한 것이다. 현홍주 검사도 진술조서에서 "(김 부장으로부터) 9호의 규제 범위를 줄일 수 있는 10호를 연구해보라는 지시를 받고 이를 연구한 적이 있다."고 진술하고 있다.

김재규와 차지철의 대립

검찰관 : 독소조항을 뺀다면 구태여 "시퍼런 칼날을 주십시오. 더 강력한 긴급조치 10호를 제정해주십시오."라는 얘기는…… 거기 참석한 사람들도 다 느낄 수가 있는데, 어떻게 피고인의 얕은 꾀로 거기 있는 사람들이 독소조항을 제거하게끔 하겠습니까.

김재규 : 거기 있는 사람들은 문제되지 않습니다. 긴급조치 10호를 발동하도록 하자, 긴급조치 9호를 없애도록 하자, 하면 중정 또는 검찰 관계자들이 만들게 됩니다. 그러니까 거기 있는 다른 사람들은 긴급조치 9호를 폐지하고 10호를 만드는 일에 관여하질 않습니다.

그리고 그렇게 말하는 것은 대통령 각하의 성품을 몰라서 그렇습니다. 대통령 각하께서 "완화하십시오."라고 우리가 약하게 나오면 대통령 각하는 꼭 반대로 강하게 나옵니다. 그렇기 때문에 9호의 독소조항을 뺀 것을 만들려면 우리는 각하께 강한 인상을 주면서 실제에 있어서는 독소조항을 뽑는 작전을 쓰지 않으면 해결되지 않습니다. 실제로 일을 맡았던 저 아니고는 이해하지 못하실 겁니다. 그렇기 때문에 인상적으로 볼 때는 10호라는 강한 걸 요구하는 것 같으면서도 9호의 독소조항을 없애자고 하는 것이 우리의 목적한 바였습니다.

검찰관 : 당시 그런 얘길 했을 때, 애초에는 신직수 법률특보에게 한번 검토해보라고 했죠? 거기서 얘기가 "각하. 이것은 도저히 안 됩니다. 이렇게 하면 국민을 적으로 돌리기 때문에 안 됩니다. 너무 강경하기 때문에……"라고 해서 그것이 폐기됐죠? 2차로 B-1 벙커에서 다시 또 그 건의를 했죠?

김재규 : 신직수 특보가 각하께 그렇게 건의한 게 아닙니다. 연구해보라고 하니까 "알았습니다." 했습니다. 각하께서 "거기에는 누구누구를 포함시켜라. 현홍주 검사하고 김유후 검사 같은 사람들을 관여시켜서 해라."라고 말씀하셨지, 신직수 특보가 "그것은 안 됩니다." 하는 반대는 없었습니다.

검찰관 : 그 당시에는 국장급에서 전부 반대를 했다는데요?

김재규 : 어느 국장이 반대했다는 말씀입니까?

검찰관 : 그걸 검토하라고 하니까, 국장급에서도 너무 강경해서 안 된다고 반대했다는데요?

김재규 : 그건 낭설입니다. 국장급하고 논의할 일도 없었고…….

검찰관 : 그럼 한 가지만 더 묻겠습니다. 긴급조치 위반자를 최후 적으로 조정하는 기관이 어딥니까?

김재규 : 조정하는 건 중정입니다.

검찰관 : 중정에서 직접 처리하고 조정하지요?

김재규 : 처리는 저희가 직접 하지 않고 조정은 저희가 합니다.

검찰관 : 거의 거기서 조정하지요?

김재규 : 다 하지는 않습니다. 조정할 필요가 있는 것만 합니다.

중앙정보부의 이 '조정'이란 업무가 바로 정치공작과 월권 및 간섭을 뜻한다. 김재규는 비공개로 진행된 법정신문에 대한 진술에서 "중앙정보부법에 나와 있지 않은 중앙정보부장의 비밀업무가 정치공작"이라고 말했다.

그런데 이 비밀업무를 차지철 경호실장이 침해하는 데서 두 사람 사이에 '권력투쟁'이 벌어졌고, 여기서 두 사람의 알력이 시작됐다는 게 군검찰의 시각이다. 그러나 김재규는 법정진술에서 차지철과의 불화와 알력을 부인했다. 차지철에 대한 악감정 때문에 일을 저질렀다고 하면 자신이 주장하는 '10·26 민주회복국민혁명'의 의미가 퇴색할 것이라는 계산에서였을 수도 있다.

두 사람은 신민당 전당대회 이후의 야당에 대한 정치공작은 물론, 긴급조치 해제와 그 대안 문제, 부산·마산사태의 처리방향에 이르기까지 모든 문제에서 부딪쳤다. 합동수사본부(보안사령부가 주도)와 군법회의 검찰관들은 10·26사건의 배경을 이 대목에 초점을 맞추려 했다.

검찰관: 피고인과 차지철 경호실장과의 관계는 어떠했습니까. 다른 사람 얘기는 "두 사람 간의 관계는 대통령의 신임을 얻으려고 서로 암투를 하고 있었던 것 같다. 특히 신민당 전당대회시 정운갑 대행 체제의 구축문제와 부마사태에 대한 정보분석시 의견이 상당히 대립됐고, 대통령께서 중앙정보부를 불신하는 어조로 힐책을 하는 것을 듣고 김재규는 이를 차지철의 농간으로 알았다." 하는 김계원 피고인의 진술이 있습니다. 김정섭 중앙정보부 제2차장보는 차실장이 자주 김 부장의 의사를 묻지 않고 20~30분 전에 식사 초대를 하거나, 김 부장이 보고하는데 각

하 앞에서 핀잔을 주는 일도 있어서 상당히 불쾌하다는 그런 말을 들은 사실이 있다…….

김재규 : 그것은 사실무근한 얘기고…….

검찰관 : 또 윤병서 비서는 평소 피고인이 "차지철 지까짓 새끼가 뭘 안다고 참견이야. 저는 경호만 하면 되지." 하는 식으로 불평 비슷하게 독백을 하는 얘기를 들었다고 했는데…….

청와대비서실장의 증언

군 검찰의 시각을 비교적 긍정적으로 뒷받침해준 것이 김계원 전 청와대 비서실장의 법정진술이다. 여기서는 차지철의 월권행위도 자세히 묘사된다. 다음은 12월 10일의 제3회 공판에서의 진술이다.

검찰관 : 서열상으로 비서실장이 경호실장보다 위 아닙니까? 차량 순서도 그래야 하는데 차지철은 미리 앞에 타고, 차안에서도 자기가 상석에 앉고, 엘리베이터를 탈 때도 다른 걸로 타라고 제지하고 자기만 타는 등 무례한 행동이 자주 있었지요? 그런 점에서 피고인 성격에 맞지 않고 못마땅한 것은 사실이다…….

김계원 : 다 사실입니다. 그런데 그것은 경호실장으로서 응당 해야 될 일입니다. 거기에 대해 본 피고는 아무런 불만이 없었습니다. 차 실장의 개인적인 성격이라든지 손윗사람에 대한 예의범절 등을 불만스럽게 생각한 점은 있습니다.

검찰관 : 존칭을 붙이는 일도 없고, 경호 나갈 때는 경호를 핑계로 무례한 행동을 하고, 상급자나 연장자에게도 상당히 무례한 것에 대해 못마땅하게 생각했다고 진술하셨죠? 월권행위는 어떤 점에서 했나요?

김계원 : 정치 문제입니다. 각하를 직접 보좌하고 있는 청와대 근무자들은 정치 문제에는 개입해서는 안 된다고 돼 있습니다. 그런데 차 경호실장은 정치 문제에 비교적 깊이 개입했다고 봅니다. 또 하나는 군의 지휘계통을 문란하게 할 위험성이 많이 눈에 띄었습니다. 이런 점에서 월권행동을 하고 있다고 판단했습니다.

김계원은 변호사(김수용) 접견시 차지철의 월권에 대해 이런 말도 했다.

"언젠가 각하와 나, 차 실장 등이 경복궁에 간 적이 있다. 궁 안에 탱크가 여러 대 있더라. 각하께서 의아하게 생각하고 무슨 탱크냐고 비서관에게 물어보신 적도 있다. 차 실장은 경호팀에 탱크를 배치하면서 각하께 보고조차 하지 않은 것이다."

검찰관 : 한 가지 예를 들면 유정회 의장, 공화당 의장, 피고인, 그리고 각하까지 참석하신 자리에서 "사대주의 발언을 서슴지 않는 김영삼 하나를 제명하지 못하는 국회라면 뭣하러 있느냐. 안 되면 내가 탱크로 밀어버리겠다."라고 말하는 것을 듣고 그런 자리에서 어떻게 그런 얘기를 할 수 있느냐고 상당히 못마땅하게 여겼다……

당시 김영삼 신민당 총재는 미국의 유력지 〈뉴욕 타임스〉와 가진 인터뷰에서 유신 체제를 비판했다. 그러자 박 정권은 정치지도자가 외국 언론에 국내 정치 문제를 비판한 것은 사대주의이며, 국가모독이라고 뒤집어씌워왔다. 결국 김 총재는 이것을 명분으로 내건 박 정권의 정치공작으로 국회의원직도 제명당하고 말았다.

검찰관 : 피고인과 차 실장과의 관계는 빙탄불상용(氷炭不相容), 그래서 언젠가는 각하께 건의해서 이 사람을 쫓아내야겠다는 생각을 했다고 진술하셨죠?

김계원 : 내보내겠다는 것은 제가 할 일이 아닙니다. 대통령께 건의를 드려서 차 경호실장이 현재 하고 있는 일에 대해서 각하께서 직접 주의를 주시도록 해야겠다고 맘먹고 있었습니다.

10월 26일 '연회'에 참석하는 대통령을 맞기 위해 정원에서 기다리던 두 사람은 차지철에 대한 얘기를 했다. 김계원이 "차 실장이 너무 강경해서 야단이야."라고 말하자, 김재규도 "저놈이 각하의 판단을 흐려놓고 있습니다. 무슨 일만 있으면 각하에게 쪼르르 달려가서 고자질이나 하고……"라며 같이 비난을 퍼부었다. 이때 김계원은 "나도 각하에게 차 실장의 월권에 대해 말씀드린 적이 있어. 그리고 (부마사태 때문에) 박승규 민정비서관이 내일 각하에게 보고할 때 차 실장 문제도 보고하도록 오늘 오전에 지시했어."라고 말했다.

검찰관 : 김재규 피고와 차 실장과의 관계는 어땠습니까. 사이가 좋았습니까.

김계원 : 극히 나빴다고 생각합니다. 그러나 둘이 업무 때문인지 자주 만나는 기회를 가지는 걸 보았습니다.

검찰관 : 5·16 이후에 각하를 둘러싸고 있는 측근 간에 신임을 얻으려는 암투 같은 것이 있는 것 같았다. 그리고 신민당 전당대회를 둘러싸

고 두 사람 사이가 극도로 악화되었다는 얘기를 분명히 하셨는데요.

　김계원 : 본 피고가 느낀 바로는 정치 문제는 중정에서 전적으로 관계하는 업무입니다. 그런데 차 실장이 관계하기 때문에 김재규 피고로서는 대단히 못마땅하게 생각됐을 것이며, 자기 직권에 대해 침해를 당했다고 느꼈을 겁니다. 그로 인해서 차 실장에 대해서 상당히 감정이 좋지 않은 상태였다고 느꼈습니다. 차 실장도 김재규 피고도 두 분이 서로 자기 자신이 각하에 대한 신임도가 제일 두텁다고 자부하고 있었습니다. 신임도에 대한 상호간의 견제나 질투 같은 것도 있었을 것으로 생각됩니다. 검찰관님 말씀과 같이 신민당 문제 때문에 정기국회인데도 공전되고 있었고, 김영삼 의원의 발언 문제로 문제가 복잡해지자, 두 사람의 관계는 더 험악해졌다고 본인은 느꼈습니다.

　검찰관 : 그 당시 차지철하고 김재규 피고인하고 신민당 전당대회에 대한 노선이 약간 달랐죠? 그런데 결국 차 실장 때문에 실패로 돌아가자, 그 비난이 중정으로 쏠리게 됐죠? 김재규 피고는 차지철의 농간이라고 생각하고 상당히 흥분했다고 진술하셨는데요…….

　김계원 : 농간이 아니고, 중정에서 해야 할 일을 차지철이 도중에 가로채서 결국 성사도 못 시키고……. 모르는 사람들의 잘못된 결과에 대한 비난은 전부 정보부로 오니까, 거기에 대한 분개의 말을 했습니다.

　검찰관 : 중정에서 누구를 총재로 당선시키기 위해서 별도 공작을 하고, 차지철도 별도로 자기 노선에서 공작을 하고 그랬죠?

　김계원 : 정치 문제에 깊이 개입하지 않아서 잘은 모르지만 중정에서 그 문제에 대해서 그 당시에는 크게 작용을 안 한 걸로 알고 있습니다.

다음은 김계원의 변호인 접견 내용이다.

"신민당 총재 직무 정지 가처분신청에 대한 공작은 원래 정보부장이 하게 돼 있는데, 차지철도 정운갑 씨를 만났다. 김재규가 차지철을 미워한 건 그런 문제가 복합적으로 작용한 것으로 본다. 10 · 26 저녁에도 김재규는 '내가 하는 일에 차지철이 자꾸 방해한다'고 말했다."

검찰관 : 부마사태에 대해서 의견이 극도로 대치되고 관계가 상당히 악화돼 있는 걸로 1차 진술에서 나타났는데요. 차 경호실장은 신민당이 배후조종한 것으로 주장했고, 김재규는 남조선민족해방전선 및 일부 반정부 학생들이 주동이 돼서 이런 일을 일으켰다고 각하께 보고하면서 상당히 평행선을 달렸죠? 그런데 각하께서는 차 실장의 얘기를 더 듣는 것 같아서 거기서 김재규의 분노가 극도에 달했다고 진술하셨죠?

김계원 : 맞습니다.

김재규의 10 · 26 결행에는 부마사태가 큰 영향을 미쳤다. 김재규는 1979년 10월 10일 새벽 부산에 내려가 직접 사태를 확인했다. 그는 서울에 돌아와 이 사태가 결코 불순세력의 조종에 의해 일어난 사건이 아니라고 보고했다. 이 사태는 유신 체제에 대한 도전이자, 현 정부에 대한 불신임이고, 물가고에 대한 반발이자, 조세불만의 표현인 민중봉기라고 보고했다.

그는 육군교도소에서도 변호사에게 "부마사건을 민란이라고 보고하자, 각하는 정보 수집이 부진하다고 꾸짖었다. 또 데모가 대도시로 확산될 것 같다는 보고를 하자 '서울에서 4 · 19와 같은 데모가 일어난다면 내가 발포명령을 내리겠다. 자유당 때는 최인규(崔仁圭)나 곽영주(郭永周) 같은 친구들이 발포를 명령해 사형을 받았지만,

대통령인 내가 명령한 것을 가지고 누가 뭐라겠는가. 대통령인 나를 사형에 처할 수 있을 것인가' 라고 강경한 어조로 말씀하셨다. 당시 옆에 있던 차 실장이 '캄보디아에서는 3백만 명의 반체제 인물을 죽였는데, 몇백 명 죽이는 것은 문제가 안 된다' 고 말했는데, 각하는 매우 듣기 좋아하는 눈치였다."고 말했다.

검찰관 : 김재규 피고인과 피고와는 매월 몇 번이나 만났습니까?

김계원 : 회의라든지 하는 걸 다 합하면 열 번쯤 되겠습니다만, 둘이서 사사로이 만나는 일은 한 달에 4, 5회 될 겁니다.

김계원과 김재규는 개인적으로도 친한 사이였다. 나이나 군대경력이 선배인 김계원을 김재규는 '형님'으로 불렀다.

검찰관 : 만날 때마다 차 실장의 오만불손한 태도가 많이 얘기됐고, 최근에는 정국경색으로 정치 문제 같은 것이 많이 논의됐다고 하셨는데, 결국 차 경호실장은 약간 강경하고 피고인은 온건하기 때문에, 그래서 성격상의 차이로 상당히 관계가 악화돼 있었고, 김재규도 마찬가지였다, 그런 결론이 되겠습니다.

김계원 : 신민당 문제를 전후한 정치 문제로 인해서 차 실장과 본 피고와는 아무런 관계도 없습니다. 다만 김재규와의 관계에서는, 특히 신민당 문제와 부마사태로 관계가 좋지 않았습니다. 정치 문제에 관해서는 본인은 개입하지 않았기 때문에 어느 쪽이든 크게 문제시되지 않았습니다.

검찰관 : 예를 들면, 그렇게 자주 만났을 때 모든 얘기가 다 기억나지는 않겠지만, 김재규의 차지철에 대한 불만의 얘기를 기억해내실 수 있겠습니까?

김계원 : 김재규 피고와 본 피고 간에 차 실장에 대한 비난의 얘기는 길고 짧고 간에 얘기할 기회가 많았습니다. 본 피고가 "차 경호실장도 각하를 모시고 나도 비서실장인데, 양 실장이 감정이 좋지 않다는 것을 남들이 알면 제일 어려운 것이 각하의 입장이니까 되도록이면 내가 모든 걸 양보하더라도 절대 충돌해서는 안 된다고 난 생각하고 있다. 우리 비서실 직원들에게도 그런 얘기를 하고 있다."는 식의 얘기를 했습니다.

어떤 때는 차 실장의 여러 가지 태도가 좋지 않은 것에 대해 각하께 건의드리려 한다고 했더니, 김재규 피고가 "실장님. 가만히 계십시오. 육군대장이 대위와 싸웠다고 하면 남들이 어떻게 생각하겠습니까." 합디다. 이런 얘기도 주고받았고, 김재규가 극도로 흥분해서 "저놈을 당장 어떻게 할까요." 하는 식의 극단적인 표현도 여러 번 있었습니다.

제가 비서실장으로 부임해서 열 달 근무했습니다만, 특히 중반 이후 그런 얘기를 할 기회가 많았다고 생각됩니다. 새로 총재를 선출한 신민당 개편대회 때부터, 즉 차 실장이 정치 문제에 개입하면서부터 그런 얘기가 많았고, 이번 사건이 난 궁정동 식당에서 각하를 기다리는 동안에도 여러 번 있었고, 제 사무실에서도 그런 얘기를 한 일이 여러 번 있었습니다.

검찰관 : 김재규는 자기는 대범해서 차 실장을 안중에도 안 두었었다, 오히려 비서실장은 그런 것에 상당히 신경을 쓰고 관계가 극도로 안 좋았다, 하는 요지의 진술을 검찰에서부터 당 법정에 이르기까지 계속하고 있습니다. 그런데 피고인은 김재규가 그렇다는 식인데요. 예를 들면 "저 자식을 해치워야지, 그냥 뒀다가는 각하 결심만 흐려놓는데……"라는 얘

기도 자주 하고, "각하께서 나한테 명령하는 것은 좋지만, 자기가 뭐라고 각하보다 한술 더 떠서 이러쿵저러쿵하지?" 하는 얘기를 한 일이 있다고 하셨는데요?

김계원 : 차 실장을 두고 비난할 때는 둘이 같이 공감해서 한 일이니까, 누가 강하게 했다 약하게 했다로 구분하기는 힘듭니다. 당시의 여러 가지 상황으로 볼 때 정보부장으로 있던 김재규로서는 정치 문제에 깊이 개입하지 못하도록 각하께서 제동을 거는 바람에 그 문제를 취급하던 부하 직원으로부터 왜 활동을 못하게 하느냐는 반발도 있는 등 퍽 어려운 입장에 있었다고 생각됩니다. 차 경호실장에 대해서는 악감정이 상당히 깊었으리라고 생각됩니다.

검찰관 : 그때 얘기한 것은 어떤 간격을 두고 얘기한 게 아니고 김재규 피고인의 본심이라고 생각해도 틀림없겠습니까? 차지철 경호실장에 대한 악감정 같은 것이…….

김계원 : 감정이 좋지 않은 건 사실입니다.

10 · 26사건 당일 유신 체제의 최고 권력자들이 궁정동 안가 연회장에서 주고받은 얘기는 부산 · 마산 사태보다도 신민당에 대한 정치공작 문제였다. 이들은 부마사태로 신경이 곤두서 있었지만 우선 정치공작이 현안이었다.

검찰관 : 그날 중정 식당에서 처음 김재규를 만나자 어떤 얘기를 주고받았습니까?

김계원 : 먼저 위로를 했습니다. 10월 26일을 전후한 3, 4일은 정치 문제로 대단히 어려운 상태에 있었기 때문에 김 부장한테 "애를 썼지만

그대로 되지를 않아서 수고만 많이 하고 안됐소."라고 얘기했습니다. 그리고 제가 정보부장 경험이 있기 때문에, "정치 문제란 정보부에서 생각한 대로 안 되는 게 통상이오."라는 말로 위로를 했습니다.

검찰관 : 그때 김재규 피고인은 그 얘기를 받아서 어떤 얘기를 했습니까?

김계원 : 정치 얘긴데 그냥 해도 괜찮겠습니까?

검찰관 : 괜찮습니다.

김계원 : 그때 주로 나눈 얘기는 부마사태가 아니고 신민당 문제였습니다. 신민당의 정운갑 씨가 법정 총재 대리인으로 임명됐는데 행세를 잘 하지 못하고 있었고, 신민당 의원 전원이 사표를 제출해서 국회는 2주째 공전되고 있는 상태였습니다.

예산국회이기 때문에 빨리 국회가 소집돼야겠는데, 김영삼 씨는 국회의원직이 박탈된 상태였기 때문에 정운갑 씨가 총재대행을 제대로 해야 여야 간에 대화가 돼 국회가 정상화될 것이므로, 그 공작을 중정에서 하고 있었습니다. 그런데 공화당측 몇 사람들의 의사발표가 잘못돼 그 공작이 완전히 실패로 돌아갔어요. 정운갑 씨 체제가 굳혀진다는 것은 거의 불가능한 상태가 됐고, 신민당 국회의원들이 국회에 등원한다는 것이 난망이었습니다. 때문에 정보부장에게 위로의 말을 해준 것이었습니다.

검찰관 : 공화당에서 일괄 반려를 한다, 그래서 이틀 간만 참고 발표가 늦추어졌으면 완전히 굳어졌을 텐데, 하면서 아주 굉장히 아쉬운 표정을 지었다?

김계원 : 그렇습니다.

검찰관 : 그렇다면 대통령의 신임을 얻으려고 노력하는 행위인 것만은 틀림없네요?

김계원 : 네, 애쓴 건 틀림없습니다.

검찰관 : 그 다음에 부마사태 얘기가 계속됐습니까? "지금 사회 공기
가 얼마나 험악한 줄 아십니까. 김 실장님은 모르실 겁니다." 이런 얘기
가 나오면서 또 얘기가 됐다고 하는데……

10·26사건 재판 과정에서 드러난 박 대통령의 정치공작은 사례
도 많지 않고 직접 언급된 것도 드물다. 당시 재판부가 '대역죄인'
김재규의 증언을 자신의 행위를 합리화하려는 기도로 판단, 그의
'정치성' 발언을 자주 제지한 탓이 크다. 변호인들은 재판부의 이
런 태도를 무슨 수를 써서라도 김재규를 사형에 처하려는 사전 각
본에 따른 재판 진행이라고 비난했다.

그러나 김재규 등의 증언에서 당시 박정희의 생각과 함께 그의 정
치 운용술의 일단을 엿볼 수 있다. 또 국가의 중앙정보기관이 본연
의 임무는 뒷전에 둔 채 국내 정치공작에 깊숙이 개입, 각종 무리
수를 양산했다는 점도 드러난다. 더욱이 실력자들이 자신들의 총애
유지를 위해 경쟁적으로 정치공작을 자행, 국가를 위기상황으로 몰
고 간 모습도 보이고 있다. 그리고 폭력과 공작에 의존하는 정권의
말로가 어떠하다는 것을 웅변으로 가르쳐주고 있다.

YS의 도덕성, 얼마나 되나

   김현철 씨의 국정농단과 금품수수 의혹이 언론 등에 폭로되던 1997년 4월, 검찰이 한보비리를 수사한다면서 거물급 정치인들을 소환조사하자 세간에는 이것이 국면호도용이라는 비판이 나돌았다. 즉 김현철 씨 비리에 쏠린 국민의 눈을 거물 정치인들의 뇌물수수 쪽으로 돌리려는 술책이라는 것이었다. 그만큼 내로라는 거물 정치인이 연일 검찰청사에 불려들어 가는 장면들이 TV와 신문지면을 대거 장식했다.

   검찰에 소환돼 신문조사와 대질신문까지 받은 정치인 중엔 민주계 핵심들뿐만 아니라 민정계의 거두인 김윤환 여당 상임고문도 포함돼 있었다. 김 고문은 당시 여당 내에서 민주계와 함께 가장 응집력 있는 계파로 구여권을 대표하는 민정계의 리더이며 또한 TK(대구·경북)세력의 중심인물이었다. 이렇게 되면 여야 각 정파의 실력자들이 모두 한보비리에 연루돼 있다는 혐의로 검찰의 소환조사를 받은 셈이다. 즉 검찰수사를 지휘한 사령탑이 이것으로 국민에게 제시하고 싶은 것은 '영향력을 가진 거의 모든 인사들이 한보비리에 연루돼 있는 것이지 대통령 아들만의 의혹은 아니다'라는 메시지다.

그렇다면 검찰수사가 대통령의 아들도 죄가 있을 경우 사법처리 하겠다는 YS의 대국민담화를 정직하게 이행해 나가기 위한 것이 아니라는 데 문제가 있었다. 대부분의 국민은 한보사태에 관한 검찰수사를 지휘하고 보고받는 사령탑은 YS일 것으로 믿었다. 정치인도 비리혐의가 있다면 수사받는 것이 당연하다. 그러나 당면한 최고의 비리의혹은 김현철 씨에게 있으며 정치인의 자금수수란 그 의혹의 순위가 뒤로 밀려난다는 것이 항간의 여론이었다. 상식선에서 보아도 정치인의 검은 돈이란 수시로 터진 바 있으나 대통령 아들의 비리 의혹과 국정농단은 건국 이래 초유의 사건이기 때문이다.

YS 정치도의와 초원복집 음모

국민회의와 자민련 등 당시 야당 인사들은 애초부터 YS의 정직성을 믿지 않았다. 그들은 YS를 정직성과 도덕성보다 음모와 태도 돌변의 정객이라고 보고 있었다. YS의 도덕성을 비난하는 인사들은 1990년의 3당 합당을 예시한다.

당시 제2야당인 통일민주당 총재였던 YS는 제3야당인 신민주공화당 김종필 총재와 함께 수차 비밀회동과 골프회동을 가진 끝에 집권여당인 민정당과 합당했다. 총선거에서 국민의 뜻에 따라 여소야대(與小野大) 국회가 만들어졌다며 3야당 공조로 군사정권을 압박해 가던 야권은 YS의 태도 돌변에 경악했다. 아무도 그가 군사정권의 여당인 민정당과 합당하리라고는 상상하지 못했다. 정치적 천재지변으로 일컬어지는 엄청난 사건 이후 상황파악에 모든 관심을 빼앗긴 여론층은 당시 YS의 정직성과 도덕성을 본격 거론할 겨를이 없었다. 또 집권여당 세력의 강력한 대책 등으로 3당 합당에서 보인

YS의 정략이 떳떳한지 여부를 따지기 어려운 여건이기도 했다.

구정권하의 야당인사들은 또 YS의 정직성과 도덕성 붕괴를 92년 대선 과정에서 찾았다. 그 첫째는 1992년 12월 11일 부산지역의 시장, 검사장, 경찰청장, 안기부 지부장, 기무부 대장, 교육감, 상공회의소 회장 등 기관장들이 모여 여당후보였던 YS지지운동 방안을 모의했던 초원복집 사건이다.

이들은 정부의 관계기관 대책회의와 똑같은 방식으로 모여 YS의 당선을 위해서는 지역감정을 자극해야 하고 신문사 간부들을 매수, YS에게 유리한 편파보도를 하도록 하며 상공회의소 등 민간단체가 유세장에 인력을 동원토록 한다는 것 등의 의견을 내놓았다. 이 모임을 비밀리에 녹음했던 당시의 국민당 선거대책본부가 폭로한 참석자들의 육성 녹음테이프에 따르면 특히 정치적 중립성을 지켜야 할 기관장 다수가 지역감정을 득표에 이용해야 한다고 주장한 것으로 드러났다.

▲ 부산 기무부대장 : 이번 대선에서 경남·부산이 발전할 기회를 잡지 못하면 영영 파이다.

▲ 안기부 부산지부장 : 우리는 지역감정이 좀 일어나야 해.

▲ 부산시 교육감 : 지역감정이 일어나야 한다.

이런 음모는 선거법위반 여부의 차원을 넘어 가장 규탄받아 마땅할 역사적·민족적 범죄라고 보아야 할 것이다.

그런데 YS는 집권한 후 이 초원복집 음모사건의 관련자를 요직에 중용했다. 이것은 바로 YS가 도덕성을 개의치 않는 면모를 보였다는 것이 정치권인사들의 얘기다. 대표적으로 초원복집 모의에 참가했던 박일룡(朴─龍) 당시 부산 경찰청장은 YS가 집권한 후 서울 경찰청장을 거쳐 경찰총수에 올랐으며 경찰청장 임기가 끝난 뒤엔 안기부의 국내담당 차장으로 중용됐다.

또 당시의 대선자금 문제로 YS진영은 모두 284억여 원을 썼다고 발표했으나 이는 전혀 현실성이 없는 거짓말이라는 것이 야당인사들의 지적이다. 야당들도 물론 선거자금을 다 공표하지는 않았을 것이다. 그러나 구집권자들과 기업으로부터 수많은 비밀자금을 받은 여당후보 진영의 이런 선거자금 공언은 기본적으로 정직성에 의문을 제기하게 한다는 것이다.

당시 YS와 민자당을 함께 했던 자민련의 한 중진의원은 "YS 자신이 수수했다는 설의 진위를 확인하지 않는다고 해도 당과 선거본부에 경제계로부터 엄청난 자금이 답지했다."면서 "YS 진영의 92년 대선자금은 천문학적 규모"라고 말했다.

전·노 비자금이 흘러간 곳

1997년 3월 여의도 국회의사당 주변에 나돈 〈노태우가 YS에게 제공한 대선자금 내역서〉라는 한 장짜리 괴문서는 일반국민에게 공개되지 않은 채 정치비사 속에 묻히고 말았다. 이 문서는 노태우 씨가 92년 대선에서 민자당 후보인 YS에게 다섯 차례에 걸쳐 무려 9천3백50억 원을 주었다고 적고 있다.

YS는 기자회견 등 수차에 걸쳐 노태우 씨가 선거에서의 중립을 표방하면서 민자당을 탈당한 뒤론 그로부터 정치자금을 받은 일이 없다고 밝혔다.

그러나 이 괴문서는 노씨가 1992년 9월 18일 탈당하면서 3천억 원을 민자당에 전달한 이후에도 12월 7일 YS 대선자금을 여유 있게 늘려주어야 한다는 청와대 수석비서관 회의의 건의에 따라 1천억 원을 주었으며, 92년 12월 22일 YS의 대통령 당선 축하금 6백억 원, 93년 2월 24일 정권인수 자금으로 2천억 원 등을 건넸다고 폭로했다.

이 문서의 신빙성은 정가에서 별로 거론되지 않았다. 워낙 엄청난 규모의 정치자금 수수의혹인데다 그 진상을 짐작하기조차 어려웠기 때문인 듯하다. 그러나 YS가 노태우 씨로부터 정치자금을 받아 썼다는 것은 95년 말 노씨가 비자금 사건으로 구속된 후 노씨의 아들 재헌(載憲) 씨측이 언론과의 접촉 등을 통해 증언함으로써 점점 확인된 사실로 자리잡았다. YS가 96년 초 기자회견에서 "노 전 대통령으로부터 정치자금을 직접 받은 일이 없다."고 해명한 데 대해 재헌 씨는 "누가 그 말을 믿겠느냐."며 심하게 반발했다.

이 같은 정황으로 보아도 당시 야당측은 어쨌든 YS진영이 대선 과정에서 구집권자들과 경제계로부터 거액의 자금을 받아쓴 것만은 틀림없다고 주장했다. 김대중 국민회의 총재도 한보사태의 몸통은 YS진영의 92년 대선자금이며 당시 한보가 6백억 원을 YS의 선거자금으로 주었다는 의혹을 규명해야 한다고 촉구했다.

또 자민련의 한 중진 인사는 "YS의 도덕성 문제는 그가 6월항쟁 이후 민주화를 허용해 정치적 평가가 괜찮았던 노태우 씨뿐만 아니라 상대적으로 타기시됐던 전두환 씨로부터도 상당한 통치자금을 받았다는 데 있다."고 말했다. 그는 92년 12월 YS가 당선인사 차 전두환 씨를 연희동 자택으로 찾아갔을 때 전씨가 대통령 재임시의 경험담과 함께 상당한 통치자금을 건넸다는 소문이 있다고 설명했다.

이 부분은 워낙 증인이 제한돼 있어서 규명되기 어렵지만 전씨의 성격으로 미루어 충분히 개연성이 있다고 보는 것이 야권인사들의 주장이었다.

노태우 씨나 전두환 씨가 모두 개혁의 기치를 든 문민출신 대통령 당선자 YS에게 돈을 주었다면 자신들의 신변안전을 도모하기 위한 보험료의 성격임이 분명하다. 그러나 문민시대 대통령임을 내세우는 YS가 민심의 원한을 샀던 구체제의 집권자들로부터 비밀리에 정치자금을 받았다면 이는 정직성과 도덕성을 포기한 것이나 다름없는 일이다.

1995년 겨울, YS가 전두환·노태우 씨를 구속한 것은 분노한 국민 여론에 밀린 조치에 불과했다. 사실상 YS는 민주계 핵심인 서석재(徐錫宰) 전총무처장관이 비자금 4천억 원설을 처음 언급했을 때 그를 해임하고 입을 막았다. 그 다음 야당의 박계동(朴啓東) 의원이 다시 이 문제를 국회에서 폭로하자 '역사의 심판에 맡기자'며 진상조사나 구집권세력에 대한 단죄를 거부했다.

그러다가 노태우 비자금 사건이 통제 불가능할 정도로 불거지고 자신의 선거자금에 의혹의 불똥이 튀자 그는 말을 바꾸어 비리수사와 사법처리를 결단처럼 발표했다. 일각에서는 처음 그가 비자금 폭로를 잠재우려 했을 때 전두환·노태우 씨로부터 받았다는 의혹을 산 정치자금이 보험료 역할을 톡톡히 하고 있는 것으로 보기도 했다.

YS가 취임 후 "앞으로는 외부로부터 한푼의 돈도 받지 않겠다."고 선언한 데 대해서도 그 이면을 의심하는 사람들이 많았다. 즉 정권 출범 이전에 이미 대규모의 정치자금을 확보한 상태에서 나온 말이라는 것이다.

또 청와대가 대통령의 근검과 청렴성의 상징으로 내놓은 칼국수 식사라는 것도 사실은 YS가 평소 즐겨온 기호식에 불과하다. 그것

1992년 12월 23일 김영삼 당시 대통령 당선자가 전직 대통령들에 대한 인사의 일환으로 연희동의 전두환 씨 사저를 방문, 전씨와 환담하고 있다. 이로부터 3년 뒤 전씨는 구속된다.

을 돈 안 받는 청렴성과 관계 있는 양 홍보하는 것 자체가 박정희·전두환 정권 당시의 대중조작과 무엇이 다르냐는 얘기였다. YS가 야당 시절부터 술을 즐겨하지 않으며 점심식사 때면 이름 있는 칼국수, 비빔냉면, 설렁탕집을 찾아다녔다는 것을 알만한 사람은 다 알고 있다. 그는 청와대에 들어간 후에도 철저한 건강관리상 육식을 피하고 칼국수와 시래기 된장국 같은 것으로 소식한다는 것이다. 그렇다면 70대를 넘어선 대통령이 건강관리상, 또는 기호식으로 칼국수를 즐겨한다는 것이 정직한 설명이었을 것이다.

지역편중의 인사만사

YS의 정직성에 문제를 제기하는 인사들은 '인사가 만사'라고 공언해 온 그의 인사내용이 역대 어느 정권보다도 특정지역에 편중돼 왔다고 지적한다. 자민련의 정책실 자료에 따르면 YS가 직접 결정했다고 볼 수 있는 차관급 이상 공무원의 출신지역별 비율(97년 2월 20일 기준)이 다음과 같이 지나치게 왜곡돼 있었다. 정부 내 장차관과 외청장 등은 모두 103명이다.

부산·경남 33명(32.0%), 대구·경북 16명(15.5%), 충청 16명 (15.5%), 서울 14명(13.5%), 광주·전남·전북 12명(11.6%), 인천·경기 6명(5.8%), 강원 3명(2.9%), 이북 3명(2.9%).

이 통계도 영남권은 부산·경남과 대구·경북으로 나누었으나 호남은 광주·전남·전북식으로 나누지 않고 있어서 비교의 기준이 영남에 유리하게 돼 있다. 그럼에도 불구하고 PK(부산·경남) 출신에 지나치게 편중돼 있음이 그대로 드러난다.

그러나 이 같은 거시적인 통계보다도 실질적인 핵심 요직 현황이 더 문제다. 즉 힘깨나 쓰는 자리는 모조리 YS의 경남고 후배나 동향 출신자들로 채워졌다. 정부 내 공직 중 힘쓰는 자리인 안기부, 검찰, 경찰, 국세청, 군부 등 5대 부서의 요직은 PK가 아니고서는 넘겨다보기 어렵다는 것이 관가의 상식에 속했다.

한보비리에 대한 검찰수사가 국민적 불신을 받고 그 실무책임자인 대검 중수부장이 교체된 것도 검찰요직을 모두 PK가 차지하고 있었기 때문이다. 97년 대검 중수부장 교체 이전 검사장급 이상 검찰요직에 포진된 PK 출신을 보면 다음과 같다.

검찰총장 김기수(경남), 대검 중앙수사부장 최병국(경남), 대검 공안부장 주선회(경남), 서울 지검장 안강민(경남), 서울 고검장 한광수(부산), 대전 고검차장 윤동민(경남), 제주 지검장 박주환(경남). 여기다가 안우만 당시 법무장관도 PK로 YS의 경남고 후배였다.

다음으로 경찰 요직을 보면 총경급 이상 전체 경찰간부 4백77명 중 PK출신이 1백11명으로 23.27퍼센트를 차지하고 있었다. 인구

비례로 보더라도 다른 지역에 비해 2배~5배 이상 편중돼 있는 것으로 나타났다. 더구나 최고위직인 치안정감 이상의 경우 전체의 절반을 PK 출신이 차지하고 있었다. 총경급 이상 경찰간부의 출신지역 현황은 다음과 같다.(96년 8월 기준)

부산·경남(23.27%), 대구·경북(20.54%), 서울(14.89%), 광주·전남(11.5%), 대전·충남(8.3%), 전북(6.9%)

안기부 역시 자민련의 조사 자료에 따르면 YS 집권 후 PK출신이 조직과 정보 관리를 장악했다. 즉 YS정권의 안기부 실력자들을 보면 권영해(權寧海) 안기부장은 포항 출신으로 PK 주변지역이지만 박일룡 제1차장(경남고), 경남고 출신 수사국장, 정형근(鄭亨根) 전 제1차장(경남고, 현 한나라당 의원), 황창평(黃昌平) 전 제1차장(경남고, 보훈처장 역임) 등 PK 출신들이 요직을 차지했다.

또 재벌과 정치자금의 흐름을 들여다볼 수 있다는 국세청장 자리도 YS정권 아래서 PK가 아니고서는 갈 수 없었다. 경남고 출신 추경석(秋敬錫) 청장이 정권 상반기에 맡고 있다가 건설교통부 장관으로 영전했으며 그 후임을 부산고 출신인 임채주(林采柱) 청장이 이어받았다. 국세청 차장 자리마저 관례를 무시하고 경남 김해 출신인 이석희 국장을 전격 발탁해 내부 비판이 컸다고 자민련의 정책자료는 밝혔다.

더구나 정치적 색채와는 독립적이어야 할 군부도 과거 전두환·노태우 씨의 하나회가 휘두르던 인사전횡을 PK가 대신한다는 소리가 나올 정도였다. 부산고 출신인 윤용남 육군대장은 3군사령관과 육군 참모총장을 거쳐 합참의장에 오르면서 YS정권 아래서 군안팎의 인사 예상을 깨고 승승장구했다. 해군의 경우 1997년 3월 말 역시 PK 출신인 유승남(柳勝男) 제독이 경력면에서 객관적으로 앞선

TK 출신 임태섭(林台燮) 전 합참차장을 누르고 참모총장에 올랐다. 임 제독은 중장진급에서 유 제독보다 앞섰으며 해군작전사령관 등 주요 보직에서 선임자였다. 또 YS가 발탁한 김홍래(金鴻來) 전 공군 참모총장은 거제도 출신으로 YS와 같은 면에서 살았다. 이광학(李光學) 공군총장은 김현철 씨의 장인과 사돈지간이었다.

군인사에서 PK 독식 현상은 여기서 그치지 않았다. 1996년 7월 기준 총 13명의 중장급 지휘관 중 무려 과반수인 7명이 PK 한 지역 출신인 것으로 나타났다.

YS가 언필칭 '인사가 만사'라면서 능력위주 발탁으로 공정한 인사를 하겠다고 표면상 공언하면서 속으로 지연과 정실 위주로 PK 편중인사를 해온 것은 위선적이고 국민을 속이는 부정직한 모습이라는 지적이다. 이 같은 인사정책의 부정직한 실상에 김현철 씨의 개입의혹 또한 문제를 더욱 심화시킨 것이다.

인사 외에도 YS는 92년 대통령 선거 당시 '깨끗한 정치, 강력한 정부'를 내걸고 '지역 간 계층 간 갈등을 해소하여 국민대화합을 이룩한다' '지방자치 기반을 지속적으로 확충하고 내실화하여 지방화시대를 연다'고 공약했다. 그러나 YS정부가 시행했던 정책들을 검증해보면 이 같은 공약에 비추어 정직하지 못한 행위였다. 그리고 문제는 그것이 불가항력 때문이 아니라 약속 불이행에 대한 죄의식이나 부담감을 갖지 않는 도덕적 불감증에 연유한다는 데 심각성이 있다는 것이다.

YS 정부가 1994년부터 1997년까지 국토 지역개발공약 이행을 위해 편성한 신규투자사업비 내역을 보면 YS의 출신지가 역시 절반 가량을 차지한다.

부산·경남 9조 5천992억 원(44%) 중 2천587억 원 집행, 대전·

충남북 5조 3천335억 원(25%) 중 1천490억 원 집행, 대구·경북 4조 85억 원(18%) 중 862억 원 집행, 전남북 2조 8천76억 원(13%) 중 집행액은 전무하다.

뿐만 아니라 중앙정부가 지방자치단체에 지원하는 특별교부금 내역을 보면 지역균형 개발과 지방화 시대 준비라는 공약은 허구였다는 의심이 들지 않을 수 없다. 1996년 9월 5대 광역시의 자치구 평균 특별교부금도 부산지역에 다른 곳보다 평균 3배 이상이 편중되게 이루어졌다.

부산 15억 1천2백만 원, 대구 9억 8천6백만 원, 인천 5억 6백만 원, 대전 4억 5천6백만 원, 광주 4억 1천6백만 원이다.

가신들이 문제다

YS가 공언한 것 중 사정변경 때문에 본의 아니게 거짓말이 된 경우도 있다. 이런 것은 YS의 정직성과 도덕성을 비난하는 사람들로서도 정상 참작을 해야 할 사유가 된다고 생각한다.

그는 지난 92년의 대통령 선거유세 때 "쌀 수입은 대통령이 되면 그 직을 걸고 막겠다."고 공언했다. 그러나 1993년 우루과이 라운드의 국제 압력으로 쌀시장을 개방할 수밖에 없게 됐다. 이 경우 YS가 분명히 식언했고 야당의 정치공세 대상은 되겠지만 그것으로 정직성이나 도덕성을 따지기는 무리다. 또 그는 선거유세 과정에서 몇 차례나 "대통령 퇴임 후 상도동 집에 그대로 들어가겠다."고 말했다. 전에도 그는 언론과의 회견 등에서 "정치하면서 재산을 늘린 적이 없으며 앞으로도 그럴 생각"이라며 "대통령이 된다면 상도동 집을 증개축하지 않고 퇴임 후 그대로 들어가 살겠다."고 강조했다. 그러나 1996년 청와대는 YS의 상도동 사저를 개축하겠다고 발표했다. 이것도 엄밀히 따진다면 공인으로서 국민에게 약속한 것을 어기는 행위다. 그러나 그것이 불순한 비도덕성이나 부정직 행위라고 따질 정도의 문제는 아니라고 생각할 수 있다.

중요한 것은 자신이나 측근세력이 이기적 소리(小利)를 탐하여 대의와 국민의 눈을 속였느냐의 여부다. 말을 바꾸더라도 당초의 여건과 다른 사정이 생겨서 공개적으로 당당하게 한다면 그다지 부도덕한 행위라고 비난받지 않을 수 있는 것이다. YS에 있어서 정직성과 도덕성의 문제는 자신의 92년 대선자금 문제 외에는 아들 및 상도동 가신(家臣)과 PK 출신 측근세력 등의 인사전횡이나 비리의혹과 깊이 관련돼 있다.

즉 한보그룹의 은행대출을 위해 압력을 넣고 그 대가로 거액의 비자금을 받은 혐의로 구속된 홍인길(洪仁吉) 전 의원이나 역시 기업으로부터 수뢰한 장학로(張學魯) 전 청와대 제1부속실장은 YS의 안방살림을 꾸려온 집사들이다. 거기다 역시 한보비리 연루로 구속된 김우석(金佑錫) 전 내무장관이나 황병태(黃秉泰) 전 국회재경위원장은 YS의 정치적 수족들이다. 이런 상황에서 YS가 "나는 취임 이후 정치자금을 한푼도 안 받았다."고 계속 역설한다면 이는 상당히 희화적인 모습으로 비칠 것이다. 그러나 문민정부 아래서도 현직 대통령과 관련된 의혹을 파헤칠 특별검사 같은 제도는 받아들여지지 않았다.

즉 대통령의 비리의혹이나 정직성을 검증할 제도를 한국민은 아직 갖지 못했다. 그렇기 때문에 대통령의 비리 여부는 퇴임 후에나 정밀하게 따져볼 수밖에 없었다. 전직대통령들의 감옥행이란 정치보복이 아닌 제도적 결함 때문이기도 한 이유가 여기 있는 것이다.

이한림과 박정희

5·16쿠데타 당시 직업군인으로서 위치를 지키려다 좌절한 장군이 이한림(李翰林) 야전군 사령관이었다. 그는 박정희 소장이 군사쿠데타를 일으켰을 때 가장 막강한 병력과 장비를 가진 야전군 사령관이었다. 지금은 1군, 3군 등 2개의 야전군이 있지만 당시는 전방지역에서 유일한 야전군이었다.

4·19혁명 후 들어선 내각책임제의 실권자 장 면(張勉) 국무총리의 직계 장성이었던 이한림은 일제 시대 만주 신경군관학교 예과를 우등생으로 수료한 뒤 선발된 일본 육사 출신이다. 그가 직업군인의 정치불개입 철학을 굳건히 지킨 배경에는 이승만 정부 시절 소장으로 미국 하버드대에 유학하면서 받은 영향이 크게 작용했다.

박정희가 이끄는 후방 군인들에 의해 5·16쿠데타가 일어나자 이한림 야전군 사령관은 매그루더 미8군 사령관으로부터 쿠데타 진압을 권유받는다. 그러나 그는 이를 실행에 옮기지 않았다.

쿠데타를 주도한 박정희 소장은 이 사령관과 신경군관학교 및 일본 육사에서 몇 명 안 되는 조선인 동기생이었다. 두 사람은 절친한 동기가 될 수밖에 없었다. 그러나 쿠데타를 사이에 두고 두 사람은 실권자와 반혁명분자로 갈라서게 된다.

이한림은 박정희의 쿠데타 동조 요구를 끝내 거절했다. 나중에 박정희 정권이 들어서고 그가 계속해서 끈질기게 공직 참여를 제의하자 이한림은 해외 주재대사와 건설부 장관 자리를 수락한다. 박정희가 그에게 계속 공직을 받으라고 종용한 것은 일종의 위험 인물 관리술이었다는 것이 많은 사람들의 생각이다. 두 사람의 대립과 교유 관계를 살펴보면 바로 직업군인과 정치군인의 차이를 이해하는 데 크게 도움이 된다.

"박정희 이 새끼야, 속이 시원하냐"

1961년 11월 21일 오후 5시, 미국 샌프란시스코의 마크 홉킨스 호텔.

캘리포니아주립대학 산타바바라 캠퍼스에 망명 겸 유학 중인 이한림 전 야전군 사령관이 로비에 들어섰다. 한 청년이 그에게 허리를 굽혀 인사한 뒤 한 객실로 안내했다. 객실에서 정일권(丁一權) 주미 대사가 나와 그를 반갑게 맞았다. 정일권은 6·25전쟁 당시 육군 참모총장으로 명성을 떨친 최고의 군 출신 명사였다. 더구나 그 역시 일본 육사를 졸업해 박정희나 이한림을 포함한 일본 육사 출신들의 대부에 해당했다. 그가 주미 대사에 임명된 것도 쿠데타 정권이 미국에서 인정해주는 군 출신 인물을 고른 결과였다. 이날 정일권과 이한림은 호텔에서 밤새 통음했다.

다음날 아침 7시.

이한림은 호텔의 한 귀빈실을 노크했다. 안에서 문을 열어준 사람은 미국을 방문 중인 쿠데타 정부의 최고회의 의장 박정희의 의전비서관인 조상호(후에 대한체육회장과 체육부 장관 지냄). 박정희는 워싱턴을 방문해 존 F. 케네디 미국 대통령과 상견례를 가진 뒤 귀국하는 길이었다. 쿠데타로 거머쥔 정권을 기정 사실화하기 위한 방미였다.

그리 큰 방은 아니지만 전망이 매우 좋은 거실 안에서 박정희가 나타났다. 순간 두 사람의 눈이 마주치며 빛났다. 박정희는 특유의 수줍어 보이는 웃음을 띠며 손을 내밀었다. 이한림은 터져나오는 분노로 악수할 생각은커녕 냅다 소리를 질렀다.

"야, 이 새끼야. 나를 이 꼴로 만들어놓고 속이 시원하냐?"

이 광경을 목격하게 된 조상호 등은 얼굴이 흑빛이 됐다. 잠시 어색한 시간이 흐른 후 박정희는 식탁을 가리켰다. 정일권 등 주요 수행원들이 자리를 함께했다.

5·16쿠데타 직후 구금돼 있다가 미국에 온 이한림은 박정희가 국내에서 이미 권력자의 위치를 굳혀 가고 있다는 사실을 실감하기 어려웠다. 쿠데타를 주모해서 최고회의 의장인가 무엇인가를 하고 있다지만 옛 친구 박정희일 뿐이었다.

이한림은 박정희와 달리 이승만 정부뿐만 아니라 4·19 이후 장면 정부에서도 가장 촉망받던 몇 명의 장군들 중 하나였다. 그러나 화려하기만 한 그의 이력을 들여다보면 5·16쿠데타 직후 2, 3년간이 굴절돼 있다. 그리고 그 후론 군인 진시황이라는 별명을 가진 그에게 군인의 길은 사라지고 만다.

1944년 일본 육사 졸업. 47년 국방경비대 연대장. 49년 미국보병학교 수료. 50년 6·25전쟁 당시 사단장. 52년 휴전회담 국군 수석대표. 54년 군단장. 57년 육사 교장. 60년 야전군 사령관. 61년 5·16 쿠데타 세력에 체포, 강제 예편(중장). 63년 수자원개발공사 사장. 68년 진해화학 사장. 69년 건설부 장관. 74년 터키 대사. 77

년 호주 대사.

이한림은 당시 군부에서 진시황이라는 별명이 말해주듯 성격도 괄괄한데다 부하들에게 늘상 직업군인의 원칙을 강조하는 장군으로 알려져 있었다. 그는 일본 육사에서 교육을 받았지만 해방 후 미국 군사학교 등에 수차 유학했다. 그러니까 군국주의 군대 교육의 뼈대에다 자유민주주의 국가의 장교 교육이라는 옷을 입은 셈이다. 이렇듯 일본 군국주의와 미국의 자유주의를 그 핵심부에서 배운 이한림은 엘리트 의식이 강해서 말 그대로 부하들에게 호령하기 좋아하는 지휘관이었다. 그래서 붙여진 별명이 군림하는 진시황. 그 자신도 이 별명을 싫어하지 않았다.

북극성회와 하나회

직업군인의 정치개입에 반대하는 진시황 이한림은, 그러나 정치군인들과 직·간접으로 두 차례 부딪히는 숙명을 겪는다. 한 번은 5·16쿠데타 당시 자신이 직접 겪는 박정희와의 담판이다. 둘째로는 그를 따랐던 측근 부하들이 1979년 12·12군사반란 때 역시 군인의 정치불개입 원칙을 지키다가 당하는 불운이 그것이다.

더구나 그는 오늘날 전두환, 노태우, 정호용, 김복동 등으로 유명해진 육사 11기 이후의 이른바 4년제 정규 출신 중 당초 유망주들인 육사 교수부 장교들의 대부였다. 정규육사 출신으로 모교의 교관과 훈육관으로 선발된 장교들은 이한림을 존경하고 따랐다. 이 신세대 장교들은 진시황이 강조해온 직업군인의 길을 신봉했다.

이들은 기성 군부대의 부패와 부조리상에 대항해 싸우는 정규육사 출신 장교들의 정신적 유대를 위해 친목 동창회로 북극성회를 조직한다. 이것이 5·16쿠데타 후 박정희 지지세력인 비밀 지하 사조직 하나회 계열에 의해 농단당했지만 처음 결성 때는 순수한 친목 단체였다. 이 북극성회의 결성 계기는 육사 교장 이한림의 행보에서 나왔다.

4·19혁명이 일어나기 전인 1959년 겨울.

육사 교장 이한림 소장은 육사 교수부의 전사교관 서우인(徐佑寅) 대위와 함께 전방의 군단 사령부 방문길에 나선다. 일행은 교장, 비서실장, 전속부관 등 모두 네 명이었다.

이한림은 군 엘리트 장교의 육성정책을 개선하기 위해 육사 출신 장교들의 근무 실태를 점검해보겠다고 육본에 건의했다. 이들이 전후방 각 부대에서 어떻게 적응하며 임무를 수행하고 있는지 현장을 확인함으로써 육사의 당초 교육 목적이 결실을 거두고 있는가를 평가하겠다는 뜻이었다.

이한림은 이런 자료들을 분석해 육사 교육제도의 개선 방향에 반영시킬 구상이었다. 육본에서도 육사측의 이런 구상에 흔쾌히 동의하고 이한림의 전후방 출장용으로 6인승 연락기를 배정해주었다.

육사 교장의 방문을 통고받은 군단 사령부는 예하부대의 소대장과 대대 및 연대급 참모로 근무하고 있는 육사 11기부터 15기까지의 위관 장교들을 한자리에 모아주었다. 육사 졸업 후 각 부대로 흩어져 1개 연대에 한 명이나 있을까 말까 했던 시절 이들은 처음으로 동기와 선후배가 한자리에서 만나 회포를 풀었다.

이한림과 서우인이 예상했던 대로 이 자리에서는 생도 시절 품었던 북극성의 꿈과 일선 소대장으로서 겪어야 하는 시련 사이의 간격이 화제의 주류를 이루었다. 생도 시절 까다롭기로 소문났던 훈육관이나 상급생들의 기합은 이미 달콤한 추억이었다. 그에 비하면 병사들의 부식을 가로채는 지휘관으로부터 군 내에 만연된 전근대적인 사고방식에 이르기까지 그들이 꿈을 실천해나가야 할 현장은 견디기 어려운 좌절감을 안겨준다는 개탄의 목소리가 컸다.

다른 한편 이한림은 고급 지휘관들로부터 육사 출신 장교들이 지나치게 원칙만을 중시하고 융통성을 갖지 못한 기계적인 사고 때문에 인화를 해치는 경우도 있다는 얘기를 들었다.

14기 출신인 한 소대장은 이렇게 토로했다.

"생도 때도 교관이나 훈육관이 출입문으로 다니지 않고 철조망 울타리에 개구멍을 뚫어 지름길 삼아 드나든다는 걸 직설적으로 지적했다가 결국 불이익을 당한 선배가 있었지 않습니까. 이렇게 원리원칙대로 안 하는 상급자들을 절차탁마시키기 위해서도 우리는 구심점이 있어야 합니다."

서우인 대위는 전방 순회에서 돌아온 뒤 이 구심점을 마련하기 위해 육사 교수부의 동기생들과 논의했다. 그 결과 동창회로 북극성회가 조직된 것이다.

이들의 순수성은 별자리에서 따온 북극성회란 이름에서도 알 수 있다. 대부분의 별들이 위치를 바꾸지만 변함없이 한자리에서 언제나 분단된 조국의 북쪽을 향해 눈을 부릅뜨고 있는 북극성, 이 별자리를 닮자는 뜻에서 이들은 동창회의 이름을 북극성회라 지었다. 청운의 뜻을 품고 육사에 입학한 이들의 꿈은 장군이 되는 것, 즉 별을 다는 것이었다. 자신의 어깨 위에 그 분단된 조국의 북녘을 비추는 북극성과 같은 별을 다는 것을 목표로 하자는 것이었다.

북극성회는 친목·연구 잡지로 〈아사달〉을 발행했다. 아사달이란 고조선의 시조 단군왕검이 도읍을 정했다는 곳의 지명이다. 《삼국유사》에 나오는 민족신화의 상징어다. 그곳은 지금의 평양이나 황해남도 신천군과 안악군 일대를 잇는 구월산으로 알려져 있으며, 조선 고종때 발간된 김정호의 《대동지지(大東地志)》에는 안악군의 고구려 시대 이름이라고 기록됐다. 아무튼 북극성회가 아사달이란 이름을 사용한 것은 바로 청년 장교들의 민족주의 성향을 나타내는 한 지표였다.

그러나 하나회는 북극성회와는 그 성격이 달랐다. 하나회는 박정희 시대에 세도를 업고 비밀단체로 조직됐다. 박정희의 친위군 역할을 했던 하나회는 박정희가 살해당하자 12 · 12군사반란과 5 · 18내란을 일으켜 불법 5공 정권을 세운다. 아마도 박정희 체제의 유산 중 가장 지울 수 없는 오점 중 하나가 바로 이 하나회와 5공 정권일 것이다.

정규육사 총동창회인 북극성회 조직을 주도한 육사 교수부 장교들은 5 · 16쿠데타 당시 군부에서 첫 반대운동의 깃발을 들게 된다. 다음은 진시황 이한림의 측근들이 5 · 16쿠데타에 반대하다가 박해를 받은 비화다.

1961년 5월 16일 오전 8시, 서울 태릉의 육군사관학교.

육사 교장 강영훈(姜英勳, 국무총리 역임) 중장이 학교 간부들에게 일렀다.

"나는 지금 군 고위 간부들의 혁명 논의에 참석차 육본에 들어간다. 어떤 상황에서도 내 명령 없이 생도를 동원해서는 안 된다."

이날 오후 육사 연병장에는 지프 한 대와 트럭 두 대가 들이닥쳤다. 착검한 M1 소총으로 무장한 병사들이 트럭에서 뛰어내렸다. 이어 지프에서 날카로운 눈초리의 장교 두 명이 내리더니 기세등등하게 학교 본부로 들어갔다.

육사 8기의 혁명 주체 핵심인 오치성(吳致成, 내무장관과 공화당 사무총장 역임) 대령과 차지철 대위가 육사를 '혁명대열'에 끌어넣는 임무를 띠고 나타난 것이다.

이들은 학교 간부들과 생도 대표들에게 군사혁명을 지지하는 시가행진을 해줄 것을 요구했다. 그러나 생도들은 학교 간부의 입장보다는 정규육사 출신 선배들을 더 신뢰했다.

"학교 지휘 계통은 육본을 이미 장악한 혁명위원회의 명령이 옳은 것인지 그른 것인지 자유롭게 구분하지 못할 것이다. 우리는 이 문제에 관한 한 북극성 동창회의 선배들과 의논하겠다."

이에 따라 육사 교수부의 전사과(戰史科) 연구실에서 생도 대표들과 북극성회 간부들은 시국대책회의를 가졌다. 북극성회의 초대 회장이었던 11기생 강재륜(姜在淪, 중령 예편, 현 동국대 교수)과 김성진(金聖鎭, 준장 예편, 과학기술처 장관 역임), 서우인(대령 예편), 한건희(韓健熙, 소장 예편), 정민희(鄭民熹, 중령 예편, 현 안동대 교수) 등은 이 자리에서 쿠데타 세력의 요구를 거부하기로 의견을 모았다.

이들은 자신들이 모셨던 전임 육사 교장으로 신망이 높은 야전군사령관 이한림 장군의 태도가 베일에 가려 있었던 점도 마음에 걸렸다. 군에서 가장 비중이 높은 전방 지역의 야전군 사령부가 이 쿠데타에 참여하지 않았다는 사실 또한 이들에게 부정적으로 작용했다. 정규육사 11기 중에서도 독서와 토론을 즐기며 학구파였던 이들은 당시 동남아나 남미 등 후진 지역에서 유행병처럼 번지는 군사 쿠데타가 한국에도 상륙한 것을 곤란하다고 생각했다. 더구나 생도들을 정치적 목적에 이용하는 것은 어떤 이유에서든 용납할 수 없다는 데 뜻을 같이했다.

북극성회는 이날 밤 전방의 이한림 사령관에게 비밀리에 대표를 보내 대처 방향을 상의하기로 했다. 서우인 · 한건희 대위가 밀사로 정해졌다.

이튿날 새벽 야전군 사령부에 간 서우인이 육사 교수부에서 철야 대기하는 북극성회 간부들에게 전화를 걸어왔다.

"모든 게 잘 됐다. 오늘 오후 돌아가겠다."

이는 이한림과 함께 쿠데타에 반대하기로 했다는 암호다. 북극성 회와 생도들은 이 소식을 전해 듣고 쿠데타에 끝까지 저항하기로 했다.

쿠데타 다음날인 5월 17일 오후, 쿠데타군은 육사 생도 내무반에 지급된 개인 소총을 모두 걷어갔다. 이때부터 육사는 반혁명부대로 분류되었다. 일종의 무장해제 조치였다.

그러나 이날 저녁 전방에서 돌아오던 서우인과 한건희 대위가 서울 입구 검문소에서 쿠데타군에 검거돼 구금당하고 만다. 이와 함께 육사에는 이한림과 강영훈 육사 교장, 김웅수 장군 등의 강제 연행 소식이 들려왔다. 이날 밤 북극성회 간부들은 불가항력을 인정할 수밖에 없다고 결론지었다.

이렇게 북극성회가 저항을 포기함으로써 5월 18일 오전, 육사 생도들의 쿠데타 지지 시가행진이 이루어진 것이다. 이는 일부 알려진 것처럼 전두환, 노태우 등의 설득에 의한 것이 아니었다. 당시의 육사 교수부 장교들은 전두환, 노태우 등이 북극성회나 육사 생도들에게 영향력을 행사할 처지가 못 됐다고 증언하고 있다.

제1야전군사령부 진압 불발

다시 이야기의 무대는 미국 샌프란시스코의 마크 홉킨스 호텔.

쿠데타에 끝내 반대하다가 강제 예편당한 뒤 미국으로 건너온 이한림은 정권을 장악하고 방미한 박정희를 보자 만감이 교차했다.

자신을 이역의 낭인으로 쫓아보낸 쿠데타 권력자 박정희를 만난 이한림은 차츰 친구의 심정으로 돌아가고 있었다.

"자네, 그런데 왜 검은 안경은 끼고 다니나?"

이 물음에 박 의장은 약간 머뭇거리다가 짙은 경상도 말투로 이렇게 둘러댔다.

"너무 고단하게 뛰어다니다보니 눈이 벌겋게 안 됐나, 그래 낀다."

이한림은 그의 검은 안경이 남다른 탐욕을 감추기 위한 것이라는 생각이 들었다. 그는 일본 육사 시절 박정희와 동병상련하던 일과 자신의 영예스런 군 사령관직에 종지부를 찍게 한 5 · 16쿠데타 등이 파노라마처럼 떠올랐다.

이한림은 젊었을 때부터 친구인 박정희가 자신을 항상 경계하고 경쟁 상대로 보면서 제압하려는 집념에 사로잡혀 있음을 느껴왔다. 두 사람은 만주 신경군관학교 재학 당시부터 조선인의 고독과 좌절감을 극복하겠다는 의기가 투합되어 가장 가까운 친구로 지냈다. 거기다가 두 사람은 똑같이 성적이 우수해 군관학교 예과 2년을 마친 뒤 우등생들만 갈 수 있는 일본 육사 본과에 함께 진학했다.

일본 육사에서도 두 사람은 늘 같은 중대에서 기거하며 네것 내것이 없는 형제처럼 지냈다. 박정희는 고향에서 소학교 교사를 하다가 군관학교에 들어가 이한림보다 나이가 네 살이나 위였고 세상물정에도 훨씬 밝았다.

그러나 육사를 졸업하고 해방된 조국에 돌아와 만난 두 사람이 처음으로 의견 대립을 보인 것은 사상 문제 때문이었다. 두 사람의 신경군관학교 동기생으로 이병주라는 남로당계 장교가 있었다. 남로당의 사주로 일어난 군사반란인 여순 사건의 주동자 김지회(金智會)와 홍순석(洪淳錫)은 이병주가 중대장일 때 영향을 준 부하 장교들이다. 이한림은 박정희와 이병주를 함께 만났을 때 둘이서 자신을 좌익사상으로 세뇌시키려 함을 느꼈다.

남한은 너무 부패했고 혼란스럽기 때문에 민족통일의 주체로 북쪽이 현실적이라는 것이 이병주의 주장이었다. 박정희는 여기에 동감을 표했다. 이한림은 이때 "너희가 사상적으로 나를 세뇌하려 한다면 앞으로 만날 수 없다."고 잘라 말했다. 그 후 이한림은 박정희가 남로당 군사책으로 재판을 받았으며 그 프락치 조직을 제보하고 특사로 풀려났다는 소식을 들었다.

이한림이 박정희에게서 거리감을 느낀 또 하나의 이유는 사상 문제 외에도 과격한 쿠데타 의사를 이따금 내보였기 때문이었다. 어느 날 두 사람이 서울 남산에 올라가 중앙청이 내려다보이는 언덕에 다다랐을 때였다. 박정희가 정색을 하고 이렇게 말을 꺼냈다.

"이봐 한림이. 이곳에 포를 설치하고 경무대(지금의 청와대) 쪽을 포격하면 마치 나폴레옹이 파리 소요 때 진압 사령관으로 야전포를 발사해서 파리를 제압했던 것과 같이 경무대 장악은 문제가 없겠지?"

이한림은 평소 그의 언행으로 보아 위험한 말임을 느꼈다. 그러나 그는 얼른 농담으로 넘겼다.

"정희야. 넌 농담이 지나칠 때가 있어. 그런 농담은 하지 마라."

그러나 박정희의 그런 권력 의지는 끝내 쿠데타를 잉태하고 만다. 4·19의거로 민주당의 장면 정권이 들어선 후 군부의 쿠데타설은 심심찮게 흘러나오고 있었다. 당시 쿠데타를 일으킬 위험 인물로는 이미 박정희와 족청계세력(이승만 대통령에 의해 거세된 자유당의 한 계보로 민족청년단)이 지목됐다. 그러나 장면 정부가 취한 예방조치는 박정희 소장을 부산 군수기지 사령관직에서 광주 제1관구 사령관으로 전보시킨 것뿐이었다. 박정희가 오래 근무하는 곳에서는 언제나 쿠데타 소문이 꼬리를 물었다. 그러자 정부는 그를 부하가 없는 한직인 2군 부사령관으로 좌천시켰다. 그러나 그곳에서 박정희는 훗날 쿠데타 주역 중 한 사람이 된 2군 참모장 이주일(李周一, 후에 대한체육회장과 감사원장 지냄) 준장을 만난다.

한편 이한림은 1960년 10월, 그렇게도 바라던 제1야전군 사령관으로 임명된다. 민주당 정부는 이른바 문민 우위의 논리로 군을 통제할 수 있다는 탁상공론적인 태도를 견지하고 있었다. 정치인들은 국방장관과 참모총장만 잡으면 군부가 따라오리라고 오판한 듯하다. 또 국군이 미군의 작전 통제 하에 있었으므로 쿠데타와 같은 행동은 불가능하다고 생각했던 것 같다. 그러나 이 땅에 32년 간의 실질적 군정을 뿌리내린 쿠데타의 날은 다가오고 있었다.

1961년 5월 15일, 이날은 이한림 사령관이 1군사령부 창설 7주년 기념 행사일로 잡은 날이었다. 이 행사를 위해 전 야전군 내 5명의 군단장과 20명의 사단장들이 원주에 모이게 돼 있었다. 이것이 쿠데타 세력에 거사의 호기로 포착될 줄을 야전군의 장성들은 알 턱이 없었다. 그러나 5군단장 박임항(朴林恒. 육사 8기·후에 반혁명 사건으로 구속), 5사단장 채명신(蔡命新. 육사 5기·후에 주월 사령관), 12사단장 박춘식(朴春植. 육사 5기), 6군단 포병단장 문재준(文載俊) 등은 예외였다. 이들은 쿠데타 초기부터 가담하고 있었기 때문이다.

5월 16일 새벽, 이한림 사령관 숙소에 전화벨이 울렸다. 그가 전화기를 넘겨받으니 육본의 장창국(張昌國) 참모차장이었다. 탁상시계는 4시 2분을 가리키고 있었다.

"아니, 이 꼭두새벽에 웬 일이오?"

"이 장군. 쿠데타가 발생했소."

"뭐요?"

"군사 쿠데타 말이오."

이한림은 속으로 '쿠데타라면 역모인데 삼족을 멸하는 국사범죄를 누가 이 대명천지에 거지르랴' 라고 생각했다. 그러나 상황은 급박했다. 그는 마침 원주에 모여 있는 군단장과 사단장들을 사령관 공관에 집결시켰다. 이들은 서울 소식을 알지 못하고 있었다. 새벽 5시 반, 이한림은 이들에게 쿠데타 소식을 알린 뒤 진압 준비 지시를 내렸다.

"예비군단인 제1군단장 임부택(林富澤, 육사 1기. 6·25 당시 연대장 및 사단장 대리로 유명한 전승 기록을 세움) 장군은 반란군 토벌을 위해 출동 준비를 갖추시오. 그리고 다른 지휘관들은 즉각 귀대하여 전선 방어에 역점을 두되 추가 지시에 대비하시오."

그러나 이한림은 군 통수권자의 명령 없이는 야전군 병력을 움직일 수 없었고 참모총장, 국방장관, 국무총리 등 어느 누구와도 통화를 하지 못한 채 16일 하루를 그대로 보내버렸다. 전두환 그룹이 내란을 시작한 1979년 12·12 때도 똑같은 현상이 일어나 육군본부와 수도경비사령부가 진압작전에 실패했다. 다음날 오전엔 서울에서 윤보선(尹潽善) 대통령의 특사가 와 공문서 형식의 서한을 전했다. 내용은 "국군끼리의 충돌과 출혈을 하지 말라."는 것이었다.

그날 오후 2시 50분경. 매그루더 미8군 사령관이 찾아왔다.

"우리 8군은 박정희 소장의 쿠데타를 반대하며 이 폭거를 도저히 용납할 수 없습니다. 그런 의미에서 민주당 정부의 회복을 위한 군의 행동을 찬동합니다."

야전군의 작전통제권을 갖고 있는 미8군이 쿠데타 진압을 위한 병력 동원을 권유하고 나선 것이다. 그러나 야전군 사령관은 정부로부터 아무런 지침이 없는 상황에서 결단을 내리지 못하고 말았다.

17일 오후 6시, 사령부 연병장에서 매일 열리는 국기 강하식. 이한림 사령관은 전 장병들에게 이렇게 말했다.

"북한군이 호시탐탐 노리고 있는 이 시기에 내란으로 치달을 위기를 조성할 수 없다고 판단돼 부득이 나는 쿠데타 반대에서 묵인하는 입장으로 전환했음을 알립니다."

그는 이어 집무실에 돌아와 부관 박준병(육사 12기. 보안사령관 역임, 대장 예편, 자민련 사무총장) 대위에게 전화로 박정희 장군을 연결하라고 지시했다. 다음은 당시 이한림과 박정희의 통화 내용.

"네 쿠데타에 나는 묵인한다."

"고맙다."

"나는 야전군의 일을 할 터이니 그리 알라. 너는 서울 쪽을 하고, 내가 하는 일에 간섭하지 말아라."

"그래, 알았어……."

이것으로 5·16쿠데타를 진압할 힘을 가졌던 유일한 세력인 제1야전군도 꺾이고 만 것이다.

정치불개입 군맥과 정치군인 족보

그후 이한림은 박정희의 용인술과 위험인물 관리 차원에서 정부에 참여했으며 그를 따르던 서우인, 한건희 등 육사 출신의 젊은 장교들도 대부분 제자리에 복귀했다. 그러나 그로부터 18년 후, 박정희가 생을 마감한 뒤에도 또 다른 쿠데타가 그들을 괴롭힐 줄은 아무도 알 수 없었다.

1979년 12월 14일 낮, 서울 관악산 중턱에 있는 서울대학교 학군단 본부.

서울 지역 일반 대학의 대령급 학군단장 10여 명이 모였다. 이틀

전 일어난 12·12 군사반란의 주도세력이 이들을 불러모은 것이다. 반란세력은 우선 군 내부의 단합된 행동을 바탕으로 국민적 지지를 끌어내야 할 시급한 상황에 부딪쳤다. 전방 야전군의 작전통제권을 갖고 있는 한미연합사의 미군 사령관이 군사반란자들을 군령 위반으로 군사재판에 회부해야 한다며 강경하게 나왔다. 5·16쿠데타 때도 미군측의 반대 입장이 육사 생도들의 군사혁명 지지 시위를 계기로 돌아섰다. 여기에 생각이 미치자 반란세력은 이번엔 일반 대학의 학군단을 활용하기로 했다.

서울 시내 학군단장들의 모임을 주도한 서울대 학군단장 윤태균 (尹泰均, 육사 13기. 중장 예편, 민자당 의원 역임) 준장이 서두를 꺼냈다.

"여러분이 아시다시피, 한마디로 말해서 이미 물이 엎질러졌습니다……."

육사 출신과 종합 및 갑종 출신이 반반 정도인 학군단장들은 윤 준장이 무엇을 얘기하려 하는지 처음부터 쉽게 짐작할 수 있었다. 그가 육사 13기의 하나회 핵심으로 전두환계라는 것은 널리 알려진 사실이었기 때문이다. 군사반란 세력의 메시지는 계속 이어졌다.

"이제 우리는 우리의 군 선배, 동료들이 이미 벌여놓은 일에 한배를 타고 일심단결해 나아가야 하겠습니다."

그는 지지발언자를 찾는 듯 좌중을 훑어보았다. 박정희 체제의 유산 중 하나로 대개 이런 관제 모임에선 권력자들의 사주를 받은 주최측이 발언하면 지지발언이 이어지는 법이다. 그러나 이날은 무거운 분위기 속에 다들 벌레 씹은 표정으로 묵묵부답이었다. 군사반란은 이미 상황을 끝내고 군권을 장악, 다음 단계로 실천 계획을 옮겨가고 있던 중이었다. 아무리 대세가 그렇다 한들 군인으로서 하극상과 반란이 너무도 분명하기 때문인지라 누가 나서서 말하기를 꺼린 것이다.

분위기는 극도로 무거웠다. 그때 손을 드는 사람이 있었다. 서강대 학군단장 서우인 대령이었다. 바로 5 · 16쿠데타 당시 육사 북극성회가 이한림 야전군 사령관에게 파견했던 밀사였다. 긴장 속에 모든 시선이 그의 얼굴로 쏠렸다. 군인의 정치개입에 반대하는 군맥을 이어온 그가 12 · 12군사반란에 동조할 리가 없었다. 그러나 한편으론 이번 군사반란을 주도한 전두환, 노태우, 정호용 등과 육사 11기 동기생이기도 했다. 그는 무어라고 말할까.

"누구보다도 우리의 군 선후배들을 아끼고 싶은 사람입니다. 그러나 그 물이 어떻게 해서 엎질러졌습니까? 우리가 운명을 같이하고 타야 할 배는 어떤 배입니까? 그리고 그 배가 가고자 하는 방향은 과연 어디입니까? 이런 것들을 일단 짚어보고 나서 뜻을 모으든가 해야 된다고 생각합니다."

예상대로 제동을 거는 발언이었다. 서 대령은 5 · 16쿠데타 당시의 상황이 떠올랐다. 그때는 정확한 실상을 알지 못한 채 군사 쿠데타란 용납할 수 없는 일이라는 신념에 따랐을 뿐이다. 그리고 따를 만한 장군 이한림이 있었다. 쿠데타 주도자는 바로 이한림의 동기생으로 군내 서열에선 언제나 한 발 처져 있던 박정희 소장이었다. 지금의 12 · 12쿠데타 역시 육사 생도 시절부터 순수한 직업군인으로서 공부하던 주류에서 소외된 자신의 동기생들이 일으켰다.

서우인은 쿠데타와의 악연을 생각하며, 또다시 정치군인들에 대한 반대 입장을 밝혀야 했다.

분위기는 찬물을 끼얹은 듯 싸늘했다. 이날 참석한 학군단장들도 대부분 12 · 12군사반란이 5 · 16쿠데타보다도 명분이나 정당성 면에서 턱없이 약하다고 생각했다. 그러던 차에 서우인 대령의 용기 있는 목소리는 심금을 울리는 복음과도 같았다. 그러자 윤태균은 흐트러진 군심(軍心)에 침을 놓듯 육사 선배인 서 대령을 향해 단호하게 말했다.

"그렇다면 서 선배께서는 서울을 좀 떠나 계셔야겠습니다."

서 대령은 피가 역류함을 느꼈다.

"그래 좋다. 내가 비켜주마."

그러자 윤태균은 거기서 끝나지 않고 다시 이렇게 물었다.

"어떤 부대로 가시겠습니까?"

마치 보직을 마음대로 골라줄 수 있다는 태도였다.

"너희들 입맛대로 해라."

서 대령은 그 자리를 박차고 나왔다. 그로부터 불과 닷새 후, 그는 강원도 인제 지역의 철책을 지키는 모 사단의 부사단장으로 발령받는다. 직속상관인 사단장은 자신이 육사 시절 생도 중대장이었을 때 중대원으로 보살펴주었던 김신배(金信培, 육사 12기) 소장.

김 소장은 과거 존경하던 선배인 서우인 부사단장을 깍듯이 예우했다. 육사 생도들의 학교 생활에서 선후배란 일반 가정에서의 형과 아우 이상의 정과 엄격한 상하관계 속에서 이루어지는 것이다. 계급이 뒤바뀌었다고 해서 그것을 어찌 잊어버릴 수 있을 것인가. 더구나 서우인은 촉망받던 장교였으나 5·16에 반대하고 야전 지휘관 생활을 제대로 못해서 후배들보다 진급이 늦어졌다.

어느 날 부사단장 서우인 대령은 비상시 병력 투입 진지와 군사도로 등을 순시하다가 부대 관할 지역에 위치한 백담사(百潭寺)에 이르렀다. 백담사의 한겨울은 살을 에는 듯한 찬 기온과 계곡의 바람으로 그를 더욱 심란하게 했다.

12 · 12군사반란으로 군권을 장악하고 반대파 동기생을 전방으로 쫓아보낸 전두환 소장이 그로부터 9년 후 바로 그 백담사에서 유배 생활을 보내야 했던 것은 마치 미리 정해놓기라도 한 것 같은 아이러니였다.

한겨울 밤 백담사에서 하늘을 올려다본 서 대령의 눈에 유난히 밝은 빛을 발하는 북극성이 들어왔다. 그는 12 · 12 군사반란을 일으킨 정치군벌 하나회가 태동하던 때 군 내 정치적 사조직을 반대하며 북극성 동창회를 주도했던 동료들을 떠올렸다. 11기의 이범천(李範天, 소장 예편, 작고), 이효(李孝, 대령 예편, 작고), 강재륜, 김영국(金泳國, 소령 예편, 현 동국대 교수), 12기의 정민희 등……

이들은 군인의 정치불개입 원칙을 금도로 여겨온 직업군인들로 모두 군에서 능력을 꽃피우지 못한 채 중도에 밀려났다. 이 같은 군의 정치불개입을 지키려 했던 군맥은 이종찬(李鍾贊, 일본 육사, 육군 참모총장과 국방부 장관 역임, 중장 예편) 장군과 진시황 이한림 등에 의해 뿌리를 내려야 했으나 좌절했다.

그러나 이들 정통파 군맥보다도 이승만 정권 아래서 부산 정치파동 당시 병력을 동원했던 원용덕(元容德) 헌병 사령관을 위시해서 박정희와 전두환 · 노태우 · 정호용의 하나회 군벌 등 정치군인들이 판쳐 왔다. 오늘의 우리 역사가 험한 굴곡을 넘나든 것도 이처럼 악이 선보다 위에 선 까닭이다.

직업군인들의 4 · 19 방조

한국 현대정치사에 30여 년 간 군사정권 시대라는 칙칙한 그림자를 드리웠던 군부는 5 · 16쿠데타 이전 4 · 19혁명 때만 해도 시민 편에 섰다. 당시 독재 권력의 앞잡이는 군이 아니라 경찰이었다. 아직 박정희라는 군인 정치인이 역사의 무대에 등장하기 전 4 · 19시민혁명은 군부의 방조로 성공할 수 있었다.

1960년 4월 19일 오후 1시 50분경, 당시 경기도 양평에 주둔하던 육군 제15사단 사령부.

사단장 조재미(趙在美. 육사 2기, 준장 예편) 준장과 참모장 조남국(趙南國. 육사 6기) 대령 등 지휘부가 막 점심식사를 마치고 일어섰다. 그때 사단장 전속부관 이 중위가 급히 들어섰다.

"사령관 각하의 전화입니다."

야전군 사령관 유재흥(劉載興. 일본 육사 졸업, 국방장관 역임) 중장이 전화로 서울에 병력을 급히 이동시키라고 지시했다.

자유당 정권의 말기 현상은 군부 내의 정치군인 문제가 아니라 집권층 내의 군 통수 체계의 문란으로부터 시작됐다. 군 통수 라인은 대통령 이승만을 허수아비로 선반 위에 올려놓은 채 세도권력자 이

기붕(李起鵬)에서 곽영주로 이어졌다. 당시 이기붕은 실질적 2인자였지만 국회의장이어서 제도적으로 군 통수권과는 아무 상관이 없었다. 경무대 경비 책임자였던 곽영주의 경우 박정희 정권 시절 차지철이 군권을 상당 부분 장악했던 것과 유사하게 군부에 힘을 썼다.

이날의 군 투입 명령도 곽영주가 김정렬(金貞烈) 국방부 장관과 송요찬(宋堯讚) 육군 참모총장에게 직접 내렸다. 군부대에 출동 명령이 내려진 뒤 20여 분이 지나 계엄령이 선포된다.

15사단 지휘부는 3개 연대 중 김유복(金遺腹. 육사 7기. 준장 예편. 유정회 의원 역임) 대령이 지휘하는 연대를 선봉으로 서울에 함께 진주했다. 중랑교를 넘어서자 미8군에서 15사단에 배속된 군사고문관 포브스 대령이 조 사단장 앞으로 왔다.

"사단장님. 야전군 지역을 떠나 서울로 들어간 이후의 작전 행동은 본관의 임무와 상관없으므로 양평의 사령부에 돌아가 대기하겠습니다."

주한미군 군사고문단은 군부대의 행동에 대해 본래의 임무 수행과 국내 정치개입을 분명하게 구분했다. 이들은 직업군인 본래의 역할 외에는 일절 동행하지 않았다. 당시 한국군의 작전통제권은 1950년 6 · 25전쟁 수행을 위해 이승만 대통령이 유엔군 사령부에 귀속시킨 이래 계속 주한미군 장성들이 갖고 있었다. 15사단은 미 군사고문관이 원위치로 돌아간 이후부터 주한미군의 작전 통제에서 벗어나 한국 육군본부의 직접 지시를 받았다.

조 사단장이 선봉 연대와 함께 서울에 도착한 시각은 날이 어두워진 뒤인 밤 8시 반경. 선봉 연대와 사단 지휘부는 경복궁 자리의 중앙청에, 그리고 김준석(金俊錫) 대령의 연대는 덕수궁에, 성영환(成

泳煥) 대령의 연대는 서울운동장에 각각 진주했다.

처음 지휘부는 중앙청 주변에 시위대가 깔려 있다는 척후보고에 따라 돌파작전을 논의했다. 공포탄을 쏘자는 강경론과 경적을 울리면서 들어가자는 온건론이 맞섰다. 그러나 공포탄이 시위대를 크게 자극할 우려가 있다는 이유로 경적을 택했다.

15사단 지휘부는 서울의 중앙청 건물 안으로 들어가지 않고 정문 옆의 수위실에 집무실을 차렸다. 군인들이 정부를 침범할 수 있는 좋은 기회였는데 이때만 해도 문민 우위의 금도를 잘 지킨 셈이었다.

한편 15사단이 출동 명령을 받은 것과 같은 시각, 서울 퇴계로 헌병 사령부에도 국방부의 육성 명령이 떨어졌다.

김정렬 장관은 여론의 지탄으로 거의 힘을 쓰지 못하고 있던 사령관 원용덕 중장을 상대하지 않았다. 원용덕은 대통령 이승만이 부산 피난 시절인 1952년 4월, 국회 원내 세력 분포에서 불리하자 대통령 직선제를 위한 발췌개헌을 강행할 때 영남지구 계엄사령관으로 야당을 위협했던 인물이다. 이어 그는 53년 헌병 총사령관이 돼 반공포로 석방을 추진했으며 이때 반대하는 조병옥을 체포했다. 원용덕은 군부의 물리력을 국내 정치에 이용한 최초의 정치군인이었던 셈이다.

국방장관 김정렬은 헌병 부사령관 김점곤(金點坤. 육사 2기. 경희대 명예교수) 소장을 찾았다.

그러나 출동 명령을 받은 김점곤 부사령관은 군장검사 등의 이유를 대면서 될 수 있는 대로 시간을 끌었다. 그는 경무대 앞에 시위대가 몰려갔으며 이미 경찰에 의한 발포가 시작됐다는 상황을 파악하고 있었다. 실탄은 중대장 책임 아래 박스를 개봉하지 않은 채 스리쿼터 트럭에 싣고 가도록 했고 공포탄만 병사들에게 분배했다. 헌병 병력이 경무대 앞에 도착했을 때는 시위대가 이미 물러간 후였다.

실제 시위 군중과 맞닥뜨린 군부대는 15사단이었다. 당시 조 사단장의 부관들 중에 서울대 문리대 재학 중 통역장교로 입대한 권혁진(權赫鎭) 중위 등 명문 대학 출신이 4, 5명 있었다. 이들에 의해 계엄군 지휘부의 동태가 사전에 시위 주도세력에 알려졌으며 이에 따라 양측에 적대감이 형성되지 않았다.

지휘부는 실탄을 모두 공포탄으로 교체했으며 공포탄도 명령 없이 발포하지 못하도록 엄격히 통제했다. 처음엔 계엄사령부에서 시위를 강력히 진압하라고 지시했다. 그러나 이미 대세가 기운 것을 알게 된 송요찬 계엄사령관도 곽영주측의 요구에 적극적으로 따르지 않았다.

4·19혁명 당시 송요찬·김점곤·조재미 장군 등 군부 지도자들은 정권의 요구에 그대로 따르지 않고 기술적으로 사보타주함으로써 군부와 시위대가 맞부딪치지 않도록 했다. 이는 56년 5·15 정부통령 부정선거 이후 이미 정권에 대한 반감이 확산됐기 때문이었지만 직업군인의 자세를 지켰다고 평가된다. 군심(軍心)이 이승만 정권으로부터 명백하게 이탈하기 시작한 것은 이때부터였으며, 4·19혁명 당시 군은 정권의 사병화(私兵化)를 거부한 것이다. 또한 이 같은 정당하지 않은 명령의 집행을 모의할 수 있는 군 내 사조직이 존재하지 않았던 것도 군이 제자리를 굳건히 지킨 배경이었다.

이처럼 4·19 당시의 군부 지도자들은 5·16쿠데타나 12·12군사반란 및 5·18내란의 정치군인들과 정반대의 대조적인 역사 기록을 남긴 것이다.

4 · 19는 지난 95년 4월 정부로부터 정식으로 혁명이라는 명칭을 부여받았으며 기념 행사도 정부 차원에서 치러졌다. 35년 만에 제 위상을 되찾은 것이다. 그 숭고한 시민혁명이 힘들여 움직이기 시작했던 역사의 수레바퀴가 5 · 16쿠데타 이후 일단의 정치군인들에 의해 되돌려졌다. 뿐만 아니라 정치군인들은 혁명이라는 이름을 5 · 16에 옮겨놓으며 역사평가마저 왜곡했다. 4월혁명은 5 · 16쿠데타 이후 32년 동안 그 본래의 역사적 위상을 차압당해온 것이다.

그러나 역사 왜곡과 방향 오도는 비단 정치군인에게서 끝나지 않고 박정희 미화를 시도하는 일부 상업주의 언론에까지 이어지고 있다. 시민혁명으로 단죄됐던 역사적 과오를 거꾸로 찬양하려는 기도가 국민의 망각을 파고들고 있는 것이다.

한 해군제독의 꿈

"국토방위라니요? 그것이 우리 군의 임무라는 말입니까? 오늘날 우리 국민의 활동범위를 생각해보세요. 어떻게 그런 '국토'라는 좁은 개념으로 국군의 전략목표를 규정할 수 있습니까. 90년대 초만 해도 서해에서 우리 기업이 석유시추를 할 때 중국 군함이 다가와 시위하곤 했습니다. 어선의 경우도 마찬가지였습니다. 해군이 대응조치를 하지 않으면 제대로 작업하기 어려운 상황도 여러 차례 있었지요."

육군은 국토방위, 해군은 국익수호

전 해군 참모총장 안병태(安炳泰) 제독은 지금까지 관행적으로 사용해 온 국군의 전략목표와 임무규정에 근본적인 이의를 제기했다. 육군이 지키는 '땅'만 있는 것이 아니라 해군이 지키는 영해도 있고, 공군의 레이더와 전투기가 24시간 감시하는 영공도 있다는 그런 차원이 아니다. 이제 국군의 임무를 단순히 '국토'라는 공간적 측면에 국한시키는 시대는 지났다는 얘기다.

그의 지론에 따르면 국군의 임무와 전략목표는 '국민의 활동과 국가이익이 미치는 범위에 대한 광범위한 방어 및 안전확보'로 새롭게 정립돼야 한다는 것이다.

1995년 4월 1일 해군참모총장에 취임한 안 제독은 재임기간과 상관없이 이미 상당한 관록이 붙은 해군총수의 풍모가 엿보인다는 평이었다. 그만한 이유가 있었다. 해군뿐 아니라 국방부와 합참 주변 사람들은 90년대 초부터 차세대 군 전략가로 안 제독을 꼽았다.

그가 소장일 때였다. 당시 그의 보직은 제2함대 사령관과 해군본부 작전 참모부장. 그는 91년부터 2년 간 특히 작전참모부장을 지내면서 부지런히 육·해·공군의 연계전략과 3군 균형발전의 필요성을 주장해왔다. 그가 군 주변 관측자들의 눈에 띄기 시작한 것도 새로운 전략개념에 대한 강한 집념 때문이었다.

당시만 해도 군 내부 발언권은 사실상 육군이 거의 독차지하고 있었다. 국방부와 합참의 위상도 육군본부에 '밀리는' 상황이었다. 그 이유는 간단했다. 대통령과 청와대 당국자들이 국방장관보다 육군참모총장의 말을 더 존중해주는 풍토 탓이었다. 이런 분위기에 젖은 육군 수뇌장성들도 마치 자신들만이 국방정책과 군사전략을 이끌어가는 것으로 착각하곤 했다.

그해 5월 크게 물의를 빚었던 ROTC장교 복무연장안이나 방위병 야구선수들의 출장금지조치 같은 것도 육군 수뇌가 국방부 쪽에 밀어붙였다는 후문이다. 군조직의 특성상 수뇌 한 사람이 독선적인 태도를 보이면 그 결과는 엄청난 정책의 난맥상으로 나타날 수밖에 없는 것이다.

왜 이 같은 '육군 비대' 형태의 군 구조가 이루어졌는가. 전문가들은 대부분 국방정책 목표가 북한의 전쟁도발을 억지하는 데 있기 때문이라고 말한다. 북한의 지상군이 밀고 내려올 경우 그것을 퇴치하는 방어전략에 최우선적인 비중을 두기 때문이라는 것이다. 그러나 북한의 도발에 대비한다 해도 현재의 육·해·공군 전력구조는 지나치게 육군 중심이고 따라서 비전략적이라는 지적이 적지않다.

실례로 6·25 당시 김일성(金日成)의 탄식을 들어볼 수 있다. 김일성은 전쟁 개시 불과 20여 일 만에 서울을 거쳐 낙동강 전선까지 진출하자 승전을 확신했다. 그러다가 낙동강에서 국군의 저항에 부딪치자 발을 동동 굴러야 했다.

"해군 함정 두어 척만 있어도 부산이나 포항으로 상륙시켜 이 전쟁을 끝내버릴 텐데……."

김일성은 6·25전쟁을 계획할 때부터 해군의 중요성을 충분히 인식했던 것으로 밝혀진 바 있다. 6·25를 도발하기 한 해 전인 1949년 3월 5일 김일성은 모스크바 크렘린궁에서 스탈린을 극비리에 만난다. 이 사실은 전쟁발발에 관한 중요한 자료로 옐친 군사보좌관인 볼코고노프가 1993년 소련 비밀문서국에서 발견한 문서에서 밝혀졌다.

자료에 따르면 이 자리에는 당시 소련외상 비신스키와 해방 직후 북한에 진주했던 소련군 사령관 스티코프가 배석했다. 스티코프는 김일성 정권 수립 과정에 소련의 정책을 투영시키는 매니저 역할에 충실했으며 당시 북한주재 소련 대사였다. 이때 북한에서는 박헌영(朴憲永)·홍명희(洪命喜)·백남운(白南雲) 등 거물들과 모스크바 주재 북한대사 주영하(朱寧夏)가 배석했다.

김일성 : 남조선에는 아직도 미군이 남아 있다. 미군은 육군을 갖고 있으며 해군은 보유하지 않았다. 미군이 북조선을 위협하고 있으니 소련의

도움이 필요하다.

스탈린 : 남조선 주둔 미군의 규모가 얼마나 되는가.

김일성 : 2만 명 정도 될 것이다.

스티코프 : 아마 1만 5천 명에서 2만여 명이 될 것으로 생각한다.

스탈린 : 남조선은 군대를 갖고 있는가.

김일성 : 6만여 명 된다.

스탈린 : 그 정도를 두려워하는가.

김일성 : 두려워하는 것이 아니다. 우리는 해군을 갖고 싶다.

스탈린 : 남조선과 북조선의 군사력 중 어느 편이 강한가.

박헌영 : 북조선이 강하다.

스탈린 : 모든 전력증강 문제에 도움을 주겠다. 북조선은 전투기가 필
요할 것이다.

대화에서 김일성은 해군을 요청했는데 스탈린은 전투기가 더 필
요한 것으로 판단하고 있음을 알 수 있다. 6·25 개전 후 소련은
전투기 조종사를 북한군 복장으로 위장시켜 파견했으나 해군함정은
지원하지 않았다.

공군만 지원한 것은 미국 등 연합국에 소련의 한국전 개입 증거
를 남기지 않기 위해서였다. 반면 전투기에 비해 함정은 위장이 사
실상 불가능하기 때문에 소련의 입장에선 한국전 막후지원용으로 해
군력 지원은 적절치 않았던 것이다.

미군장교 구두 닦는 한국수병

북한이 9월, 유엔군의 인천상륙작전 이전에 부산 부근에 특수전
부대들을 상륙시킬 정도의 해군력만 가졌더라도 6·25 전황은 크

게 달라졌으리라는 것이 군사전문가들의 대체적인 의견이다. 이는 3면이 바다로 둘러싸인 한반도의 지리적 조건으로 볼 때 상식적인 전략에 속한다.

그리고 이 문제는 굳이 북한이 아니라도, 통일 후엔 다른 주변국가들에 의한 상륙전을 가상해야 한다는 것이다. 그리고 이때 명심해야 할 것은 "바다로 오는 적은 바다에서 막아야 한다."는 이순신(李舜臣) 장군의 말이다.

현재도 마찬가지다. 만약 해군력이 취약한 상황에서 동해와 서해 내륙의 양측방 육군만 갖고 해상을 통한 적군의 침투도발에 대응하기란 사실상 무리다. 북한의 연이은 동해안 침투도 그렇다. 그러나 해군력 건설의 당위성은 그 동안 미국측에 의해서 상당히 희석돼 왔다. 주한미군 고위장성들은 한국군 간부들에게 "해군과 공군력은 미국이 도와줄 테니 북한의 지상군과 맞싸울 육군이나 육성하라."고 종용해 왔다. 그리고 육군 출신 국방장관과 합참간부들에게 패트리어트 미사일이나 아파치 헬기 같은 지상군 고가장비 판촉에 열을 올리곤 했다. 해·공군 간부들은 이런 얘기를 들을 때마다 "미국의 근시안적인 무기판매 전략 때문에 한국의 3군 균형발전이 무너진다."며 강한 불만을 제기하곤 했다.

한국의 경제력으로 볼 때 육·해·공 3군의 전력을 한꺼번에 증강시키는 문제는 간단한 일이 아니다. 한편 미국은 다른 나라들이 특히 해군력 건설에 치중하는 것을 달가워하지 않는다. 미국 해군은 세계 모든 나라의 해군력을 다 합한 것보다 더 강한 힘을 유지한다는 전략을 기본으로 삼고 있기 때문이다.

따라서 일본이나 중국, 한국이 항공모함을 건조하거나 해군첨단장비를 사들이는 데 상당히 비협조적일 수밖에 없다. 미해군에 그만큼 부담이 늘어나는 셈이기 때문이다.

이런 점들로 미루어 현재 국군의 육군비대화는 단순히 국방 및 안보전략상의 필요 때문이라고 보기 어려운 대목이 적지 않다. 과거 국내 정치에 동원해야 할 '힘의 집단'으로서 육군은 집권세력에겐 귀중한 존재였다.

계엄사령관도 현재는 합참의장이 맡도록 고쳐졌지만 과거엔 전적으로 육군 참모총장에게 돌아갔다. 이 같은 육군의 위상은 정치적인 용도라는 의미가 강한 편이었다. 이런 점에서 볼 때 국토방위라는 순수한 의미에서 육군의 비중이 적절한 것인지 재검토해야 한다는 주장이 제기되는 것은 상당히 고무적인 일이다.

전두환, 노태우 정권 때만 해도 심지어 하와이 주재 무관(중령급)으로 육군 출신이 계속 나갔다. 미 태평양 사령부와 태평양함대 사령부가 있는 미 해군의 최대 기지 하와이에 해군전략에 무지할 수밖에 없는 육군을 무관으로 보낸다는 것은 참으로 넌센스가 아닐 수 없었다. 이 같은 현상은 육군 우위 사고방식 때문이었다. 하와이 주재 무관으로 해군이 나가기 시작한 것은 최근이다.

안병태 제독이 말하는 육·해·공군 균형 발전론은 순수전략적 측면에 바탕을 두고 있다. 그는 바닷가에서 태어나서 바다를 지키는 일에 청춘을 다 바친 외곬의 해군이었다.

1963년 해군사관학교 제17기 졸업, 소위 임관. 중위, 미국 샌디에이고대 잠수함전학교 3개월 연수. 대위, 진해 미해군 고문단 연락장교, 해군본부 고시담당관. 소령 때 처음 5백 톤급 함장, 미국 뉴포트 구축함학교 6개월 연수(75년). 중령, 해군본부 정책발전실 연구원(79년), 미국 해군대학 1년 연수(79~80년). 대령, 구축함장, 해군대학 교수부장, 제3해역 사령부 작전참모(82년), 국방부 군특명검

열단 감사관(83년), 해군본부 전략처장(84~86년). 준장, 합참 작전국 차장, 해군항공단장. 소장, 해군본부 감찰감, 제2함대 사령관(89~91년), 해군본부 작전참모부장, 해군인사비리 조사위원장(93년). 중장, 해군 작전사령관(93~95년 3월). 대장, 해군 참모총장.

그의 소위 임관은 육군의 수뇌 출신 중 윤용남 합참의장(육사 19기)과 같은 해이고, 김동진 국방장관(육사 17기)은 그보다 2년 먼저 임관했다.

해군총장직을 겨루었던 그의 라이벌은 동기생인 합참 제1차장 강덕동(姜德洞) 중장이었다. 여러 가지 면에서 당시 국방정보본부장이던 강덕동 제독이 만만치 않아 보였다. 무엇보다도 강 제독은 경남 충무 출신으로 통영고교를 나온 '범PK' 라고 볼 수 있다. 거기다 그는 해사 동기생 중 수석 졸업자여서 상당한 프리미엄이 인정되는 분위기였다. 강 제독은 준장 때 해사 생도대장, 소장 때 1함대 사령관을 지냈다. 그와 함께 2함대 사령관과 해군본부 작전참모부장, 작전사령관을 지낸 안 제독도 물망에 올랐다. 무엇보다 그는 작전통으로서 위치를 확고하게 굳히고 있었고 원칙주의자이자 부하들에게 '땀과 인내' 를 요구하는 엄격한 지휘관으로 널리 알려져 왔다.

지휘관의 성격을 평할 때 용장(勇將) · 덕장(德將) · 지장(智將)이라는 표현을 흔히 쓴다. 이 기준으로 본다면 강 제독은 덕장, 안 제독은 지장에 가깝다는 것이 해군 후배장교들의 중론이다.

안 총장은 원칙주의자이면서 지장으로 알려져 있지만, 기본적으로 인간 우선의 지휘철학을 실천해 부하들의 사기와 단결을 높여 왔다. 그가 초급장교 시절 겪었던 몇 가지 일화는 매사 솔선수범하고 인간다운 따뜻함을 갖추는 것이 가장 효과적인 리더십임을 보여준다.

60년대 말 안병태 대위는 진해의 미 해군고문단 연락장교로 근무했다. 어느 날 한 한국 수병이 미 해군 장교의 구두를 닦고 있는 것을 본 안 대위는 "왜 구두를 닦아주게 됐냐." 하고 물었다. 수병은 전부터 그렇게 해왔다고 대답했다.

"그래, 계속 닦아주고 싶냐?"

"누가 그러고 싶겠습니까?"

"그럼 다음에 또 구두를 닦으라고 하거든 즉시 '아이 엠 소리' 라고 말하고 닦지 말아라. 그 다음은 내가 알아서 하겠다."

며칠 뒤 미군 중령 한 사람이 두 눈이 동그래져서 구두를 들고 안 대위에게 왔다. 수병이 지금까지 해오던 일을 갑자기 안 하겠다고 하니 어떻게 된 것이냐는 것이었다. 안 대위는 그때 이렇게 말했다.

"귀하가 존경할 것이 틀림없을 링컨 대통령의 구두 닦는 것에 얽힌 에피소드를 압니까?"

미군 중령은 고개를 저었다.

"어느 날 링컨 대통령이 백악관에서 직접 구두를 닦고 있었답니다. 그것을 본 상원의원이 '각하, 신사는 자기 구두를 닦는 것이 아닙니다.' 라고 했답니다. 그러자 링컨 대통령은 그 의원을 쳐다보며 '그러면 신사는 누구의 구두를 닦아줘야 합니까? 라고 했다는데, 어떻게 생각하십니까?"

계급이나 나이가 까맣게 아래인 한국 해군 대위에게 교훈적인 얘기를 들은 미 해군 중령은 아무 말 없이 돌아갔다. 그 사건 이후부터 미 해군고문단 단장이었던 그레엄 대령도 수병에게 구두를 닦게 할 때는 반드시 돈을 주면서 부탁했다고 한다.

거꾸로 매달린 함장이 노리는 것

미구축함학교에 유학하기 전인 1973년, 소령 진급과 동시에 그는 처음으로 작은 군함의 함장이 됐다. 육군으로 치면 대대장 정도의 단위부대장인 셈이다. 해군장교가 함장이 된다는 것은 장차 제독의 길을 가기 위한 첫 걸음마로 대단히 감격적인 일이다.

그해 7월 어느 날, 진해에서 바지선을 예인하고 인천으로 가던 이 초보함장은 남해에서 지독한 폭풍우를 만났다. 함장은 가까운 섬 근처에 투묘(닻을 던지는 것)를 명령했다. 닻을 내렸지만 배의 요동은 여전히 심했고, 후 갑판에 나가 보니 갑판에 매어놓은 다른 5톤짜리 앵커(닻)가 좌우로 번갈아 요동을 치며 배를 깨부수고 있었다.

파도는 배로 몰아치고 폭우가 쏟아져 갑판창고가 침수돼 배가 점점 가라앉고 있었다. 승조원 대부분은 이미 파도와 싸우다 녹초가 돼 기진맥진한 상태였다. 쇳덩어리 앵커를 로프로 붙들어매는 것이 급선무였다.

이 순간 함장 안 소령은 앵커를 잡아매라고 명령해도 대원들이 따를지 의심스럽다고 판단했다. 명령했을 때 부하들이 듣지 않으면 그때부터 지휘력은 상실된다. 그는 자신의 몸을 먼저 던지기로 했다. 그러면 부하들이 그냥 보고만 있지는 않을 것이라고 판단했기 때문이다.

로프를 들고 폭풍우 속으로 뛰어들었다. 그러나 배가 요동치는 바람에 갑판에 나둥그러지고 말았다. 그 순간 지쳐 늘어져 있던 수병들이 한꺼번에 우르르 달려들어 앵커를 잡아맸다. 그리고는 밤새 갑판창고에 새어드는 물을 퍼냈으며 새벽녘에는 다행히 폭풍우가 가라앉았다.

죽을 고비를 넘겼지만 사령부엔 보고조차 할 여유가 없었다. 그런데 돌아와보니 사령부에선 "왜 S.O.S를 쳐 비상을 걸었느냐."며 힐난했다. 목숨이 무서웠던 통신병이 '초년생 함장'의 허락도 받지 않고 S.O.S를 쳤던 것이다. 이때의 경험이 그의 함장 생활에 큰 영향을 주었다. 일단 유사시에 생명을 내던질 수 있는 지휘관이라는 강한 신뢰감을 심어주어야 한다는 것이었다.

함장들의 일과는 낮과 밤이 바뀐다. 부하 장병들의 임무와 책임에 구멍이 뚫리는 순간은 대부분 밤시간이기 때문이다. 낮시간에 함장은 주로 자기 방에 갇혀지낸다. 함장이 돌아다니면 좁은 배에서 부하 장병들의 처신이 난처해지기 때문이다. 따라서 함장은 고독하고 스트레스에 시달리는 일이 많다.

부하들의 사기에 대해서도 늘 신경을 써야 한다. 대령급이 지휘하는 대형 구축함의 경우 '50일 출동'이 수시로 있는데 육지를 떠나 50일씩 해상 생활을 하다 보면 직위고하를 막론하고 스트레스로 축축 처지기 다반사다. 그럴 때 벌이는 함장의 사기앙양책은 눈물겹기까지 하다.

1982년 대령 진급을 하면서 구축함장이 된 그는 50일 출동에 나섰다. 임무가 끝날 때쯤이면 장병들은 노래자랑, 오락, 게임 등 온갖 놀이에도 별 관심이 없으며 오로지 돌아갈 생각에만 빠져든다. 함장 안 대령은 장병들의 정신적 스트레스를 털어버릴 방책을 강구했다. 장병들이 모여 수수께끼를 하고 있는 자리에 함장이 끼여들었다. 한 고참 수병이 수수께끼를 내고 못 맞히면 거꾸로 매달린다는 벌칙을 제안했다.

안 대령은 자신이 없었지만 내기에 응했다. 그리고 내기에 진 그는 수병들에게 자신을 거꾸로 매달라고 지시했다. 이 광경을 본 해병대 출신 소령이 어떻게 지휘관을 매달 수 있느냐고 수병들에게 호통을 쳤으나 안 대령은 오히려 만류했다. 발이 묶인 채 천장에 거꾸로 매달린 함장은 배의 흔들림에 따라 시계추처럼 좌우로 왔다갔다 했다. 이 장면을 보면서 장병들은 박장대소했다. 50일 간 누적된 함상 생활의 스트레스가 한꺼번에 녹아내렸다.

벌이 끝나고 함장이 풀려 내려오자 장병들은 다시 한 번 박수로 그에게 경의를 표했다. 해병대 출신 소령이 얼굴을 붉히며 함장실에 들어오자 안 대령은 이렇게 말했다.

"함장은 부하들의 사기를 키우고 단결시키기 위해선 무슨 일이라도 해야 하네. 2차대전 중 한 독일 해군 함장이 일부러 부하 장병들이 보는 앞에서 보트를 띄워놓고 바다낚시를 하며 놀았다는 이야기를 책에서 읽은 적이 있지. 그 부하들은 함장의 처신을 욕했지만, 위기를 느낀 만큼 반사적으로 자기들끼리 단결해 그 다음의 어려운 전투에서 승리했다는 거야."

신문배달 소년의 밀가루빵 맛

그의 이런 지휘철학은 어려운 환경을 극복해온 성장과정과 무관하지 않다. 39년 그는 고기잡을 배는 물론이고 농사지을 땅뙈기 하나 가진 것 없는 어촌 가정에서 태어났다. 그에겐 해군총수 자리에 오르기까지 웬만해서 찾아보기 어려운 입지전적 역정이 숨겨져 있다.

소년 안병태는 충남 예산중학교를 마치고 55년 부친과 단둘이서 고향 당진을 떠나 인천으로 왔다. 고향 앞바다 수평선 너머를 동경하던 소년 안병태는 그때 처음 통통배를 타보았다. 나중에 알게 된 일이지만 그때 당진 앞바다에서 아스라이 보일락말락하던 수평선 너머 산자락은 수원 근처였다.

오늘의 자신이 있게 된 것은 당시 8남 2녀의 형제 중 차남인 그를 부친이 '싹수가 있는 놈'으로 점찍은 덕분이라고 말하곤 했다.

형제 중 3남과 4남은 어렸을 때 홍역을 앓다가 사망했다. 부친은 차남 병태를 데리고 고향을 떠나면서 모친에게 "나는 애 하나만 가르칠 테니 나머지 애들을 알아서 하라."고 했다. 땅 한 마지기 없는 가정 형편에 이렇다 할 대책이 안 보이자 부친은 모진 결단을 내렸던 것이다.

그가 인천고를 거쳐 해사를 졸업하고 장교가 되자, 남은 형제들 중에서 5남인 동생 병구가 다시 부친에 의해 '발탁' 돼 인천중학교를 다녔다. 동생 병구는 제물포고에 진학한 후 형의 뒤를 따라 학비가 안 드는 해군사관학교에 입교(28기)했다. 안병구 대령은 현재 해군 1호 잠수함 장보고함의 함장으로 수중전략의 견인차 역을 하고 있다.

안 총장은 자신의 "성격 형성 과정에 부친의 영향이 절대적이었다."고 주저없이 말한다. 어떤 경우엔 모질다 싶을 정도로 결단력이 강하지만 평상시엔 매우 자유로운 성격의 소유자다.

안 총장이 초등학교에 들어가기 직전의 일이다. 한식날 시제가 끝나자 부친은 먹을 것을 달라고 줄을 서 있는 올망졸망한 동네 꼬마들에게 과자며 과일 등을 나눠주었다. 안병태 소년도 줄서기를 했다. 그런데 차례가 되어 손을 내민 그에게 부친은 느닷없이 따귀를 후려갈기는 것이 아닌가.

어린 마음에 서운하기 짝이 없는 일이었다. 몇 년 후 고등학생이 돼 인천에서 부친과 단둘이 살게 된 그는 좀처럼 잊혀지지 않던 그일에 대해 물었다. 그러자 부친은 금방 그 사건을 기억하고 이렇게 말했다.

"너는 다른 아이들과 뭔가 달라야 할 것 아니냐."

이 말이 그는 천둥소리 만큼이나 크게 귓전에 울려옴을 느꼈다.

엄격한 부친은 그러나 인생관이나 이성 관계 등은 구세대답지 않게 생각이 트여 있었다.

"얘, 요즘 젊은 애들 팔짱끼고 다니는 것, 보기 좋더라."

해군장교가 된 후에도 동생들 뒷바라지 때문에 30대 중반이 되도록 장가를 들지 못하고 있는 그에게 부친은 그런 식의 자극을 주기도 했다.

고교 시절 안병태는 신문배달과 교내 학습지 판매로 학비를 벌어야 했다. 부친의 막일만으로는 생활비와 학비가 모자랐기 때문이다. 50년대 말 당시 전국적으로 성가 있는 신문은 단연 〈동아일보〉였다. 그는 매일 약 1백50부의 〈동아일보〉를 배달해 학비를 벌어 썼다. 해군 참모총장에 취임한 후 그는 이렇게 회고한 적이 있다.

"신문배달 소년들에게는 비오는 날이 제일 어렵지요. 돌아다니며 비를 맞는 것이 어려운 것이 아니라 신문이 젖을까봐 조심해야 합니다. 지금은 신문이 윤전기에 접혀져 나오지만 그때는 4면 신문이 그냥 전지(全紙)로 나왔습니다. 배달 소년들이 신문을 받으면 우선 바닥에 놓고 접어야 했어요. 또 비가 오면 마루나 방에까지 넣어줘야 하니까 시간도 두 배 이상 걸립니다. 그때 〈동아일보〉는 석간이었는데 저녁 때 돌리다보면 배가 몹시 고팠지요. 언젠가 크리스마스가 가까운 겨울 날 어느 낡은 집에서 한 아주머니가 하얀 밀가루 빵 3개를 솥에서 꺼내주더군요. 세상에 그렇게 맛있는 빵을 지금까지 다시 먹어본 적이 없으며, 이름 모를 그 아주머니의 고마움을 지금도 잊지 못합니다."

눈물겨운 은사 권유

부인 박영순(朴英順) 씨와의 사이에 2남을 둔 그는 장남이 중학생이 되자 일부러 신문배달을 시켰다. 그러나 아들은 이미 가정환경이 아버지 때와 달랐기 때문인지 불과 한 달 만에 그만두겠다고 했다. 그러자 안 총장은 아들을 몹시 꾸짖었다.

"신문배달은 다른 일과 달리 인수인계가 중요하다. 네가 배달하던 곳이 어디인지 후임자에게 제대로 알려주지 않으면 얼마나 고생하는 줄 아느냐. 한 달 간 함께 다니면서 배달처를 익히도록 해준 후 그만두어라."

이런 안 총장의 마음 씀씀이는 물론 자신의 경험에서 우러나온 것이지만 고교 3학년 때 담임이던 김열함(金烈涵) 선생의 좌우명에 영향받은 결과였다. 그는 존경하던 은사가 졸업 무렵 살아가면서 이것 하나는 지키라며 칠판에 쓴 좌우명을 늘 간직해 왔다고 말했다.

"Do others no harm(남에게 폐를 끼치지 말라)."

김열함 선생은 60년대 이후 대학입시 공부를 한 사람이면 대개 알 만한 영어 참고서 《영어의 왕도》의 저자로 유명하다. 김열함 선생은 지난 날 생활이 어려운 가운데서도 우등생이던 안병태에게 남다른 정을 쏟았다. 교내에서 영어학습지 판매를 그에게 맡겨 신문배달과 함께 짭짤한 수입원을 만들어주기도 했다. 어느 날, 김 선생은 대학진학 문제로 고민하는 안병태 학생을 조용히 불렀다.

"대학에 들어가면 아르바이트 할 길도 많이 열릴 것이고, 내가 어느 정도 학비를 마련해줄 테니 의과대학에 가서 공부해라."

그는 은사의 제의에 눈물이 핑돌았다. 그러나 어느덧 철이 든 그는 은사에게 부담을 주면서 의과대학을 제대로 다닐 수 있을 것 같지 않았다. 그는 어린 시절의 꿈이기도 했던 해군제독이 되는 것도 멋있는 길이라고 생각했다.

안병태 제독은 인생에서 가장 기억되는 일로 두 가지를 꼽는다.

1994년 봄 자신이 해군 작전사령관으로 있을 때 은사인 김열함 선생 내외가 임지인 진해를 찾아온 일이다. 학생 때도 이따금 먹을 것을 만들어주던 사모님이 손수 만든 약식을 내놓자 그는 가슴이 뭉클했다. 다른 하나는 지난 1991년 3월 제2함대 사령관 이임식 때였다. 여러 기념패 중에 유난히 그의 마음을 사로잡는 것은 고교 시절 은사들 몇 분이 참석해 전달한 감사패였다. 제자가 모교지역 인천에 함대 사령관으로 금의환향했다가 임기 마치고 이임하는 것을 아쉬워하며 은사들이 감사패를 마련해준 것이다.

해군의 함대 사령관이란 자리는 계급은 소장이지만 육군으로 치면 군단장(중장급) 이상의 비중을 갖는다. 수천 명의 부하장병, 함정과 부대장비 등 줄잡아 1조 2천여억 원에 상당하는 재산을 관리해야 한다.

해군의 단위부대 지휘관으로서는 최전성기에 해당한다. 그는 이것보다 더 요직인 작전사령관도 지냈지만 이 자리는 지휘관으로서는 '매력적인 위치'는 아니다. 2함대 사령부는 작전임무로 보면 남한 전체 면적의 80퍼센트에 해당하는 바다를 감시한다. 그 대상은 주로 북한이지만 때로는 신경을 건드리곤 하는 중국의 군함에도 대응조치를 취해야 했다.

수병이여, 이순신 제독을 생각하라

해군 지휘관으로서 최절정기라 할 수 있는 시절, 안병태 제독의 지휘방침은 열정으로 가득 차 있었다. 부하들을 바다 사나이의 패기와 역사 의식으로 사로잡겠다는 의지였다.

"…… 그날의 이순신을 생각하고 오늘의 우리를 돌아볼 때 부끄럽지 않은가. 나중에 이 세상을 떠나 그분을 뵙게 될 때 감히 머리를 들 수 있을까. 의심날 때, 낙망될 때, 고난이 닥쳤을 때, 이순신 제독을 기억하라. 수병이여, 네 눈시울이 뜨거워지리라."

그리고 안 제독은 각 함정과 사령부 벽에 표어를 붙이도록 했다.

'일전을 각오하라'

그렇게 2년을 분투한 함대사령관 임기를 마치면서 그는 이임사를 통해 해군 작전임무의 영역을 넓혀야 한다는 이른바 '대양해군'의 의지를 표명했다.

"…… 중국 연안까지 바다를 주름잡은 활기찬 작전 기동이 그것입니다. …… 지금은 격변의 시대입니다. 이념 대결의 시대가 지나가면 광폭한 민족주의 시대가 다시 올지 모르겠습니다. 극단적인 국가 이기주의 시대가 올지도 모릅니다. 이럴 때일수록 우리 것을 지켜야겠습니다. 군인은 '지키는 자'입니다. 지키기 위해서는 의지와 힘이 필요합니다. 우리가 바다를 지키고 우리 활동영역을 세계로 확대할 때 국가 이익을, 그리고 자유민주 체제를 지킬 수 있는 것입니다."

그는 해군총수의 자리에까지 올라 결국 군인으로서 성공적인 길을 걸었지만 군대 생활이 순탄했던 것만은 아니었다. 우선 그는 1957년 말 해사 16기 입학시험을 쳤으나 낙방했다.

신체검사에서 '기준치'를 넘지 못해 필기시험도 치지 못하고 떨어진 것이다. 당시 해사의 신체검사 규정은 가슴둘레가 신장의 절반 이상이 돼야 했다. 그는 한창 성장할 나이에 워낙 먹지 못한 탓에 비정상적인 체격을 갖고 있었다.

그는 재수하면서 어느 중류가정의 고교생을 지도하는 가정교사로 들어갔다. 그 집에서 일년 간 잘 먹고 인천 역도연맹에 다니면서 가슴 키우는 운동에 전념했다. 한창 성숙할 19세 나이에 적당한 영양과 운동은 엄청난 효과를 냈다. 일년 후 그가 해사에 재응시했을 때 가슴둘레는 1백5센티미터로 불어나 있었다.

사관학교의 훈련과 내무 생활, 억압은 사실 보통의 청년들에겐 어려운 과정이다. 의도적으로 퇴교당할 짓을 하고 나가는 생도들도 있었다. 그러나 안병태 생도에겐 해군사관학교가 새로운 요람이요, 희망의 터전으로만 보였다. 그는 당시 해사 생활의 경험에 대해 이렇게 토로했다.

"의식주를 다 해결해주는데 뭐가 문제겠습니까? 구두도 그때 처음 신어보고 위 아래 옷을 제대로 갖추어 입고 넥타이를 매보기도 처음이었습니다."

그에겐 해사가 새 삶을 기약하는 낙원과도 같았다. 당시 해사 교장은 현시학(玄時學, 해사 1기) 소장으로 멋있는 해군제독의 표상이었다. 현 제독은 소장으로 예편해 나중에 이란·멕시코 등지의 대사를 지냈다. 안 제독은 '오늘의 한국 해군을 일으킨 선배 제독을 꼽아보라'는 주문에 세 사람을 든다.

우선 첫째 인물이 해군 창군의 초석을 마련한 초대 참모총장 손원일(孫元一) 제독이다. 일제 시대 중국 상해에서 상선학교를 나온 손원일 제독은 1945년부터 무려 8년 간 해군총장을 지냈고, 53년 6월부터 56년 5월까지 이승만 정부 국방부 장관으로 지냈다. 해군 출신으로 유일하게 국방부 장관에 오른 경우다. 지금까지 32대에 걸친 31명의 국방장관 중 공군 출신은 김정렬(金貞烈, 57년 7월~60년 5월) 주영복(周永福, 79년 12월~83년 5월), 이양호 전 장관 등 세 명으로 해군보다 훨씬 나은 편이다.

육군 출신의 쿠데타 집권세력에게 '전투비행단을 가진 공군은 위협적인 존재였다.'는 이야기가 전두환 정권 초기부터 나돌았다. 전투비행단의 움직임은 그 기습능력이나 위력으로 보아 정통성이 없는 쿠데타 정권에게는 감시해야 할 집단이었을 법하다. 또 전시에도 육군은 공중폭격 등 공군의 지원에 따라 작전수행의 성과가 결정된다. 이 때문에 공군에 대한 육군측의 배려가 해군과는 판이하다는 얘기다. 공지(空地) 합동 작전에 비하면 해군의 지원역할은 간접적이라는 인식이 깔려 있기 때문이라는 것이다.

손원일 제독은 국민성금을 모아 미국에 직접 건너가서 구축함을 불하받아 오기도 했다. 이 구축함이 바로 6 · 25전쟁 초기 북한의 특수전부대 수송함을 격파시킨 백두산호였다.

해사 1기로 1962년 9월부터 2년 간 해군총장을 지낸 이맹기(李孟基) 제독도 안 제독이 존경하는 인물이다. 이 제독은 75년 2월부터 7년 간 재향군인회장을 지냈다. 해군에서 그의 공적은 함정의 정비유지와 기강을 확립한 것. 당시만 해도 우리 해군의 배를 비롯한 모든 장비들은 미군으로부터 인수해온 것들이 대부분이었다. 따라서 이 장비들을 항상 가동할 수 있도록 보수 · 정비하는 일이 초기 해군의 주요 임무 중 하나였다.

그 다음, 해군 발전사에서 많은 기여를 한 인물로는 해사 5기 출신으로 작전사령관을 지낸 이종호(李鍾造) 제독이다. 그는 장비점검과 훈련(Inspector' s Eye) 수준을 올려놓은 사람으로 유명하다. 이종호 제독의 동생 이종수(李鍾秀) 씨도 해사 9기 출신의 예비역 해군소장으로 형제가 모두 걸출한 제독이다. 이종수 제독은 현재 해군사관학교 동창회인 옥포회 회장을 맡고 있다.

육사의 경우 51년 4년제로 개편된 후 입학한 11기생들이 주도해 이른바 정규육사 출신만의 동창회인 북극성회를 조직했다. 그러나 해사는 처음부터 단기든 4년제든 구분하지 않고 1기부터 모두 참여하는 동창회를 유지해 왔다.

육군의 '점령'과 다른 해군의 '이용' 전략

제20대 해군 참모총장으로 재임한 안병태 제독은 한국 해군사에서 어떤 발자취를 남긴 인물로 기록되기를 바랄까. 그는 '대양해군 전략의 입안자'를 겨냥하고 있었다. 1995년 4월 1일 계룡대에서 열렸던 총장 취임사를 통해 그는 이런 포부를 천명했다.

"본인은 오늘 해군의 중책을 맡으며 기동함대 체계를 갖춘 '대양 해군' 건설의 초석을 놓는 데 모든 정열을 불태우고자 합니다. 대양 해군 건설로 우리 군은 이제 수상·수중·공중전력, 그리고 상륙전력이 조화된 입체전력을 구비하게 될 것입니다……."

해군력의 규모와 전략수준은 연안해군, 지역해군, 대양해군, 세계해군으로 나뉜다. 이 구분에 따르면 우리 해군은 현재 연안해군에서 지역해군으로 올라가는 단계라 할 수 있다.

대양해군은 구축함, 대형잠수함, 순양함 등 기동함대 체계를 갖춘 단계다. 한 걸음 더 나아간 세계해군이란 항공모함까지 거느리고 지구상의 모든 바다를 작전 활동무대로 삼는 최강의 전력을 말한다. 미국이 대표적인 세계해군을 유지해 오고 있다.

그러나 '전략은 장비나 병력 규모, 첨단무기만으로 좌우되지는 않는다.'는 것이 안 총장의 지론이다. 그는 고전적인 병법인 전략의 3대 요소를 효율적으로 활용할 줄 알아야 명장이고 전략가라고 주장한다. 전략의 3대 요소란 전력(force), 지리공간(space), 시간상황(time)이다. 예를 들어 육군이나 정치인이 국방정책을 논의하면 전력만을 염두에 두는 것이 보통이다. 그러나 오히려 지리공간과 시간상황을 어떻게 이용하느냐 하는 문제가 바로 전략의 가치라고 할 수 있다. 제한적인 힘만 가졌어도 상황에 따라 집중과 분산을 효율적으로 구사하면 더 큰 전력을 보유한 상대를 제압할 수 있게 된다는 것이다. 해군의 경우가 특히 그렇다. 24시간 365일 해상을 장악하여 통제하기란 불가능하고 그럴 필요도 없다. 필요한 순간, 필요한 해상만 확보하면 되는 것이 육군의 '점령' 개념과 해군의 '이용' 전략이다. 병력 숫자나 군함이 많고, 조직이 방대하다고 해서 해군이 강해지는 것은 아니라는 이야기다.

예컨대 한국 해군은 80년대 중반까지만 해도 6개 해역사령부와 1개 해병대사령부로 조직돼 있었다. 이에 대해 지나치게 분산된 편제로 효율성이 떨어진다는 평가가 나왔다. 해군본부 전략팀은 이 전력구조를 통폐합해 좀더 집중화된 편제로 다듬었다. 현재의 3개 함대사령부와 1개 해병대사령부가 그것이다.

바로 이 해군 전력구조 개편의 주역 중 한 사람이 당시 해군본부 전략처장이던 안병태 대령이었다. 안 제독은 해군의 전략을 다듬은 뒤 다시 합참 작전국차장으로 자리를 옮겨 육·해·공군 합동전략의 골격을 손질하는 일에도 참여했다.

우리의 국방정책과 군사전략은 이제 평시 작전통제권을 한미연합사령부로부터 환수해왔기 때문에 독자적으로 발전시킬 수 있는 바탕을 마련한 셈이다. 그러나 21세기 이후 앞으로도 상당 기간 우리의 국방안보정책은 미국의 동북아 안보전략에 영향받지 않을 수 없는 것이 현실이다.

안 총장은 95년 6월 국방대학원 안보과정 수강생을 대상으로 특강을 했다. 수강생은 현역 대령급 1백30여 명과 부이사관 이상의 고급 공무원 70여 명 등 중견공직자들이다. 이날 특강 내용 중 미국의 동북아 안보정책에 대한 분석이 수강생들의 관심을 끌었다. 그가 소개한 것은 미 국방부 국제안보담당 부차관보 조셉 나이가 그 해 5월 작성, 미 의회에 제출한 〈동아시아 전략보고서(EASR)〉였다.

미국방부의 동아시아 전략보고서

EASR은 한국에서의 군사전략 목표에 대해 '전쟁억지력의 유지(maintain deterence)' 라고 규정했다. 우리의 국방정책 기조도 '전쟁도발 억지' 다. 그러나 당초 미국의 대 한반도 안보정책은 '전략적 억지(strategic deterence)' 였다. 여기서 전략적이라는 말은 '핵우산' 에 의한 방안을 뜻한다. 이제 미국의 대 한반도 공약에서 핵우산 부분이 빠져버린 것에 주목해야 한다.

다른 한편, 일본에 대한 미국의 안보정책에서 조셉 나이는 '강력한 힘의 현양(strong presence)' 이라고 썼다. 일본의 헌법과 정부는 자위대만을 보유한다는 입장이다. 결국 일본의 경우 방위력의 시위 효과를 미국이 대신해주고 있는 셈이다. 그러나 그 명칭이야 어떻든 일본도 강력한 무력을 갖고 있다. 일본이 전력을 유지하는 이유는 말할 것도 없이 주변국들로부터 자국의 이익을 지키려는 데 있다.

이때 일본과 지리적으로 가장 가까이 있는 우리가 국가 이익을 둘러싸고 일본과 충돌을 빚는다면 어떻게 될까. 물론 처음엔 외교 차원에서 해결하려 할 것이다. 그러나 궁극적으로는 힘(무력)이 국가 간 분쟁의 해결수단이라고 보는 것이 오늘날 국제 정치를 주도하는 현실주의자들의 생각이다. 반드시 전쟁을 하지 않는다고 해도 주변국들에 무력의 우위를 인식시켜 가는 것이 분쟁 해결이나 예방의 첩경이라는 것이다. 따라서 모든 나라들이 평화시에도 '군사력의 시위 효과' 를 포기하지 않고 있는 실정이다.

중국의 군사력 건설도 가까이는 일본과 러시아, 멀게는 미국을 견제하기 위한 것이라고 봐야 한다. 〈동아시아 전략보고서〉는 중국의 해군력에 대해 '대양해군'이라고 평가하고 있다.

안 제독은 이 같은 미 국방부의 〈동아시아 전략보고서〉가 기본적으로 해군전략 개념에 바탕을 두고 있다고 분석했다. 해군의 전략과 기본 임무는 아직까지도 지난 74년 당시 미 해군대학 총장이던 터너 제독이 제시한 네 가지 개념이 정설화돼 있다. 전략적 억지, 해양 통제, 전력 투사(投射), 해군력 현양 등이 그것이다.

반드시 전쟁 때가 아니더라도 군이 국가 이익 수호에 기여한다고 주장할 수 있는 근거도 이런 점에서 찾아볼 수 있다. 즉 전략적 억지, 해양 통제, 해군력 현양은 모두가 전쟁을 사전에 예방하기 위한 방책이며, 전쟁 발발시에는 전력 투사에 돌입한다.

우리의 경우 동·서해와 남해 등지의 수출입 화물선의 해상통로 보호작전 같은 것이 바로 '해양통제'에 해당한다. 또 졸업 직전의 해군 사관생도들을 함정에 태우고 세계 각국의 항구를 순회 방문하는 것도 일종의 '해군력 현양'에 속한다.

우리는 세계 10대 무역 국가 중 하나며 해외 수출입 물동량의 99.8퍼센트를 해상 운송수단에 의존하고 있다. 이들 물동량을 실어 나르는 선박이 연간 평균 30여만 척에 이르며 이 배들이 국내 25개 주요 항구를 드나든다. 이것이 바로 한국의 해양의존도를 말해 주는 지표들이다.

이 같은 현실적 필요에서 한국 해군은 4대 해상교통로 보호를 작전임무로 설정한 바 있다.

통일 후의 국방전략

이 해상교통로들은 일본, 러시아, 중국 등의 해군 작전해역을 통과하고 있다. 주변국 해군의 구축함이 감시하는 해역을 한국의 무역선과 유조선이 쉴 없이 오가는 것이다. 현재로서는 상호 적대행위를 하지 않는다는 국제질서와 약속을 '믿는 것' 외에 유사시 자위력은 무방비상태라 할 수 있다. 왜냐하면 한국 해군의 해양 통제력은 이들 주변국 해군에 비해 상대가 안 되기 때문이다.

한국의 해군력은 전투함정의 크기를 나타내는 톤수 누계에서 세계 16위, 병력은 18위에 불과하며 해군력 지수로 보면 일본의 3분의 1, 중국의 4분의 1에 불과하다. 대만 해군과 비교해서도 열세를 면치 못하고 있다. 그러나 이 같은 전력의 약세를 동맹국과의 연합 및 군사외교로 만회해나간다는 것이 국가 전략이다.

안 제독은 군사외교에 대해 "우리의 뜻을 이해시키고 이를 실현하려면 힘을 가진 국가들과 친밀해야 한다."면서도, "그러나 우정을 돈독히 하되 '이것만은 우리 것' 이라고 할 수 있는 기술이나 전술을 개발해야 한다."고 말한다.

전략 개발과 군사외교 분야에 남다른 관심을 보여온 그는 92년 해군본부 작전참모부장 때 '함상세미나' 를 처음으로 만들었다. 학계 및 언론계 인사들과 함께 한반도 주변정세와 한국 해군의 앞날에 대해 토의하는 자리를 제도화한 것이다. 해군력 건설의 필요성을 우선 국내 여론층에 인식시켜야 한다는 전략적 판단 때문이었다.

그는 총장이 된 지 두 달 만인 95년 5월 26일, 한국전략문제연구소(소장 홍성태, 육사 14기)가 주최한 '탈냉전기 일본의 국가 전략과 동북아 안보' 라는 세미나에 참석했다. 지금까지 현역 3군 총장 중 누구도 연구소 세미나에 참석한 전례가 없다. 그는 소장 때부터 이 연구소 세미나에 참석해 왔다.

그는 특히 해군 작전사령관 시절 주변국 해군 수뇌들과 교유하는 기회를 자주 가졌다. 한국해군 작전사령관은 한미연합 해군 구성군사령관을 맡기 때문에 미해군 수뇌들과 자연스레 접촉하게 된다. 그런 공식적인 만남을 인간적인 유대로 발전시키는 것이 중요하다. 또 그것은 그들과 의견을 나눌 수 있을 정도로 전략적 식견을 가져야 가능한 일이기도 하다.

그러나 다른 나라와의 군사력 연합이나 군사외교도 궁극적으로는 자신의 독자적인 힘이 어느 정도 갖추어져 있어야 가능하다.

안 제독은 '해군력 건설은 무엇보다도 장비가 갖는 특성 때문에 하루아침에 이루어질 수 없다'는 점을 강조한다. 해군 장비는 함정만 해도 1백50여 톤부터 수만 톤에 이르기까지 여러 종류인 복잡다기성, 군함 한 척 건조하는 데 10여 년이 걸리는 장기성, 투입되는 예산 규모가 엄청나다는 고가성 등이 특징이다. 따라서 한반도 통일 과정과 미래를 내다보는 국방 정책 속에서 해군력 건설을 도모하려면, 밀도 있는 중장기 대책이 시급하다는 게 일관된 그의 지론이다.

한국 언론 따돌림 15년

"한국의 저널리스트 중에서 니만펠로 선발을 중단한 것은 당시 하버드대와 큐레이터(하버드대 니만펠로십 책임자)의 정책이었다. 무엇보다도 한국에서 표현의 자유가 보장돼 언론이 제자리로 돌아가지 않는 한 세계 자유언론인들의 전통 있는 연구 코스인 니만펠로십에 받아들이지 않기로 한 것이다. 한국의 정치 체제가 달라지고 언론의 자유가 회복됐다는 증거가 보고된 이후 다시 한국 니만펠로가 부활된 것으로 알고 있다."

국제언론인 모임의 불청객

나는 하버드대에서 니만펠로십 과정을 이수하던 중 이런 얘기를 두 사람에게서 듣고 말할 수 없는 수치감을 느꼈다. 이유야 정치 체제 탓이라고 하지만 한국의 언론을 인정할 수 없었다는 얘기였다. 유신 체제 아래 한국 언론은 이렇게 하버드대의 유일한 언론 연구 과정인 니만펠로십으로부터 15년 간이나 '자격정지'를 당했다.

내가 처음 이 얘기를 들은 것은 하버드대에서 니만펠로십 연구과정을 시작한 첫 학기인 1995년 가을이다. 니만펠로십 프로그램의 고문인 머레이 시거가 처음으로 나에게 충격적인 배경을 분명하게 설명해주었다. 1962년에 니만펠로십을 수료한 시거는 언론 현장에서 은퇴한 후 현재 자원봉사를 겸해 이 프로그램의 고문으로 있다. 독일계인 그는 "나의 성 시거(Seeger)는 톱질하는 사람을 뜻한다." 며 "내 선조가 목수였거든."이라고 스스럼없이 말했다. 매우 소탈하고 솔직한 사람이었다.

나는 그에게 "왜 한국 니만펠로 선발을 중단했다고 생각하느냐." 고 물었다. 그러자 그는 "그것은 당시 큐레이터인 제임스 톰슨(James Thomson)의 정책이었다."고 밝혔다. 그는 이어 "한국에 강력한 독재정치가 계속돼 언론 자유가 크게 훼손당했기 때문에 다른 자유국가의 저널리즘과는 본질적으로 차이가 있다고 본 것"이라고 말했다.

서울로 돌아온 지 열흘 되는 1996년 8월 11일, 나는 우선 하버드에서 가까이 지냈던 옌칭연구소의 에드워드 베이커 부소장에게 전화를 걸었다. 그는 라이샤워와 함께 한국의 독재정권을 규탄하는 데 앞장섰던 제롬 코언 교수의 제자다. 베이커는 한국에서 오랫동안 평화봉사단원으로 활동해서 한국어를 능숙하게 구사하며 서울대 사범대학에서 영어를 가르치기도 했다. 그는 특히 한국의 반독재·민주화 운동을 하다가 핍박받는 인사들의 미국 망명 생활을 도와 재야단체나 야당가에서 대부로 통했다. 김대중 대통령이 1980년대 미국에서 망명 생활 중에 하버드대 연구원으로 초빙될 때도 그의 힘이 컸다. 이 외에 김근태(金槿泰) 국민회의 부총재와 이부영(李富榮), 장기표(張琪杓) 씨 등 반독재투쟁으로 고초를 겪었던 정치인들이 모두 베이커 씨의 도움으로 하버드대를 방문했다.

베이커는 톰슨의 근황을 설명하면서 그의 자택과 학교 전화번호를 알려주었다. 톰슨은 보스턴 대학에서 역사 및 저널리즘학과 종신교수로 있다. 베이커로부터 전화번호를 얻은 그날 나는 케임브리지 교외의 자택에 있던 톰슨 교수와 통화를 했다.

— 귀하가 니만펠로십의 책임자로 있을 때인 1975년부터 하버드대는 한국 저널리스트 중에서 니만펠로 선발을 중단했는데……
 "한국 니만펠로의 선발 중단은 우리의 방침이었다. 무엇보다도 한국에서 표현의 자유가 보장돼 언론이 제자리로 돌아가지 않는 한 세계 자유언론인들이 참여하는 니만펠로십에 한국 저널리스트가 동석한다는 것은 곤란하다고 결정한 것이다. 그후 한국의 언론 자유가 회복된 후 부활된 것으로 알고 있다. 그래서 한국의 저널리스트인 당신이 니만펠로로 선발된 것을 진심으로 축하한다."

나는 당시 그런 결정을 내렸던 책임자로부터 직접 확인하고서는 차라리 당연한 일이 적절하게 이루어졌다는 생각이 들기도 했다. 박정희·전두환 정권과 유신 체제가 언론에 대해 뻗쳤던 마수(魔手)를 국제사회의 언론계가 제대로 파악했다는 것이 놀라웠던 것이다.
 한국에서 니만펠로 후보의 선발이 중단된 것은 지난 1975년의 일이다. 1963년 첫 펠로가 배출된 이후 중단되기까지 거의 매년 1명씩 모두 12명의 한국 중견 언론인이 하버드대에서 니만펠로십을 이수했다. 그리고는 정치적 이유로 중단됐다가 1989년 15년 만에 부활됐다. 1975년에 중단된 이유는 유신 체제 박정희 정권의 언론 탄압 때문이었으며, 1987년 6월 시민항쟁을 거쳐 탄생한 6공 정부가 개혁정책을 이행한 후인 1989년 부활됐다. 재개된 이후 98년까지 다시 6명의 한국 니만펠로가 배출됐다.

한국 니만펠로가 부활된 데는 또 그만한 과정이 있었다. 한국의 니만펠로 동창들은 1987년 6월 항쟁 이후 들어선 노태우 정권이 개혁정책을 이행하자 하버드 본부에 탄원서를 냈다. 한국도 정치 상황과 언론 자유가 회복됐으니 중단돼 온 니만펠로 선발을 재개해달라는 내용이었다. 그러자 니만펠로십 본부는 1988년 가을 한국에 조사단을 파견했다. 당시 큐레이터인 하워드 사이먼(Howard Simons)이 직접 한국에 왔다. 사이먼은 서울에서 니만펠로 동창들은 물론 성곡언론재단 등 언론단체 간부들과도 면담했다.

사이먼이 돌아가 한국의 언론 상황에 대한 보고서를 작성함으로써 1989년 한국 니만펠로 선발이 재개되었다. 그러나 한국 니만펠로를 부활시키기 위한 준비를 마친 뒤 사이먼은 갑자기 간암으로 타계하고 만다. 이것도 이상하다면 이상한 아쉬운 일 중 하나다. 그는 후임 큐레이터로 자신의 친구이며 니만펠로 동창인 빌 코바치(Bill Kovach)를 천거했다. 코바치는 1997년 7월 한국프레스센터 초청으로 방한했다.

나는 그에게 이런 전후 사정을 설명한 뒤 1975년 당시 제임스 톰슨과 88년 하워드 사이먼이 각각 작성한 한국의 언론 상황에 관한 보고서를 복사해 보내달라고 요청했다.

하버드에 돌아간 코바치는 모든 자료가 보관돼 있지 않다고 편지로 알려왔다. 톰슨의 서류는 알지 못하며, 사이먼의 보고서는 아마도 그의 미망인에게 보내진 것 같다는 얘기였다.

한국 언론사에 매우 귀중한 이 자료들이 유실된 것은 참으로 아쉬운 일이다. 박정희 정권 아래서의 언론 상황과 1987년 6월 시민항쟁으로 쟁취해낸 언론 자유가 미국의 전문가들에게 어떻게 비쳐졌는지 궁금하기 짝이 없다.

한국 니만펠로의 선발 중지 배경

하버드대에서 자신의 전공 영역을 공부한다는 것이 니만펠로십의 매력이다. 그러나 그에 못지않게 중요한 것이 바로 자유세계 각국에서 온 펠로 언론인들과 함께하는 토론이다. 두 학기 동안 줄잡아 50차례 이상 갖는 세미나를 통해 펠로들은 엄청난 간접 체험을 공유할 수 있다.

'언론과 정부와의 관계' 같은 것은 이미 낡은 주제에 속한다. 후진사회에서나 문제될 뿐이기 때문이다. 이제는 인류 공동의 행복을 위해 저널리즘이 해야 할 역할이 무엇인가에 관심이 모아지고 있다. 개인의 프라이버시 보호와 환경, 교육, 범죄, 정보화, 레저, 소득 분배, 복지, 인간 차별(인종 및 지역 등) 등이 니만 세미나의 주요 주제이다.

여기서 인간 차별이란 미국 사회의 흑백 인종 문제나 중국, 러시아 등과 같은 다민족국가의 민족간 갈등만을 가리키는 것이 아니다. 단일민족, 단일언어, 동질적 역사 경험, 소규모 생활 공동체를 이룬 사회이면서도 지역과 소득 등에 따른 인간 차별이 더 문제시된다. 여기서 우리는 한국이 이 같은 인간 차별의 사회에 포함될지 안 될지 한번 생각해보아야 할 일이다.

한국을 좀 안다는 한 미국 기자는 "한국같이 단란하고 동질적인 나라에서 지역 차별이 있고 계층적 위화감이 존재한다는 것은 이해할 수 없다."고 말했다. 그의 다음과 같은 지적은 나에게 천둥소리와도 같이 충격적으로 들렸다.

"한국인들은 일본이 재일 한국인을 차별대우한다고 비난할 자격이 없다. 자신들 내부에서조차 동족을 차별하면서 다른 나라 사람들이 한국인을 차별한다고 비난할 수 있는가. 그런 한국인들은 서로 다른 민족끼리 경계하고 차별하는 것은 당연한 일로 받아들여야 한다."

아무튼 이런 자유세계 언론인들이 함께하는 토론의 장에 유신한 국의 언론인을 참여시키기는 곤란하다는 판정이 내려진 것은 이유 있는 업보였지만 낯뜨거운 일이었다.

1975년 한국 니만펠로의 선발이 중단된 것은 하버드대의 영향력 있는 교수들이 박정희 유신정권에 대해 강경하게 비판적이었기 때문이라는 시각도 있다. 예를 들면 당시 하버드대에서 아시아학의 대부 역할을 했던 에드윈 O. 라이샤워(동양사)나 제롬 코언(법학) 교수 등은 극심한 반한파로 알려졌다.

그러나 이들은 반한이라기보다는 반박정희라는 편이 더 옳았다. 한국을 싫어한 것이 아니라 박정희 정권의 유신독재에 반대한 것이기 때문이다. 당시 하버드대 교수들이 박정희 정권에 대해 반대하고 한국 국민의 반정부운동을 지원하기까지 한 것은 당연했다. 그들에게 박정희 정권 아래서의 한국은 정치적 자유와 경제적 평등, 인권 문제에서 결코 자유민주주의 국가가 아니었다. 따라서 이들은 마치 소련에서 솔제니친을 데려오거나 중국의 반체제 지식인을 지원하는 것과 똑같이 한국의 반정부운동도 도와야 한다고 생각했다. 이런 맥락에서 하버드가 한국 니만펠로의 선발을 중단했다는 것이다.

한국의 니만펠로들

니만펠로십 당국은 1975년까지 배출된 한국의 니만펠로들이 국내에 돌아와 어느 정도의 역할을 하는지도 잘 알고 있는 듯했다. 한국의 니만펠로들은 펠로를 배출한 65개국 어느 나라의 경우보다도 언론계에서 중요한 위치에 있다. 이것으로 니만펠로십을 설치한 하버드대와 한국의 니만펠로들에게 장학금을 지원한 미국의 아시아재단도 그 본래 목표에 상당히 접근한 성공 사례로 치고 있다.

그러나 한국의 니만펠로들 자체에도 일부 문제가 없는 것은 아니었다. 언론인 고급 과정을 이수한 사람들이 그것을 자산으로 삼아 정계와 관계의 고위직에 상당수 진출했기 때문이다.

97년 2월 27일 아시아재단의 풀러 총재가 정부로부터 수교훈장을 받기 위해 한국에 왔을 때 그는 이 문제에 대해 공개적으로 토론을 유도한 일이 있다. 아시아재단으로부터 장학금 지원을 받은 한국의 니만펠로 동창회는 이날 그를 위해 만찬을 마련했다. 동창회장인 박권상(朴權相) 전 〈동아일보〉 논설주간과 유혁인(柳赫仁) 종합유선방송위원장 등이 분위기를 이끌면서 펠로들을 소개했다. 75년 중단 이전의 12명 펠로들 중 8명이 국회의원이나 행정부의 장관을 지낸 인사였다. 당시 현역 부총리와 청와대 비서실장, 제1야당의 총재권한 대행도 있었다. 박권상 회장은 결코 자랑삼아 소개하지는 않았지만 그런 경력을 생략할 수도 없는 일이었다.

풀러 총재는 무엇보다 이 점이 눈에 띄었던 듯하다. 그는 신세대 펠로인 나에게 물었다.

"니만펠로십은 언론인으로서 유망주들을 선발해 하버드에서 연구 기회를 주는 프로그램이다. 그런데 언론의 길을 끝까지 가지 않고 정치인으로 변신하는 펠로들이 이렇게 많은 것을 어떻게 생각하는가."

나는 약간 주춤거렸다. 원칙대로 솔직하게 말한다면 그것은 비판해 마땅한 일이다. 그러나 대선배들 앞에서 원칙만을 밝혀 분위기를 어렵게 만든다는 것도 할 일이 아니라는 생각이 들었다. 또 다른 한편으로 객관적인 정치학도의 입장에서 본다면 한국 사회의 발전 단계에서 1970년대는 아직 그렇게 각 영역별로 경계가 분명한 자율성과 전문화가 이룩된 것도 아니었다. 원칙에는 안 맞지만 한국적 현실에서 어쩔 수 없었다는 상황논리가 떠올랐다.

그러니까 학계나 법조계와 마찬가지로 언론계도 성공적인 엘리트가 정계로 들어가는 현상은 그다지 이단시할 일만도 아니었다. 1975년 선발 중단시까지 배출된 한국 니만펠로 12명은 전원이 편집국장이나 보도국장, 논설주간을 지냈을 만큼 언론계의 최고 엘리트들이었다. 그 중엔 유력 언론사의 발행인 사장도 두 명 있었다.

나는 풀러 총재에게 이렇게 답변했다.

"1970년대 한국은 한창 개발의 시대였다. 당시 하버드대에서 니만펠로로 공부한 저널리스트라면 한국 사회에서 굉장한 엘리트 그룹에 속한다. 이런 선도적 엘리트들이 대통령의 참모나 행정부 장차관, 그리고 국회의원으로서 국가 발전을 주도한 것은 불가피한 일이었다고 생각된다. 이것은 개인의 선택이었다기보다는 한국 사회의 요구에 의한 직업 전환이었다고도 볼 수 있다."

그러자 유력 신문의 주필 출신으로 정무장관을 지낸 한 선배는 "한국의 상황이 그랬다는 것이지……. 그래도 많이 봐주는구먼."이라고 말했다.

한국 니만펠로들 중엔 이미 언론인이라기보다는 누가 보아도 직업정치인으로 뿌리를 내린 인사들이 적지 않다. 또 정계나 관계의 고위직을 지낸 뒤 언론계로 복귀했거나 언론계와 정계를 모두 은퇴하고 대학에서 대우교수로 강의하는 분도 있다. 어떤 경우든 한국 니만펠로들의 면면은 단일 동창회로서는 유례가 없을 정도로 고급 엘리트 그룹이라고 할 수 있다.

그러나 실제로 한국 니만펠로들의 이력을 들여다보면 화려함만이 아니라 고난도 드러난다. 1980년 전두환 그룹의 내란에 의한 정권 찬탈시 강제해직을 당했던 경우도 4명에 이른다.

다음은 1997년까지 배출된 한국 니만펠로 17명의 이력서다. 괄호 안의 숫자는 니만펠로십 수료 연도를 나타낸다.

• 김용구(金容九, 1963년) : 감리교신학교. 미국 노스웨스턴대 수학. 〈코리아 타임스〉 편집국장. 〈한국일보〉 논설위원. 80년 강제 해직.

• 박권상(朴權相, 1965년) : 서울대 영문과. 〈동아일보〉 논설위원, 런던 특파원, 편집국장, 안보통일연구소장, 편집인 겸 논설주간. 관훈클럽 총무. 80년 강제 해직. 〈시사저널〉 주필. KBS 사장(98년~현재).

• 조세형(趙世衡, 1966년) : 서울대 독문과. 〈한국일보〉 논설위원, 워싱턴 특파원, 편집국장. 관훈클럽 총무. 국민회의 부총재, 총재 권한 대행(95년~현재).

• 임방현(林芳鉉, 1967년) : 서울대 철학과. 〈민국일보〉 편집부국장. 〈한국일보〉 논설위원. 〈현대경제일보〉 편집국장. 〈일요신문〉 편집국장. 청와대 대변인. 2선 의원. 민자당 당무위원(90년) 역임

• 남재희(南載熙, 1968년) : 서울대 법대. 〈조선일보〉 정치부장, 편집부국장, 논설위원. 〈서울신문〉 편집국장, 주필. 4선 의원. 관훈클럽 총무. 노동부 장관 역임.

• 권오기(權五琦, 1969년) : 서울대 법대. 〈동아일보〉 도쿄(東京) 특파원, 워싱턴 특파원, 편집국장, 주필, 사장. 관훈클럽 총무. 한국신문편집인협회 회장. 부총리 겸 통일원 장관 역임.

• 임홍빈(任洪彬, 1970년) : 서울대 법대. 합동통신 정치부 차장. 〈한국일보〉 논설위원. 문학사상사 회장(현재).

• 유혁인(柳赫仁, 1971년) : 서울대 사회학과. 〈동아일보〉 도쿄 특파원, 정치부장. 대통령 정무1수석비서관. 영국 국제전략문제연구소(IISS) 본부이사(현재). 공보처 장관 역임. 종합유선방송위원장(94년~현재).

• 김동익(金東益, 1972년) : 서울대 법대. 〈중앙일보〉 정치부장, 편집국장, 주필, 사장. 정무1장관. 건국대 초빙교수(94년~현재).

• 김진현(金鎭炫, 1973년) : 서울대 사회학과. 〈동아일보〉 경제부장, 논설위원, 편집부국장. 관훈클럽 총무. 80년 강제해직. 〈동아일보〉 논설주간. 과학기술처 장관. 세계화추진위 민간측 위원장 역임. 서울시립대 총장(95년~현재).

• 이정석(李貞錫, 1974년) : 서울대 사회학과. 동아방송 뉴스부장. KBS 보도국장, 워싱턴 총국장 겸 특파원. KBS 제작단 사장. 한국방송개발원 이사장(현재).

• 김용태(金瑢泰, 1975년) : 서울대 법대. 〈조선일보〉 정치부장, 편집국장. 3선 의원. 내무장관. 대통령 비서실장 역임.

〈15년 정지〉

• 최규철(崔圭徹, 1991년) : 서울대 법대. 〈동아일보〉 정치부 차장, 국제부장, 정치부장, 편집부국장(현재).

• 신성순(申成淳, 1992년) : 서울대 법대. 〈중앙일보〉 경제부 차장, 도쿄 특파원, 논설위원. 〈중앙경제〉 정경부장. 한국기자상 수상. 〈중앙일보〉 편집국장 상무 겸 문화사업본부장. 삼성경제연구소 전무(현

재).

- 이진숙(李眞淑, 1994년) : 경북대 영문과. MBC 사회부·국제부 기자, 걸프전 중동 특파원, 생활부 기자(현재).
- 김재홍(金在洪, 1996년) : 서울대 정치학과. 〈동아일보〉 국제부 기자. 80년 강제 해직. 서울대 정치학 박사. 서울대 사회과학대 강사, 대학신문사 편집국장. 〈동아일보〉 복직, 사회부·정치부 기자, 국제부 차장, 관훈언론상 수상. 정치부 차장, 논설위원, 한국정치학회 이사(현재).
- 조갑제(趙甲濟, 1997년) : 부산수산대. 〈국제신문〉 문화부·사회부 기자. 월간 마당 편집장. 월간조선 부장, 출판부국장(현재).
- 허남진(許南振, 1998년) : 고려대. 〈중앙일보〉 사회부·정치부 기자, 정치부 차장, 정치부장 대우, 국제부장(현재).

그리고 98년 가을학기부터 이병규(李炳圭) 〈한국일보〉 정치부장 대우가 과정 이수에 들어갔으며, 그는 99년 6월 수료하게 된다.

니만펠로 설립 배경과 과정

하버드대 니만펠로십이 언론을 평가하는 보편적 기준이 되는 것은 물론 아니다. 그러나 세계적 명문 대학에 설치된 가장 오랜 전통의 언론인 연구과정이어서 그 권위를 인정받아 왔다. 니만펠로십의 합격자 명단을 AP와 로이터 통신 등이 전세계에 타전하는 것도 그만한 권위와 명성 때문인 것이다. 공산국가나 반문명사회 언론은 당초부터 이 프로그램의 참여 대상이 아니었다.

미국의 신문 재벌인 기금 기증자의 이름을 딴 니만펠로십은 1938년 하버드대가 당시 세계적 저널리스트였던 월터 리프만에게 자문을 구해 설치했다. 리프만 자신도 1970년대 초 니만 본부 건물을 기증해서 지금까지 '리프만 하우스'라는 이름이 유지되고 있다. 지금까지 60년 가까운 세월 동안 세계 65개국에서 1천여 명의 니만 펠로가 배출됐다. 아시아 지역에선 일본이 22명으로 가장 많고 그 다음으로 한국이 17명이다.

리프만은 하버드대 출신으로 1889년 9월 뉴욕에서 태어나 1974년 뉴욕에서 숨지기까지 대내외적으로 가장 영향력 있는 저널리스트로 인정받았던 인물이다. 그가 1931년 9월 처음 발표하기 시작한 칼럼 '오늘과 내일(Today and Tomorrow)'은 세계 25개국의 250개 이상의 신문에 번역 게재됐다.

또한 그가 저술한 《여론(Public Opinion)》이라는 책은 이 분야의 효시로 세계 각국 대학에서 정치사회학 교재로 사용됐다. 이 책은 1922년 초판이 발행된 뒤 56년에 재발행돼 오늘날까지 대학 전공서뿐 아니라 일반 대학생들에게 필독서로 권장되는 고전으로 꼽힌다.

그는 일찍이 이 책에서 대중매체가 많은 정보를 압축해서 신속하게 전달해야 하기 때문에 깊이 있는 해석보다는 표피적인 구호를 만들어내는 경향이 있다고 갈파했다. 이 때문에 대중사회에서 일반 시민이 합리적으로 판단하기가 점점 어렵게 돼 간다고 그는 지적했다.

그는 사회현상과 역사를 넓게 보는 저널리스트이자, 이처럼 대학교수 못지않은 깊이 있고 창의적인 학자로서도 공헌했다. 자유세계 대중사회의 지식인으로서 그 만큼 영향력을 펼친 인물도 찾아보기 어려울 것이다. 많은 학자들이 그를 현대사회를 조형시킨 사상가의 한 사람으로 꼽는 것도 이 때문이다.

처음 하버드대 당국은 기금이 들어오자 저널리즘학과나 전공 대학원 같은 것을 검토하려 했다. 기금 기증자 아그네스 W. 니만은

저자의 하버드대 연수 당시 신분증. 저널리스트 연구코스인 니만펠로십 등록생은 학교간부 대우를 받았다.

"저널리즘의 수준을 향상시키기 위해 사용해달라."는 말을 남겼으며 저널리즘의 격을 높이는 방법에 대해 대학 당국은 그 전공 학문을 발전시키면 된다고 생각한 것이다.

　그러나 탁월한 저널리스트 리프만은 이에 반대했다. 저널리즘이란 이론적 연구로 발전되는 것이 아니라는 이유에서였다. 그는 오히려 사회환경 속에서 교직(交織)되는 경험들의 공유가 생명력 있는 교육이라고 주장했다. 우리 식으로 말한다면 현장에서 발로 뛰고 몸으로 부딪치는 것이 기자의 사명이며 언론의 역할이라는 얘기였다. 이렇게 해서 짜여진 하버드대의 저널리즘 연구과정이 오늘날의 니만펠로십이다. 그 내용은 두 개의 축으로 구성돼 있다.

　하나는 하버드대의 정규 강의 중에서 자신이 전공 과목을 정해 수강한다. 그리고 둘째로 니만펠로십 자체 프로그램인 니만 세미나에 참여한다.

니만 세미나는 펠로들과 큐레이터가 참여하는 숍 토크(Shop Talk) 및 사운딩(Sounding)과 외부 인사를 초빙해 강연을 듣고 토론하는 정규 세미나로 이루어진다.

나는 외부 인사 초청 세미나에서 이 시대 최고의 학자와 저널리스트 및 각계 전문가들을 만났다. 그 중에서도 다음의 인물들은 일반 독자들에게 널리 알려진 대가들일 것이다.

원로 경제학자로《미국의 자본주의》와《불확실성의 시대》를 저술한 존 케네스 갤브레이스와 신진 경제학자 제프리 삭스는 매우 좋은 비교가 됐다. 갤브레이스는 1960년대 초 미국 존 F. 케네디 대통령의 경제 자문 역을 비롯해 현실 참여도 많이 했던 경제이론가다. 그는 웬만한 경제이론서나 백과사전만 보아도 알 수 있는 인물이므로 자세한 설명이 필요치 않다.

제프리 삭스는 최근 김대중 대통령이 해외 경제고문으로 거명해 국내에도 널리 알려진 인물이다. 그는 〈뉴욕 타임스〉가 "세계에서 가장 중요한 경제학자"라고 칭했으며 시사주간지 〈타임〉이 세계 50명의 유망주 경제학자 중 한 명으로 꼽은 신진이다. 삭스는 올해 나이 불과 44세(1954년생)에 벌써 그런 명성을 얻은 학자답게 스마트하고 예리했다. 그는 1976년에 하버드대를 최우등(summa cum laude)으로 졸업했으며, 80년 26세에 하버드에서 박사학위를 받고 조교수로 강의를 시작했다. 그는 이어 약관 29세에 하버드의 정교수가 됐다.

경제이론가로서 그가 현실정책에 참여한 경험은 주로 개발도상국 정부에 자문 역을 한 것이다. 그는 1980년대에 볼리비아와 폴란드 정부 경제정책 고문을 역임했다. 이어 1991년부터 1994년까지 그는 러시아 보리스 옐친 대통령에게 거시경제의 안정화와 사유화, 시상 자유화, 국제 재정협력 등에 관한 자문 역을 했다. 한국의 경제학계나 정부도 그의 경제이론과 정책 자문 경험을 활용할 수 있을지 주목할 필요가 있을 것이다.

내가 하버드에서 만난 정치학자 조셉 나이는 정치통합이론가로 널리 알려져 있다. 나는 대학원 석사 과정 시절인 1970년대 말 이미 그의 저술을 읽은 적이 있다. 그는 1960년대 말부터 〈국제기구(International Organization)〉 같은 세계적인 학술지에 지역통합 논문을 발표해 왔다. 그의 주요 저서는 《지역통합기구에서 통합과 갈등》으로 이 분야의 필독서이다.

하버드에 도착하자마자 나는 정치학도로서 그를 만나고 싶었다. 내가 하버드에서 면담을 시도한 정치학자는 조셉 나이와 함께 새뮤얼 헌팅턴, 스탠리 호프만 등이었다. 그런데 불행히도 세 사람이 모두 1995~1996년에 하버드를 떠나 있었다. 헌팅턴과 호프만은 안식년이었고 나이는 당시 클린턴 행정부의 국방부 국제안보 담당 차관보였다. 다행히 나이는 내가 하버드를 떠나기 전에 돌아왔다.

우리의 경우 나이 정도의 명성 있는 학자라면 행정부에 결코 차관보급으로 들어가려 하지 않을 것이다. 그러나 나이는 이를 흔쾌히 응낙했다. 이유는 학자로서 정책입안의 현장 경험을 얻어야 한다는 것이다. 그는 2년 간 국방부에서 일한 뒤 1996년 봄학기부터 하버드에 케네디 행정대학원장으로 복귀했다. 이 점에서 우리의 학계 풍토는 미국과 크게 다르다. 우리는 한번 정부나 사회 현장에 나가면 오염되거나 학자의 길을 버리는 것으로 치부한다. 이런 풍토가 계속되는 한 이론과 실천의 괴리가 해소되기 어려울 것이다.

내가 개인적으로 만나곤 했던 하버드의 원로 학자라면 사회발전론과 아시아학의 대가로 꼽히는 에즈라 보겔 교수다. 하버드에 처음 도착하는 유학생들의 숙식처로 유명한 어빙 하우스의 건너편 블록에 보겔 교수의 목조건물 자택이 있다. 그 바로 옆에 이승만 전 대통령이 하버드대 석사과정 때 살았다는 큼지막한 집이 있다. 이 집은 보겔 교수의 것보다 덩치가 훨씬 크다. 보스턴에서 보석상을 하는 교포 이민영 씨가 이승만의 집이었다는 얘기를 듣고 사들여 살고 있다. 이 집의 앞뜰엔 상당히 큰 무궁화 나무 두세 그루가 눈에 들어온다. 잘 손질돼 자라고 있는 이 무궁화는 수령을 정확히 알 수 없으나 이승만이 심었다는 이야기가 전해지고 있다.

1996년 4월 어느 날 보겔 교수는 자택을 방문한 나에게 자신의 저서 두 권을 꺼내 사인해주었다. 하나는 1989년 출간된《중국에서의 일보전진(One Step Ahead in China)》이고 다른 하나는《네 마리의 작은 용(The Four Little Dragons)》의 한국어 번역판이었다.

그는 처음 니만 세미나에서 내가 한국의 〈동아일보〉 기자라고 밝히자 한자로 〈동아일보〉를 써 보이며 아는 체를 했다. 그는 하버드 아시아학의 대부답게 한국 · 일본 · 중국에 친구도 많으며 이 지역을 정기적으로 방문하고 있다. 내가 정치부 기자라고 하자 그는 "차기 대통령 후보들을 좀 적어달라."고 요청했다. 1995년 가을 당시만 해도 차세대 집권 가능성 있는 정치 지도자를 꼽기란 쉬운 일이 아니었다. 어쨌든 나는 그에게 5, 6명의 차세대 주자를 써주었다.

다만 나는 그에게 단서를 붙였다.

"지금은 아직 현실적으로 강자가 떠오르지 않은 시기다. 따라서 내가 적어주는 인물들은 조직력과 자금력 같은 수완을 모두 갖춘 정치인이라고 보기 어렵다. 정치세계에서 현실적인 수완보다도 비전과 정치노선으로 평가받는 인물들일 뿐이다."

이 단서를 달아두기 잘했다는 증거가 한 학기 뒤에 나타났다.

One Step Ahead in China

GUANGDONG UNDER REFORM

EZRA F. VOGEL

With a contribution by John Kamm

to: 金在洪 先生
With great respect

Ezra Vogel

HARVARD UNIVERSITY PRESS
Cambridge, Massachusetts
London, England
1989

에즈라 보겔 교수의 한자 및 영문 자필과 사인. 보겔 교수는 자신의 저서 《중국에서의 일보전진》에 이 사인을 해 저자에게 주었다.

1996년 봄학기에 나는 그의 '아시아의 산업화'라는 강의를 수강했다. 이때쯤엔 서울의 신문들이 차기 대통령 후보에 대해 더듬는 박스기사를 쓰기 시작했다.

보겔 교수는 이를 아는지 모르는지 학기말쯤 내게 "작년 가을 나에게 적어준 한국의 차세대 정치 지도자 명단이 지금도 유효한가?"라고 물었다. 돌이켜보니 내가 써준 이름 중 2명을 제외하고는 대부분이 차기 대통령 후보로 거명되는 중이었다.

보겔 교수는 여름방학에 서울과 도쿄를 방문해 자신이 소장으로 있는 페어뱅크센터의 정치 지도자 과정에 초청할 인물을 면담할 계획이었다. 나는 그와 한국의 연로층 및 신세대 정치 지도자에 대해 의견을 주고받았다. 나는 특히 일본에서 온 학자와 저널리스트들이 보겔 교수에게 존경을 표하는 것을 보고 놀랐다. 보겔 교수는 일본 내에서 대단한 영향력을 갖고 있다고 교도(共同)통신 국제부 차장 출신으로 니만펠로 동기생인 미야다케 히사요시(宮武久佳)가 알려주었다.

학계의 대가로서 이 외에도 자유주의 교육학자로 《이상주의와 자유주의 교육》의 저자 제임스 프리드만 다트머스대 총장, 하버드대 의과대학 출신으로 정신분석학자 겸 리더십이론가인 《리더십─난관의 과제》를 저술한 로널드 하이페츠, 하버드대 법대학장과 총장을 지낸 법학자 데레크 보크, 《세속의 도시》와 《기독교도의 개안(開眼)》을 저술한 신학자 하비 콕스 등과 가졌던 세미나는 오랜 기억으로 남을 것이다.

〈뉴욕 타임스〉와 〈워싱턴 포스트〉지의 주역들

한편 저널리스트로는 〈워싱턴 포스트〉지 편집인인 벤 브래들리가 깊은 인상을 주었다. 지금은 세계적 베스트셀러가 된 자전적 수기 《좋은 인생(A Good Life)》을 막 출간한 뒤 그는 1995년 10월 하버드에 와서 조찬 세미나를 가졌다. 그가 〈워싱턴 포스트〉지에 영입돼 이 신문의 여자 상속자인 캐서린 그레이엄 회장을 도와 권위지로 만들어가는 과정을 진솔하게 회고한 얘기 내용은 한 편의 드라마였다. 여러 사람의 질문에 답하는 그의 태도 또한 막힘 없는 원숙한 원로 바로 그것이었다.

또 〈뉴욕 타임스〉의 외교 담당 칼럼니스트인 토마스 프리드만은 젊은 나이에 중요한 논객 역할을 맡은 뛰어난 저널리스트다. 그는 불과 42세인 지난 1995년 〈뉴욕 타임스〉의 칼럼니스트가 됐다. 1975년 브랜다이스대학을 최우등으로 졸업한 그는 78년 영국 옥스포드대에서 중동근대사로 석사 학위를 받았으며 그 직후 UPI 통신사의 런던지국 기자로 채용되었다. 이어 그는 UPI의 베이루트 특파원으로 있다가 81년 〈뉴욕 타임스〉에 스카우트됐다. 〈뉴욕 타임스〉에서 그는 정부 재정 문제와 외교, 백악관 등을 취재 보도했다.

현재 〈뉴욕 타임스〉에서 국제 정치와 외교 문제를 다루는 프리드만의 칼럼은 평화와 인도주의를 모토로 현장성이 돋보이는 것으로 정평이 나 있다. 그가 1989년 저술 출간한 책 《베이루트에서 예루살렘까지》는 〈뉴욕 타임스〉에 12개월 간 베스트셀러로 오르는 기록을 남겼으며 10개 국어로 번역됐다.

또 〈뉴욕 타임스〉의 법률 담당 칼럼니스트인 앤서니 루이스 역시 대단한 전문성을 인정받는 논객이다. 1927년생으로 연로 세대인 루이스는 48년 하버드 법대를 졸업하고 〈뉴욕 타임스〉에 들어가 법률담당 기자로 일했다. 미국 언론계의 노벨상이라 불리는 퓰리처상을 두 번 수상한 그는 57년 니만펠로십을 수료했다. 그는 《기드온의 나팔》《10년의 초상》《법을 만들지 말라 : 설리번 재판과 제1헌법 개정조항》 등 법조계에 관한 여러 권의 책을 저술했다. 이런 전문성으로 그는 하버드대 법대에서 15년 간 '헌법과 언론'을 강의했으며 현재 콜롬비아 대학의 초빙교수를 겸하고 있다. 〈뉴욕 타임스〉는 이런 전문지식을 가진 칼럼니스트의 글을 싣기 때문에 일류대학에서 강의 자료로 활용되고 있는 것이다.

이와 함께 베트남전의 종군기자로 명성을 날린 데이비드 할버슈탐은 매우 정력적인 자유기고가와 저술가로 활약하고 있다. 그는 지난 93년 베스트셀러 《50대를 넘어(The Fifties)》라는 상당히 두꺼운 책을 출간했다.

하버드대 재학 시절 학생들이 만드는 신문인 〈크림슨(Crimson)〉지의 편집국장을 지낸 그의 회고담은 신문전쟁 속의 한국 기자들에게 좋은 인생 조언이 될 것 같다. 성공적인 저널리스트며 저술가인 그가 만족을 느꼈던 때는 최고 권위지 〈뉴욕 타임스〉에 스카우트돼서 일하던 기간이 아니라 〈내슈빌 테네시안〉이라는 조그만 지방신문에서였다. 그는 거기서 단순히 기자 훈련뿐 아니라 기자로서의 인생살이를 배웠다면서 다음과 같이 회고했다.

"언론이라는 직업을 수행하면서 얻을 수 있는 동료와 어떻게 우정 관계가 이루어지는가, 그리고 선배 기자들이 직업활동을 하면서 어떻게 윤리적으로 처신하는지 등에 관해 체험했다."

〈뉴욕 타임스〉에서 할버슈탐은 6년 만에 자유저술가로 뛰쳐나왔다. 그 이유에 대해 그는 "일상적인 저널리즘(daily journalism)에 진절머리가 났기 때문이다."라고 토로했다. 바로 신문전쟁의 틈바구니 속에서 한국의 기자들이 인간성을 상실해가는 것은 아닌지 한번 되돌아봐야함을 일깨워주는 언급이다.

니만 본부는 대가들을 초청해 세미나를 가질 때 언제나 그들의 최근 저작을 구입해 배부했다. 이것은 대단한 예습의 기회를 제공했으며 훗날까지 오래 간직할 수 있는 자산이 됐다.

특이한 초청자로는 걸프전에서 미군이 승리하는 데 결정적으로 공헌한 패트리어트 미사일의 고안자 데오도어 포스틀 MIT 공과대학 교수를 들 수 있다. 그는 걸프전이 끝난 후 시간이 지나자 패트리어트 미사일의 명중률에 회의론이 일고 있는 데 대해 화가 나 있었다. 그는 지금 전역 미사일 방어 체제(Theater Missile Defence-System : TMD)를 고안하는 데 전념하고 있다. 이 TMD는 예산이 워낙 많이 들기 때문에 미 행정부가 일본, 한국 등 북한의 노동미사일 위협에 노출돼 있는 나라들을 비용 부담국으로 끌어들여 개발할 계획이었다. 그러나 한국은 아예 이 계획에 참여하기를 거절했으며 현재 일본만이 미국에 협력하고 있다.

나는 이 같은 대가들의 연설과 토의 내용을 전부 다 소화할 만한 영어 실력이 안 되는 것이 한없이 아쉬웠다. 하지만 대가들에게서 공통적으로 느낄 수 있는 것은 성실성과 통찰력, 그리고 항상 미래를 대비하는 비전 창출 노력이었다. 외부인사 초청 세미나는 패컬티클럽(교수전용회관)에서 격주로 만찬과 함께 하거나 니만 본부의 펠로가든에서 점심식사를 하면서 진행된다. 이같은 분위기가 또한 지나치게 현실에 얽매이는 저널리스트들의 정서를 순화시키거나 잠시 새로운 세계를 생각해보게 했다.

'한강의 기적' 자랑스런 일 못 돼

강의실에서도 교수들은 니만펠로들에게 일정한 역할을 기대했다. 바로 현장 경험의 전달이다. 교과서와 이론만으로 강의하는 태도를 지양하려는 것이 하버드대 교수들의 강한 경향이었다. 이 때문에 그들은 저널리즘에 더욱 관심을 보였다.

케네디 스쿨에서 인기 강좌 중 하나인 '미국의 대외정책'은 현실적인 이슈를 내놓고 미국 대통령과 백악관 참모들이 벌이는 토의 장면을 실연한다. 담당 교수는 두 명이다. 주임교수 격인 그래이엄 앨리슨은 실제 클린턴 행정부에서 국방부 정책 기획담당 차관보를 지냈던 인물이다. 다른 교수는 부시 행정부에서 백악관의 유럽 및 소련담당 특별보좌역을 지낸 로버트 블랙윌. 이 강의에서 학생들은 백악관 보좌관이나 행정부의 장차관으로서 대통령에게 정책안을 브리핑한다. 그러면 대통령 역을 하는 앨리슨이나 블랙윌 교수가 계속 허점을 찌르는 질문과 이견 제시를 한다.

두 교수는 강의 예습 자료로 〈뉴욕 타임스〉나 영국의 〈파이낸셜 타임스〉, 때로는 〈뉴스위크〉 같은 데 실리는 권위 있는 칼럼니스트나 특파원들의 국제정세 분석 기사를 종종 복사해 돌렸다.

이 외에도 하버드의 교수들은 강의 도중 "우리 클래스에 이 분야에서 현장 경험이 풍부한 니만펠로 한 분이 있다."면서 "우리가 토의하고 있는 이 문제가 현실적으로 적실성(適實性, relevance)이 있는지 한번 견해를 들어보자."고 소개하는 일이 비일비재했다. 이것 때문에 나는 소규모 강의일수록 항상 긴장감 속에 준비를 하고 다녔다.

나는 '국가 발전의 정치경제학' 강의를 듣다가 처음 곤혹스럽게 당했다. 담당 교수는 아슈토시 바시니(Ashutosh Varshney)라는 인도 출신의 젊은 교수였다. 그렇게 명성 있는 대가는 아니지만 경제 발전론에 대한 강좌로 하버드에 온 제3세계 유학생들에게 인기가 있어서 수강했다. 그의 강의에는 경이적인 경제 발전의 모델로 자신의 모국인 인도 및 멕시코 등과 함께 한국이 등장한다. 그는 한 강의 기적을 이룬 한국 경제에 대해 약 한 달 가량을 할애했다. 그 러다가 중간쯤 갑자기 나에게 "한국인들 자신은 한강의 기적에 대 해 어떻게 평가하느냐."고 물어왔다. 나는 편안하게 우리나라 얘기 를 듣기만 하며 즐기다가 당황했다.

나는 더듬거리는 영어로 이렇게 피력했다.

"한국인들은 한강의 기적이 민주적 절차에 의해 실현되지 않은 데 불만을 제기해 왔다. 양적 성장만으로는 삶의 질을 높이기 어렵지 않은가. 경제개발 계획과 실천의 우선 순위 등에서 민주적 합의 없 이 정치 지도자와 관료 체계 내부에서 일방적으로 결정해 이끌어가 는 형태였다. 이른바 개발독재의 폐해가 남을 수밖에 없었다. 그것 은 필연적으로 소득분배의 불평등과 지역개발의 불균형으로 귀결됐

1996년 5월 24일 저자가 닐 루덴스타인 하버드대 총장으로부터 니만펠로십 수료증을 수여받고 있다. 총 장실은 화려하지 않고 실용적으로 꾸며져 있다.

다. 오늘의 한국 경제와 정치가 안고 있는 가장 큰 문제가 바로 이
것이다."

이 강의를 듣는 학생들은 3분의 2가 아시아와 아프리카, 남미에
서 온 유색인이었으며 그 나머지가 백인이었다. 이들은 질문이 없
었다. 바시니 교수도 "좋은 지적이다."라고 간단히 코멘트했다. 바
시니는 강의 중 개발독재라는 용어를 거의 사용하지 않고 있었다.
오로지 경제성장의 결과만을 수치로 비교하고 나열하는 데 충실했
다. 한국을 경이의 경제성장국으로 소개하는 것은 고마웠으나 그 내
용이 분석적이지 못해서 불만스러웠다.

바시니 교수 외에도 하버드대 정치학과에는 인도 출신 교수 및 객
원교수가 몇 명 있었는데, 이들은 자국에 대한 자부심이 대단했다.
정치사상사의 원로 교수 중 한 명으로 한국에도 그의 저서가 많이
알려진 비쿠 파레크(Bhikhu Parekh) 교수도 인도 출신이다. 그는
학기 말을 마무리하면서 종합적인 사상가로 간디를 소개했다. 보편
적인 연구를 하면서도 귀착점은 자국의 정치가·사상가·철학자들
에게서 찾아내려 하는 자세가 열정적이었다. 더구나 미국의 핵심부
인 하버드에서 자국의 자산을 내세워 강의하는 외국 출신 교수들이
부러웠다.

이에 비해 하버드엔 한국인 학자가 없다. 한국문학과 한국근현대
사, 한국중세사도 미국인 교수가 강의하고 있었다. 이는 참으로 부
끄러운 노릇이다. 하버드의 대학원생들도 "한국어와 한국문헌을 맘
대로 읽고 말할 수 있는 교수가 필요하다."고 말했다. 그러나 다른
한편 그런 한국인 학자는 영어가 능숙하지 못해서 교수 자격이 문
제된다는 것이다.

일본이나 중국문제를 그 나라 출신 교수가 가르치는 것은 물론이

고 베트남 역사도 베트남 출신 여교수가 강의한다는 사실을 알고 나는 다시 한 번 창피함을 느꼈다. 이 베트남 여교수의 베트남사 강의는 매번 4, 5백 명의 학생이 몰릴 정도로 인기였다. 한국의 문학과 역사를 이렇게 강의한다면 분명 미국의 심장부에서 한국에 대한 인식도 달라질 것이다. 이는 한국의 학계와 정부가 함께 노력해야 한다. 국제화란 이런 면에서부터 실천해나가야 할 것이다.

대학의 정규 강의에 비해 니만 세미나는 말의 속도나 어휘력 면에서 어려웠다. 그러나 정서적 감응이나 내용 전달은 비교할 바가 아니었다. 대가들과 함께 어우러져 토의하면서 펠로들 모두가 마치 그의 수준에 함께 있는 듯한 느낌을 받는 것이다. 그것이 심리적 착각인 부분도 있겠지만, 그런 과정을 거치고 나면 지적 정서와 시야가 상승하는 효과를 얻는 것 또한 무시할 수 없다.

북풍을 보는 미국 언론의 시각

96년 4·11 총선거를 나흘 앞둔 4월 7일 밤 북한군이 비무장지대를 침범한 사건이 발생했다. 이 날짜 〈뉴욕 타임스〉는 "한국정부가 북한이 260여 명의 중무장 군인을 비무장지대에 침투시켜 긴장을 고조했다고 비난했다."라고 보도했다.

이 사건이 총선에 미친 영향은 실로 엄청났다. 한국의 언론과 야당은 이것을 북풍(北風)이라고 비유했다. 북한의 위협을 이용한 정부 여당측의 정치공작이라는 뜻이다. 국민의 안보의식이야 높을수록 좋은 것이다. 그러나 총선거 직전에 북한의 위협을 특별히 강조함으로써 안정 회구심을 극대화한다는 것은 야당후보 지지 심리를 위축시키기 때문에 문제다. 이런 전략을 가지고 북한의 위협을 언론에 부풀려 강조했다면 그것은 준부정선거나 다름없다.

이 같은 점에서도 4·11 총선은 국가안보와 정당정치 간의 딜레마를 다시 한 번 제기했다고 생각된다. 어느 나라에서든 연구나 보도의 주제가 '민주화와 군(軍)'이라고 정해지면 그 내용은 비판적이기 십상이다. 그러나 '경제성장, 사회안정과 군'이라고 한다면 그것은 긍정적인 시각임을 짐작할 수 있다.

북한군이 비무장지대에 들어가 이상동향을 보였고 이에 따라 한국의 군 수뇌들이 비상대책을 강구하는 등 군사적 긴장상태 아래 4·11 총선이 치러졌다. 북한의 군사적 위협과 한국정부의 대응 움직임이 선거 끝머리에 민심을 충격적으로 흔들어버렸다는 점은 여론조사에 의존하지 않고도 누구나 인정하는 것 같다. 유권자들에게 깜짝쇼와도 같이 공개된 북한군의 비무장지대 침투는 비단 수도권의 한강 이북과 강원도 등 이른바 접적(接敵)지역뿐만 아니라 한강 이남까지도 큰 영향을 끼친 것으로 보인다.

서울의 47개 선거구 중에서 과반수가 훨씬 넘는 27개가 여당 의석으로 돌아간 것은 선거사상 초유의 이변이었다. 물론 야당이 인기를 잃은 탓도 있었다. 이변의 배경에 대해서는 여러 가지 분석이 가능하겠지만 북한군의 이상동향이 중요한 요인으로 지적됐다.

지난 94년 5월 북한측이 남북접촉장에서 '서울 불바다' 발언을 내뱉었을 때 서울의 일부지역에서는 라면 등 비상식량 사재기가 벌어졌다. 전쟁 위험성에 대한 민심의 민감한 반응을 그대로 보여주는 해프닝이었다. 이 같은 서울 시민들의 전쟁공포심을 감안해보면 그런 북한군의 이상 움직임이 어느 정도로 민심을 건드렸는지 짐작할 수 있는 일이다.

국내에서 총선 결과를 둘러싸고 갖가지 분석이 나오던 4월 18일, 미국의 하버드대 구내에서 재미한국인 전국위원회 모임이 있었다.

마침 한미 양국 대통령이 공동제의한 한반도평화 4자회담을 북한측이 일축하지 않고 그 현실성을 검토하는 중이라고 밝힌 날이었다. 이 소식을 전해들은 한 교민은 버럭 소리를 질렀다.

"금방 전쟁이라도 터질 것처럼 난리법석을 떨었잖아요, 총선거 직전에. 그런데 북한을 보세요. 전례 없이 한미 양국의 제의에 긍정적인 태도로 나오고 있다는 것 아닙니까."

나이 50대 초반의 이 교민은 유신 체제가 싫어서 1975년에 미국에 나왔다고 했다. 그는 꾸밈 없는 말투로 말을 계속했다.

"도대체 문민정부라더니 과거 군사정권이 하던 공작을 답습하는 것이나 아닌지 좀 알고 싶어요."

미국 정부의 한반도정책 당국자들은 북한측의 그런 행동을 의아하게 생각했지만 크게 긴장감의 고조로 치부하지는 않았다. 한반도 위기상황에 관해 미국측과 한국의 인식은 일정한 차이가 있을 수밖에 없을 것이다. 그러나 미국정부측 분석이 진상에 좀더 가까웠던 것으로 보인다.

〈뉴욕 타임스〉의 일련의 분석기사를 보면 당시 북한군의 행동은 그들이 늘상 해오던 쇼 이상의 별 의미가 없다는 기조가 깔려 있었다. 〈뉴욕 타임스〉는 또 총선거 직후 제주에서 열리게 돼 있는 김영삼-클린턴 회담을 앞두고 북한이 전쟁도발을 한다는 것은 생각하기 어렵다는 시사도 내보였다.

이 신문은 4월 8일자 보도에서 주한미군 대변인이 "어떤 보도에도 불구하고 군사분계선상의 군대들이 전투준비 태세를 높이지 않고 있다."면서 "북한측의 움직임도 통상적인 것"이라고 말했다고 전했다.

또 9일자 신문에서는 "미국 국방부 당국자들은 북한의 공격징후를 알리는 군사적 움직임이 지금까지 없었다고 말했다."며 "이 당국자들은 북한군인들이 식량부족으로 인한 주민들의 소요 조짐 때문에 치안경찰 역할에 대비해야 할 실정이라고 말했다."라고 썼다.

〈뉴욕 타임스〉의 10일자 사설은 '북한의 수수께끼 같은 군사작전'이라는 제목을 달았다. 이 사설은 북한의 행동 배경에 의문을 표하면서 "북한은 기아와 그로 인한 소요설로 거의 질식사할 단계에 있는 나라"라며 "이 같은 부질없는 대결을 벌일 여유가 없다."고 지적했다. 또 사설은 "클린턴 행정부가 북한의 군사동향에 위협을 느끼지 않았으며 위험성을 과장하는 것도 적절히 회피했다."고 칭찬했다.

나는 1995년 12월 하와이에서 열린 동북아저널리스트 국제세미나에 참석한 북한측 언론인 김명철(金明哲, 53세) 씨의 말이 생각났다. 그는 북한이 오랜 숙원이던 대미협상을 이끌어냈다는 성취감을 여러 차례 내보였다. 당시 북한의 대외전략은 협상국면이기 때문에 이상 군사동향설은 결코 맞지 않는다는 것이다. 그는 북한이 지난 93년 장거리미사일 노동 1호를 처음 시험발사할 때 미국측에 사전통보했다고 밝히기도 했다. 그가 이 사실을 밝힌 지 한 달여 후 북한과 미국은 베를린 미사일회담을 열기로 합의했다. 북한이 한미 양국의 4자회담 제의에 대해 그 현실성 여부를 검토하고 있다고 한 것이나 이 회담에 중국이 포함된 데 불만을 표했다는 보도도 바로 북한이 협상전략을 계속하고 있었다는 증거였다.

이런 기본적인 인식에 바탕했을 때 북한군의 동향에 대한 정부당국의 발표와 언론의 보도방향은 진상 자체를 왜곡하면서 투표심리의 조작효과를 야기했을 가능성이 커보인다. 국방정책이나 외교안보에 관한 한 언론도 다른 정책분야에서 항상 요구하는 균형과 정밀성보다는 안전일변도를 지지해 온 것이 사실이다. 국가안보란 그만큼 이해관계나 더 나은 삶의 차원을 넘어 존립의 문제이기 때문이다.

안보전문가들은 늘상 "국가안보 영역에는 90퍼센트와 10퍼센트 사이의 선택이란 존재하지 않는다."고 말한다. 즉 북한군의 비무장지대 침투가 전쟁으로 이어질 위험성이 10퍼센트 밖에 안 되며 90퍼센트는 그럴 가능성이 없다고 분석되더라도 그 10퍼센트의 위험성에 대비해야 하는 것이 국가안보 정책이라는 얘기다. 일반국민도 이에 동의해 온 것이 사실이다.

그러나 이 같은 안보논리를 이용해서 유신 체제가 태어났으며 광주학살이 자행되지 않았던가. 이미 발견된 땅굴도 그 사실의 발표는 필요한 시기에 내놓는 방식으로 언론조작을 일삼았던 것이 과거 집권세력의 행태였다.

지난 94년의 '서울 불바다' 해프닝도 남북당국자 간에 비공개로 사전약속됐던 회담장면이 갑자기 정부측 결정에 의해 TV에 공개됨으로써 민심을 자극했다. 사실이라는 이유로 보도해야 한다면 그만큼 정확한 배경 해설이 뒤따라야 할 것이다. 특히 선거정국에서 느닷없이 터져나온 북한군의 도발 움직임이 그에 상응한 부수정보와 배경 분석 없이 언론에 제공됐다면 그것은 민심공작에 다름아니다.

국가안보 문제가 주요 선거 때마다 한 번씩 이용된다면 우리의 정당정치는 특정 집권세력에 의해 영구 독점될 수밖에 없을 것이다. 바로 이런 교묘한 책략을 파헤치는 것이 '역사 바로세우기' 차원의 개혁이 아닐까 한다.

하버드대서 본 전두환 · 노태우 구속

    내가 하버드대의 니만펠로십 첫 학기에 들어가 있던 1995년 11월, 한국 뉴스가 미국의 언론보도에서 연거푸 톱을 차지했다. 물론 유쾌한 뉴스가 톱자리를 장식한 것은 아니었다. 다름아닌 전두환 · 노태우 두 전직 대통령이 한꺼번에 구속됐다는 보도였다. 한국에서 김영삼 대통령측은 역사 바로세우기와 과거청산이란 말로 이를 설명했지만 미국의 언론과 여론층은 시각이 달랐다. 미국의 여론층은 이를 후진국 정치의 폐습 같은 것으로 간주했다. 비리와 약점 폭로를 동원한 권력투쟁과 정치보복극이라는 시각이었다. 나는 이런 시각만은 교정해줄 필요를 느꼈다.

    〈뉴욕 타임스〉도 구속 수감되는 한국의 두 전직 대통령에 관한 기사를 1면에 큰 비중으로 다루었다. 1995년 11월 12일자 〈뉴욕 타임스〉는 니콜라스 크리스토프 도쿄 특파원이 쓴 기사를 '스캔들, 한국의 정치권을 손상시키다'라는 제목으로 게재했다. 1면에서 시작된 이 기사는 14면으로 이어졌으며 노씨의 얼굴 사진을 큼지막하게 곁들였다.

    〈뉴욕 타임스〉는 11월 25일자도 역시 크리스토프 특파원이 송고

한 전두환 씨 구속기사를 게재했다. 이 기사는 전씨의 얼굴과 함께 80년 5월 광주에서 진압군 두 명이 아스팔트 위에 쓰러진 한 시위 청년을 질질 끌고가는 사진을 실었다. 참으로 야만적인 모습이었다. 시위청년은 이미 의식을 잃은 상태로 아스팔트 위에 사지를 뻗고 누웠으며 군인 둘이 양쪽 다리 하나씩만 붙들고 트럭 옆으로 끌어가고 있었다.

"한국에 정변났다"

이 신문은 노씨가 10월 말 6억 5천만 달러(한화 약 5천5백억 원)의 부정축재 사실에 대해 눈물을 글썽이며 시인했다고 보도했다. 신문기사 중 특히 눈길을 끄는 것은 지난 87년 정치개혁을 요구한 6·29선언으로 '국민적 영웅'이었던 노씨가 이제 희생양이 돼 있다는 대목이었다. 기사의 핵심을 말해주는 맨 앞부분에서 이 내용을 읽다가 나는 실상과는 많은 차이가 있음을 느꼈다.

그를 개혁자로 본다는 것은 바로 6·29 선언을 능동적인 조치로 해석한다는 뜻이다. 이는 잘못된 인식이다. 6·29는 집권여당이나 당시 노태우 여당 대표에 의한 능동적인 개혁조치가 아니라 한국민의 6월 항쟁에 대한 집권세력의 굴복이라고 보아야 한다. 만일 당시 집권세력이 끝내 굴복하지 않았다면 79년 10월 박정희 전 대통령 살해사건의 배경이 됐던 부산·마산 시위 사태나 그 다음 해의 광주항쟁과 같은 국민저항이 재발했을 것이다. 이 같은 국민저항을 체험했던 전두환·노태우 씨가 다시 한 번의 유혈진압으로 수습하기 어렵다고 판단, 재빨리 백기를 든 것이다.

그러나 각국에서 온 동료 니만펠로들은 "어떻게 현직 대통령이 전직 대통령을 둘씩이나 체포할 수가 있느냐."고 의문을 표시했다. 심지어 어떤 펠로는 내가 귀국하는 데 문제가 없겠느냐고 묻기도 했다. 이들의 눈에는 큰 정변이 일어난 것으로 비쳐졌는지도 모를 일이었다. 이들은 대부분 새로이 정권을 장악한 대통령이 과거 자신을 괴롭히던 정적에게 앙갚음을 하는 것 아니냐는 식으로 이해했다. 하버드에 와 있는 외국의 기자나 학자들 중에는 한국을 제대로 아는 이가 별로 없었다.

나는 국제사회의 여론층 인사들에게 그 배경을 설명해주느라 진땀을 뺐다. '두 사람은 응당 죄의 대가를 받아야 하며 이것으로 한국의 정국이 그다지 동요하지 않을 것이다, 한국민은 이제 상당한 수준으로 성숙됐기 때문에 변덕스럽고 무상한 감정폭발로 인한 우발사건은 일어나지 않을 것이다.' 나는 대충 이런 기조로 하버드에 와 있는 미국이나 일본 기자들에게 설명했다.

그러나 나의 진땀은 그것으로 끝나지 않았다. 전·노씨의 구속으로 하버드대에서는 보기 드물게 한국에 대한 관심이 일었다. 여기저기서 한국정치에 대한 세미나와 소그룹 간담회를 열고 초청연락이 왔다. 그중에는 하버드대의 한국학연구소에서부터 재학생들의 아시아 스터디그룹, 그리고 보스턴의 교민단체 등이 포함되어 있었다. 나는 하고 싶은 얘기를 전할 수 있는 절호의 기회였으나 나의 귀중한 유학시간을 이것에 투자하기도 아까운 생각이 들어서 요청에 다 응할 수는 없었다. 또 익숙지 못한 영어로 일일이 발표하고 질문에 답변한다는 것이 보통 힘든 일이 아니었다.

그중에서도 한국학연구소는 정규 세미나 프로그램인 한국현안문제 포럼으로 이 문제를 다루었다. 96년 3월 7일 오후, 하버드대 동아시아 연구의 중심인 페어뱅크센터에서 이루어진 '전두환·노태우 구속을 계기로 본 한국의 군사독재 잔재의 청산에 관한 포럼'에서 나는 주제발표를 맡았다. 이것이 내가 하버드에서 전두환·노태우 구속에 관한 한국전문가들과 함께 토론한 것 중 가장 본격적인 내용이었다. 나는 국내에서 맘껏 할 수 없었던 얘기들을 토해내고 싶었지만 그것 또한 마음에 걸렸다. 남의 나라에 와서 제 나라의 부끄러운 과거사를 들추어낸다는 것이 결코 유쾌한 일은 아니었다.

이 포럼에 참석한 미국의 전문가들과 한국유학생 및 교민 2세 재학생 등은 박정희 시대 개발독재의 공과(功過), 박정희·전두환·노태우 체제의 동질성과 차이, 김영삼 정부의 과거청산 작업 등에 관해 열띤 토론을 벌였다.

이날 포럼에는 하버드대에서 아시아학과 한국학 연구를 주도하는 교수들이 참석했다. 존 페어뱅크와 에드윈 라이샤워의 뒤를 이어 하버드 아시아학의 대부 역할을 해온 에즈라 보겔 교수(페어뱅크센터 소장)와 한국학연구소장인 카터 에커트 교수, 마일란 헤이트마넥 한국사 교수, 그리고 옌칭연구소의 에드워드 베이커 부소장 등이 그들이었다.

이날 보스톤 주재 한국 총영사관의 영사 한 명이 세미나에 참석, 토론 내용에 귀를 기울여 이슈의 민감성을 반영하기도 했다.

또 한국학연구소는 3월 14일 두 번째 포럼으로 5·18특별법에 관해 이 대학 법대와 공동 패널토의를 개최했다. 패널에는 이 대학의 한국법 강사인 제임스 웨스트 박사와 옌칭연구소에 교환교수로 와 있던 강정인(姜正仁) 서강대 교수가 지정토론자로 참석했으며 '민주사회를 위한 변호사모임' 소속 손광운(孫光雲) 변호사 등이 토론을 벌였다.

이중 나의 주제발표와 토론내용을 소개하면 미국의 여론이나 정치, 학술문화 등에서 가장 영향력 있는 핵심부인 하버드대가 한국의 군정 청산 노력과 전두환·노태우 구속에 대해 어떻게 보고 있었는가를 이해하는 데 도움이 되리라 생각한다.

다음은 주제발표 전문과 토론 내용의 요약이다.

박정희·전두환·노태우의 동질성과 차이

미국에서 전두환·노태우 씨의 구속에 관한 여러 사람들의 반응을 듣다가 세 가지 점에서 크게 놀랐다. 첫째는 박정희 시대엔 권력남용과 독직부패가 적었다고 미화하면서 전·노 체제를 그 이전의 군인정치 체제와 영 다르게 보려는 경향이다. 둘째는 미국의 언론들이 노씨를 '한때의 개혁자'로 묘사했다는 점이다. 셋째로 한국을 경험했다는 사람들일수록 "이미 다 알고 있는 일들인데 왜 김 대통령이 이를 갑자기 크게 터트리느냐."라고 물어오는 것이었다.

과연 박정희 씨는 플라톤이 인정한 현인(賢人) 독재자의 범주에 드는 인물이었으며 전·노씨만 저질의 권력자였는가. 박씨는 사리사욕에서 초연한 양심적 개발독재자였는데 전·노씨가 그 과일을 포식한 타락자였는가. 또 김영삼 정부의 전·노씨 구속과 5·18내란 수사는 과연 순수한 개혁인가, 아니면 거기에 모종의 정치적 복선이 섞여 있었는가.

한국 현대정치에 관한 이런 이슈들이 많은 쟁점을 안고 있는 것은 사실이다. 이런 문제들에 대해 간단히 결론을 내리기보다 한국의 저널리스트로서 한국인들의 상식에 바탕한 판단의 단서들을 전달하려는 것이 발표자의 목적이었다.

박정희 씨는 5·16군사쿠데타로 집권한 후 헌법을 세 번 바꾸었다. 첫번째는 쿠데타 직후 내각책임제 헌법을 대통령중심제로 바꾸었다. 이 개헌은 쿠데타로 정권이 전복됐기 때문에 불가피한 순서였다. 두 번째로 그는 69년 이른바 3선개헌을 강행했다. 한 사람이 연속해서 3번 대통령을 맡지 않도록 하고 있는 것은 불문법적 관행이든 성문법으로 규정했든 민주국가들 공통의 정치규범이다.

한국에서는 대통령 3선금지가 헌법에 규정돼 있었다. 그리고 그런 법리적인 문제보다도 더 중요한 것은 박씨 자신이 공언했던 국민과의 약속을 어겼다는 사실이다. 그는 3선개헌을 하기 불과 2년 전 대통령선거 유세를 통해 "다음 번 선거에는 나오지 않겠다. 이번이 마지막이니 당선시켜달라."고 말했다. 이 약속을 파기하는 논리는 더욱 비민주적이었다. 지속적인 경제성장과 확고한 국가안보를 위해선 그가 계속 대통령으로 있어야 한다는 것이었다. 다른 사람은 안 된다는 독재의 논리가 이때 이미 전파되고 있었다. 단군이래 위대한 지도자라는 표현도 나왔다.

한국인들이 가난을 벗기 위해 각자 얼마나 피땀어린 고생을 감수했는지는 정치학이나 경제학·사회학적인 연구대상에 들지 못하고 있다. 지금도 오로지 위대한 지도자의 결단과 정책수행만이 한국 경제성장의 견인차였던 것처럼 운위되는 현실을 보면 당시의 3선개헌 논리가 되살아난 듯한 느낌이다. 그러나 그의 세 번째 개헌인 유신헌법의 경우에 이르러서는 구차한 논리마저 구하지 않았다. 그래서 그것은 또 하나의 쿠데타로 평가되기도 한다.

박씨는 또 네 번에 걸친 군대 동원으로 정권을 장악하고 강화했다. 첫 번째는 물론 정권을 장악하기 위한 5·16쿠데타였다. 두 번째로 그는 65년 6월 3일 대학생들의 반정부시위에 대해 계엄령을 선포했다. 시위는 정부가 일본과의 국교정상화 외교에서 저자세를 보인 데서 격화됐지만 본래 쿠데타 그룹의 4대 부패사건 등으로 오래 전부터 계속돼 왔다.

박정희 시대는 처음부터 부패와 공작정치로 시작됐다고 해도 과언이 아니다. 계엄령으로 정치활동을 전면 동결시켜놓은 가운데 자신들만이 비밀리에 정당을 조직했다. 이것이 공화당 사전조직 비리다. 4대 부패사건은 일본의 새나라자동차 수입 이권, 파친코 수입이권, 증권시장의 주가 조작, 워커힐 호텔 건설 이권 등을 쿠데타 세력이 챙긴 것으로 당시엔 희대의 권력부패 사건이었다. 검은 돈은 이들의 정치자금으로 흘러들어갔으며 언론들이 이를 폭로하기도 했으나 규명되지 못했다.

박씨는 세 번째 군대 동원을 위해 71년 10월 15일 전국의 대학가에 위수령을 선포했다. 이때도 군사교련 반대데모라는 이름이 붙여졌지만 대학생들은 공포정치의 화신인 중앙정보부 해체와 부정부패 척결을 요구했다. 이때 박 정권은 전국 각 대학에서 학생간부 1백80여 명을 무더기 제적시키고 군대로 강제입영시켰다. 나중에 드러난 일이지만 이것이 대통령에 대한 직접선거를 없애고 그 대통령에게 무제한의 긴급조치권을 부여한 유신 체제의 정지(整地)작업이었다. 바로 그 다음 해에 박 정권은 유신헌법을 선포했다.

박씨가 네 번째로 군대를 동원한 것은 그가 살해당하기 직전인 79년 10월 중순이었다. 박 정권이 김영삼 신민당총재의 총재직무를 정지시킨 데 이어 국회의원직도 제명하자 김 총재의 정치적 고향인 부산·마산 시민들이 들고 일어났다. 시민들은 유신철폐를 요구하며 격렬한 시위를 벌였다. 여기에 공수특전단을 투입한 가운데 대통령 박정희와 그의 경호실장 차지철은 강경책과 극언을 내뱉었다.

"캄보디아에서는 공산군이 3백만을 학살했는데 우리도 한 1, 2백만 정도 쓸어버리면 충분하지 않겠는가." 대통령 살해범으로 체포, 기소된 김재규 전 중앙정보부장은 이 말을 듣고 박씨의 정상사고 여부를 의심했다고 진술했다. 김재규와 함께 사형된 박선호 전 중정 의전과장은 대통령이 한 달에 열 번, 그러니까 사흘마다 한 번씩 궁정동 안가 등에서 소행사, 대행사의 술파티를 열었다고 증언했다. 최고권력자의 극에 달한 사생활 문란이 처음으로 바깥에 알려졌다. 그것은 권력자의 주색중독증이었다. 김재규는 계엄사 군법회의 비공개 최후 진술에서 이렇게 밝혔다.

"지금까지 나를 중용해준 은인이고 고향 선배이며 또 군대 동료로서, 나는 각하를 존경해 왔다. 그러나 더 많은 국민의 희생을 막고 민주주의를 되살리기 위해서 각하를 제거할 수밖에 없었다." "나는 카이사르를 사랑한다. 그러나 로마를 더 사랑하기 때문에 나는 카이사르를 죽였다."는 브루투스의 웅변을 생각케 하는 토로였다.

1979년 10월 26일, 독재자의 갑작스런 죽음은 짧은 '서울의 봄'과 함께 잔인한 복고(復古)반동을 몰고왔다. 전두환 · 노태우 소장과 정치 군벌 하나회에 의한 박정희 체제 복고의 철혈정책이 시작된 것이다. 전씨는 체육관에 모인 2, 3천 명의 선거인단 앞에 혼자서 입후보하고 대통령으로 취임했다. 이는 물론 1972년 10월 이후 박정희 씨가 했던 것처럼 유신헌법에 따른 것이었다. 이것을 어떻게 선거라고 부를 수 있는가. 전두환 씨가 구속됐다고 해서가 아니라 실제로 한국의 많은 민주주의 신봉자들은 유신 이후의 박정희 씨나 전두환 씨를 대통령이라고 생각하지 않았다. 미국 신문들이 '한국의 전직 대통령 구속'이라고 쓰고 있을 때 나는 정말 이 설명을 해주고 싶었다.

전, 노씨의 부패 독직 사건에 대해 많은 사람들이 "박정희 시대엔 어떠했느냐."고 물어왔다. 이곳 하버드의 한국 전문가들 사이에서도 박정희 · 전두환 시대의 동질성과 차이를 놓고 의견이 분분한 것 같았다. 심지어 한국에서 유신독재기 싫어서 미국에 이민온 사람들 중에도 "박정희 대통령은 독재는 했어도 부정축재나 비리는 저지르지 않았는데……." 라고 말했다.

이는 물론 전두환 씨의 부정축재와 비리를 지탄하는 데 그 진의가 있지만 옳은 시각은 아니라고 본다. 기본적으로 두 독재자 사이에는 차이보다는 동질성이 훨씬 더 강하기 때문이다.

물론 두 사람의 개인적인 성품이나 자질엔 차이가 있다. 그러나 정치 체제와 통치 방식은 매우 동질적이라는 것이 다수 한국인의 상식이다. 두 군인 정객과 그들이 이끈 정권이 갖는 동질성의 근거를 제시하자면 다음과 같다.

첫째, 두 독재정권의 통치집단이 지역적으로 영남출신의 동향인들이다. 이것은 한국정치와 문화에서 매우 중요한 의미를 갖는다. 이들 군 출신 독재정권이 남겨놓은 반역사적인 죄과 중 하나가 영남과 호남에 대한 지역 차별이라는 데 한국의 식자층 사이에 별 이견이 없다. 그 지역 차별의 가장 심각한 양상이 한국 사회에서 영향력 있는 직위에 대한 편중된 인재등용으로 나타났다.

이는 미국에서라면 자유 경쟁과 기회 균등을 명문화한 헌법정신의 중대한 위반이며 인종 차별에 해당한다. 한국은 역사적으로 단일민족 공동체를 유지해 왔다. 인종·언어·문자·역사 경험 등이 동질적이다. 이런 사회에서 나온 지역 차별이란 대부분 정치권력의 편중된 인재등용과 지역개발 때문에 만들어진 인위적 감정현상이라고 볼 수 있다. 오늘날 이것을 해소시키기란 매우 어려우며 하나의 역사적 과제로 인식되고 있다.

둘째, 두 독재자가 계층적으로 군인이며 육군사관학교 출신이라는 사실 또한 강력한 동질성으로 이어주고 있다. 박정희와 전두환 정권은 한마디로 군사정권 체제의 연속선상에 있는 것이다.

셋째, 통치술 면에서 자유주의 정당정치보다 중앙정보부와 군 보안사령부를 앞세운 권위주의 방식이라는 점이 똑같았다. 두 체제의 집권세력은 항상 야당을 정치공작으로 순치시켰으며 그것을 주임무로 하는 국가기관이 중앙정보부라고 김재규 전 중앙정보부장은 증언한 바 있다.

넷째, 두 사람의 정권은 언론에 대한 정권의 통제와 비판적 언론인의 강제 해직을 똑같이 자행했다. 이 같은 철저한 언론 통제는 전두환 정권이 박정희 정권의 기조를 그대로 답습한 결과였다.

다섯째, 정책면을 보더라도 민간기업이나 전문가 중심의 자율실천과 정부의 지원이 아니라 정부 주도형으로 강제했다. 대표적으로 내자 동원과 외자의 분배 등이 거의 정부 주도로 이루어졌다.

끝으로 무엇보다도 두 정권은 반민주적인 유신헌법을 가지고 통치했다. 전두환 그룹은 80년 서울의 봄을 짓밟아버리고 유신헌법을 온존시킴으로써 박정희 체제의 연속성을 지켰다.

이런 점들을 따져보면 전두환 씨는 박정희 씨의 정치 행태를 배우고 그대로 전철을 밟았다고 보아야 한다.

군인정치 체제의 오너와 얼굴마담

박정희 · 전두환 · 노태우 시대를 군정(軍政) 체제답게 만든 실세들이 중앙정보부장(후에 안기부장) · 보안사령관 · 대통령 경호실장이었다. 군인정치 체제에서 공식적인 권력구조의 5대 기둥으로 국무총리, 집권당 대표, 국회의장, 대통령 비서실장, 중앙정보부장 등이 꼽힌다. 그러나 이중 중앙정보부장이 나머지 4인의 고용된 민간 정치인들을 항상 조정 · 통제했다. 국정의 중요한 문제들일수록 이런 공식적인 권력구조보다는 軍 출신 실세들에 의해 막후에서 결정됐다. 체제의 오너는 군 출신이었고, 민간 정치인들은 얼굴마담 역이었다.

특히 박정희 체제는 많은 대학교수와 언론인들이 장관과 대통령 보좌관으로 들어갔기 때문에 군정 성격 못지않게 테크노크라시(technocracy)가 아니냐는 지적도 있다. 지식인들도 책임이 크다는 것으로 근거 있는 말이다. 그러나 군인정치 체제의 인물들을 오너와 피고용 지식인으로 나눠보아야 할 것 같은 생각도 든다. 군정 체제 참여 자체의 의식과 도덕성 면에서는 논란의 여지가 있지만 그들이 맡은 역할은 결정권 없는 기능적 피고용인에 불과했다는 것이다.

군인정치인들은 일반국민 사이에 그들의 약점인 정통성의 기반을 넓히기 위해 각각 신망 있는 원로정치인들을 '정치적 가정교사' 격으로 영입했다. 박정희 체제의 초대 집권당 총재였던 정구영(鄭求瑛) 씨와 전두환 체제의 집권당 대표를 지낸 이재형(李載瀅) · 윤길중(尹吉重) 씨가 여기에 해당한다.

그러나 이들이 얼마나 실권을 행사했는지는 의문이다. 더욱이 박정희의 경우 자신이 처음엔 진심으로 존경했던 정씨까지도 3선개헌 이후부터는 박해와 감시의 대상으로 삼았기 때문에 올바른 가정교사의 역할이 불가능했을 것이다. 이런 점에서도 '유신 체제는 각하 1인 체제였다' 는 김재규의 법정 진술은 틀린 말이 아니다.

오히려 이에 비하면 전 · 노 체제는 최고권력자와 실세들의 자질 면에서 박정희 시대에 비해 뒤떨어지지만 1인 체제보다는 넓은 의미의 '그룹에 의한 독재' 라고 볼 수 있다. 독재권력자로서의 속성은 박정희 씨가 훨씬 더 강했다는 것이다.

예컨대 광주학살 사건의 경우도 박정희 정권에 의해 벌어진 일이

라면 명령 체계와 책임 소재가 분명히 밝혀지기 쉬웠으리라고 생각
된다. 80년 전·노씨의 하나회 그룹처럼 일국의 국정을 이끌만한 자
질이나 정치기술도 못 갖춘 군인집단이 발포하고 유혈진압의 범죄
를 저지른 것이다. 최고책임자와 중간명령자, 그리고 현장집행자도
정해지지 않은 군인집단이 시민을 상대로 발포진압 작전을 폈다는
것이 그들의 진술이다. 그런 집단이 80년부터 한국의 국정을 맡았
다.

전두환 정권 아래서는 하나회라는 군 내 사조직이 그 주도그룹이
었다. 하나회 조직자들은 이미 60년대 중반 소령 시절부터 박정희
체제의 정보정치기구에서 중간간부로 활동했다. 전두환 소령은 당
시 중앙정보부의 인사과장이었으며 노태우 소령은 보안사령부 전신
인 방첩대의 내사과장으로 들어갔다. 이들은 언론장악과 야당공작,
그리고 정보조작과 돈에 의한 정치를 박정희 체제의 핵심부에서 보
고 배운 것이다. 전·노씨의 부패상은 이때부터 씨앗이 뿌려졌다고
보아야 한다.

박 대통령 살해 사건을 수사하기 위해 청와대를 수색한 보안사 요
원들이 청와대의 철제금고에서 발견한 돈의 액수가 9억여 원이었
다. 지금의 화폐가치로 치면 수백억 원대가 된다. 전씨는 법정진술
에서 수천억 원대의 비자금을 축재한 경위와 관련, "관행에 따른 것
이었다."고 말했다. 그 관행이란 박정희 체제 때부터 내려온 권력자
들의 행태였다는 뜻일 것이다. 군인정치인들의 부패상은 전·노씨
때 갑자기 생긴 일이 아니며 박정희 시대에 이미 만연돼 있었다. 박
정희 정권 아래서 부패 독직이 없었다는 주장은 현실과 너무 동떨
어진다.

미국의 한국연구학자들 중엔 박정희 체제가 독재를 하긴 했으나

부패를 막고 경제성장을 이끌기 위해 불가피했다고 보는 사람도 있다. 또 박정희 씨가 일본육사 출신으로 일본군 장교였다는 사실 때문에 한국의 경제성장이 일본의 아류라고 말한다. 박씨의 조국 근대화 구호는 일본의 메이지유신(明治維新)을 이끈 사무라이 출신 청년장교들에게서 영향받은 것이며 유신헌법이라는 이름이 그 단적인 증거라는 주장이다.

더구나 일제식민지 시대 한반도에 건설된 철도 · 전기 · 도로 · 항만 등의 사회간접자본이 한국경제성장의 밑거름이 됐다고 주장하는 학자들도 있다. 이같은 관점에 따라 일제 식민지배가 한국의 근대화에 긍정적인 기여를 했다는 일본 각료의 망언에 대해서도 일부 미국 학자는 "맞는 말 아니냐"는 반응을 보이기도 했다.

나는 미국대학의 한국학 연구가 지나치게 연구비라는 이름의 금력(金力)에 좌우되는 것 아닌가 의심한다. 어느 정도는 그 증거도 있다. 동아시아연구에서 일본이 가장 인기를 누린다는 것은 이해할 수 있다. 그렇다고 해서 한국인들의 피땀어린 경제성장까지도 수십 년 전 일제가 만든 식민지 수탈을 위한 시설 덕분이라고 견강부회한다면 이는 '열강주의 역사기록'에 다름아니다.

또 박정희 체제의 미화작업과 관련, 그 체제의 수혜자들이 한국민의 눈을 피해 미국과 일본의 학계를 대상으로 연구비와 함께 예찬일변도의 자료들을 적극 지원하고 있다는 사실을 나는 잘 안다. 워낙 오랫동안 수혜를 누렸기 때문에 그들은 지금도 자금력과 정보능력을 유지하고 있다.

전 · 노씨는 퇴임준비를 했다는 점에서 박씨와 다르다. 그 퇴임준비 중 하나가 엄청난 비자금 축재였다. 박씨는 생전에 권좌에서 퇴임하겠다는 생각을 해본 일이 없어 보인다. 그는 갑자기 피살됐기 때문에 퇴임 후의 대비를 못했다. 대통령직에서 물러난다는 생각을 안 했기 때문에 퇴임 후에 대비해 비자금을 모아둘 필요가 없었을 것이다.

무엇보다도 32년 간의 군인정치 체제는 저항, 불복종, 그리고 분열적인 정치 문화를 남겼다. 이는 민주화와 국가발전에 필수적인 통합과 협력의 토양을 말살했으며 이것을 극복하는 것이 앞으로 한국민의 역사적 과제가 될 것이다.

박정희 권력의 상속자 하나회

한국 현대정치에 대해 연대기적인 서술 외에 주요 변수 중심의 유기적 분석을 해보면 새로운 발견이 가능하다. 예컨대 하나회 장교들의 경력도 그런 주요 변수 중 하나다. 유신 체제 전후 박정희가 비판세력을 잠재우기 위한 수단으로 동원한 군부대의 지휘관들은 거의 하나회 멤버였다. 71년 10월 위수령 당시 전두환 대령은 연대병력을 이끌고 서울의 북부지역에 위치한 서울대 상대와 고려대를 점령했다. 서울대학교 본부가 있던 동숭동 캠퍼스엔 김복동(金復東) 대령의 부대가 투입됐다.

또 79년 10월 부산·마산 시위를 진압하기 위해 박 정권이 파견한 공수특전여단들도 모두 하나회 장교들이 그 지휘관이었다. 부산지역에 투입된 박희도(朴熙道) 1공수여단장·최세창(崔世昌) 3공수여단장과 마산을 맡은 장기오(張基梧) 5공수여단장은 모두 하나회의 핵심 멤버들이었다.

특히 80년 광주항쟁 때 서울과 전방에서 투입된 군부대를 보면 20사단장 박준병(朴俊炳) 소장과 3공수특전여단장 최세창 준장을 비롯, 공수부대의 대대장급 현장지휘관들은 거의가 하나회 멤버였다. 이는 박정희가 이미 유신 직전부터 하나회를 정권의 친위대로 삼고 있었다는 증거다. 또 그가 죽은 뒤 상당기간 구체제의 친위대였던 전두환 그룹이 정치적 상속자로 행세하는 것은 불가피한 결과였다.

하나회의 창립 멤버였던 김복동 씨가 1970년대 중반 이후부터 전두환 그룹과 처신을 달리했던 것 또한 주목할 만한 배경을 지니고 있다. 그는 1972년 김재규 당시 보안사령관의 비서실장을 지냈으며 다른 한편 처가가 광주지역이다. 그가 하나회를 이탈하고 군인의 정치 개입에 반대한 것 등은 이 두 가지 배경과 무관하지 않다.

한국의 군인정치 체제에 대해 경제성장을 치적으로 들면서 긍정적으로 평가하려는 경향이 특히 외국 학자들 사이에 강하다. 이는 일제 식민 시대 이후 축적돼 온 한국민의 역량을 모르는 소치다. 한국의 경제성장에 대해서는 군사 권위주의식 통제 정책, 일제식민 시대의 근대화 기반, 미국의 원조 등이 그 배경으로 제시되고 있는 실정이다.

나는 그 세 가지가 한국의 경제 성장에 주요 요인이었다고 보지 않는다. 군인정치인들에 의한 개발독재는 똑같은 정부 주도형 경제성장을 이루었으면서도 타이완(臺灣)이나 싱가포르보다 후진성을 면치 못했으며 특히 국민적 합의 면에서 큰 문제가 있었다. 타이완과 싱가포르에서는 독재방식에 대해 일반 국민이 대체로 납득하는 경향인 것으로 알려졌다.

그러나 한국의 경우엔 다르다. 많은 국민이 민주화를 원했고 대학생들은 항의자살과 같은 극단적인 저항을 보였다. 근로계층과 영세민들도 처음엔 잘살기 위해 고생을 감수한다는 생각이었으나 점차 소득 분배의 불평등이 심화되자 개발독재를 혐오했다. 한국의 분배 불균형은 멕시코에 버금간다. 이번 전직 대통령들의 비자금 사건은 지금까지 경제성장의 과실을 소수 특정집단이 과점하고 있었다는 증거이기도 하다.

　나는 한국 국민이 일제 식민통치 종식 이후 15년 이상 교육받은 시점인 60년대부터 경제성장이 이루어졌다는 사실에 주목해야 한다고 생각한다. 서구 민주주의와 자본주의에 대한 이해를 어느 정도 축적했기 때문에 한국민이 서구 자본주의 국가들과 같은 번영을 열망하고 있었으며 바로 그 시점에 박정희 소장이 쿠데타를 일으킨 것이다. 그는 당시 한국민의 번영에 대한 열망과 가난한 현실 사이에 큰 거리가 있다는 것을 간파하고 빈곤 추방을 정치적 구호로 내세워 호응을 얻었다. 한국의 경제 기적은 군인정치인의 독재가 아니라 일반 국민의 피땀어린 노력으로 설명할 수 있을 뿐이다.

　다음은 하버드대 교수와 대학원생들의 질문과 그에 대한 저자의 답변 내용이다.

　－하나회 장교들 대부분이 미국인에 의해 훈련받았는가.

　"하나회는 4년제 육군사관학교 출신 중 일부 장교들에 의해 조직된 비밀 사조직이다. 한국의 정규육사는 미국 군사고문단의 지도 아래 웨스트포인트 사관학교식 교범과 훈련방식을 채택했다. 또 하나회 장교들은 대위나 소령 시절 대부분 미국의 특수전학교나 참모대학 등에 유학했다. 당시 한국군 장교들 사이에는 미국 군사학교에 유학하는 것 자체가 큰 혜택이었으며 그것부터 하나회가 독점해갔다고 볼 수 있다. 예컨대 전두환·노태우 씨도 모두 대위 시절 미국 특수전학교에 파견돼 6개월 이상 훈련받았다."

　－군사주의 방식이 한국적 현실에서 불가피한 측면도 있었다고 생각하지 않는가. 냉전 시대에 북한과 소련·중국의 군사적 위협을 고려할 때……

"냉전과 외부로부터의 위협은 이승만 정권 시절에도 있었다. 따라서 이 대통령도 군사주의를 키웠으며 정치군인을 이용했다. 원용덕(元容德) 당시 헌병사령관이 대표적인 이 정권하의 정치군인이다. 그러나 군인이 쿠데타를 통해 직접 최고 통치자가 되는 것과 문민정부 아래서 정치군인으로 이용되는 것은 차원이 다르다. 국가안보를 내세워 쿠데타와 군정 체제를 정당화할 수는 없는 일이다."

― 김재규의 진술은 얼마나 믿을 만한 것인가. 차지철과의 권력경쟁 때문에 박 대통령을 살해했다는 분석도 있었는데.

"그의 진술 중에서도 군사재판에서 살아남을 것을 포기한 상태에서 내놓은 내용이 중요하다. 자신의 목숨을 구하기 위한 노력이었다면 그 신빙성은 그만큼 반감될 것이다. 즉 사형선고 직전의 법정 최후 진술은 의미가 크다. 그리고 김재규와 차지철 간의 알력은 오래 전부터 박 정권의 중간보스들 간에 항상 있어 왔던 수준을 크게 벗어나는 것이 아니다. 예컨대 중앙정보부장 김형욱(金炯旭)과 대통령 경호실장 박종규(朴鍾圭) 사이의 싸움은 그보다 훨씬 더 심했다. 그런 통상적인 갈등 때문에 대통령이 살해되진 않았다. 최고권력자의 피살사건에는 그만한 다른 이유가 있는 것이다."

― 박 대통령 살해사건이 안 일어났다면 광주학살도 없었을 것 아닌가.

"김재규 당시 중앙정보부장이 우려했듯이 79년 10월 18일 전후의 상황으로 미루어 박 대통령이 피살되지 않았다면 부산·마산에서 먼저 광주학살과 같은 불상사가 터졌을 가능성이 매우 컸다. 김재규의 진술을 전적으로 믿을 수 없다고 해도 79년 10월의 부산·마산과 80년 5월 광주의 상황은 흡사 복사한 것 같다. 다만 부산·마산의 경우 박 대통령 피살이라는 엄청난 충격과 과도정부의 민주화 약속 등으로 일시 가라앉았기 때문에 유혈진압을 비껴갈 수 있었다고 분석된다."

― 발표자의 입장이 너무 편향돼 있는 것 아닌가. 다른 증언자들은 박 정희 체제의 공로에 대해 긍정적인 자료들을 내놓고 있다. 박 대통령이 살해당하기 직전 유신헌법을 고칠 생각을 하고 있었다는 증언도 나왔다. 김정렴(金正濂) 전 대통령 비서실장이나 유양수(柳陽洙) 씨 등 주요 인사들의 얘기다.

"역사 기록이나 사회과학적인 연구에 있어서 그 생명은 객관적이고 진실한 증언과 자료들을 어떻게 선별하느냐의 여부로 좌우된다. 박 대통령의 전기를 청탁받아 집필한다면 그 가족, 친척과 추종자들에 의한 미담 및 합리화 자료도 동원될 수 있다. 그러나 학문과 역사 기록을 그렇게 해서야 되겠는가. 지금 거명된 인사들이야말로 박 정권에 대한 평가에서 편향적일 수밖에 없다. 이들보다 저널리스트가 더 편향적이라고 생각하는 한국인은 없을 것이다. 이른바 통치사료나 측근자들의 일기 같은 것은 정밀하게 여과돼야 한다. 조선사 연구에서 《이조실록(李朝實錄)》을 읽을 때도 그 정도의 방법론은 필수적이다. 특히 미국의 한국학 연구자들이 한국을 방문해서 증언을 청취할 때도 영어를 할 줄 아는 사람들만 주로 만나는 경향이 있는데 이것도 큰 문제라고 생각한다. 오히려 영어를 잘하지 못하는 사람들이 한국인의 다수이며 한국의 문화와 역사, 그리고 한국인의 의식을 더 잘 대변할 것이다."

― 군정 체제에 참여한 한국의 대학교수와 언론인들은 스스로 그런 길을 선택했던 것 아닌가. 참여를 강요당한 것이 아니기 때문에 그 체제의 독재정치와 인권탄압 언론통제 등에 대해서 책임을 져야 하지 않는가.

"집단적 개념의 한국 지식인들에게 큰 책임이 있다는 점을 인정한다. 그러나 개별적으로 보면 군정 참여자들이 지식인 공유의 도덕성보다도 군인정치인들과의 동향의식이나 출세주의와 같은 전근 대적인 사고에 더 지배됐다. 그렇다고 해서 한국 지식인들의 저항 이 약했던 것은 결코 아니다."

— 특히 언론은 그 동안 군정에 저항적이었는가, 협조적이었는가. 내가 듣기로는 언론인들의 입장이 분열되었다는데……

"한국의 저널리스트로서 한국언론을 객관적으로 평가하기가 어렵 다. 다만 비유적으로 설명한다면 하버드대도 63년부터 한국언론인 중 매년 한 명씩을 니만펠로로 선발하다가 1975년부터 1989년까 지 무려 15년 간 한국 언론을 제외시켰다. 박정희 체제가 민주정치 를 완전히 변질시킨 유신 체제 이후 87년 6월항쟁을 거친 노태우 체제 초기까지의 기간이다. 내가 생각하기엔 그것은 한국의 언론인 들에 대한 경고보다는 정치 체제를 문제시했기 때문이다. 물론 언 론인들 자신이 언론의 자유를 지키기 위해 싸워야 한다. 그러나 전 두환 그룹이 정권을 장악하기 위한 최후 단계가 언론인 강제 해직 과 언론사 통폐합이었다. 언론인들의 투쟁도 있었으나 군사독재와 맞싸우기엔 한계가 있었다."

— 한국의 군정 체제 아래서 많은 대학생들이 투신·분신했다. 또 한국 인들은 단체를 조직할 때 항상 '조국을 위해 희생할 각오' 라는 맹세를 하 는 것 같다. 심지어 하나회의 가입서약도 그런 식이라고 했다. 이 같은 '희 생' 의 문화가 어떻게 형성됐다고 보는가. 일본의 사무라이(武士)들도 곧잘 자결하곤 했는데 그와 유사한 문화인지……

"한국인들의 죽음을 무기로 한 저항정신은 일본 사무라이의 전통 과는 전혀 다르다. 한국에서 자결이 의사표현의 수단이 된 것은 일 본의 식민지배에 대한 항의에서였다. 또한 자신의 처형을 각오하고 모국의 독립을 위해 투쟁하는 것이 숭고한 희생정신으로 오랫동안 찬양받아왔다. 그것은 일본의 잔인한 식민통치 때문이었다. 그리고 군정 체제의 철권통치에 대항해서 많은 대학생과 민주주의 신봉자들은 다른 방법이 없었기 때문에 투신과 분신까지 했다. 이것도 군사독재가 그만큼 잔혹했기 때문에 나타난 극단적인 투쟁형태였다. 사무라이가 명예를 위해 자결했다면 한국 대학생의 투신은 모든 것을 던지는 저항이다."

─ 전직 대통령들의 구속 기소와 관련, 소급입법 논란도 있다. 더구나 법관들은 행위 당시의 실정법에 의해서만 처벌여부를 가려야 하는데도 새로 만들어진 법으로 재판을 하는 것은 문제가 아닌가.

"오히려 미국의 법률 전문가들의 의견을 듣고 싶다. 행위 당시엔 죄가 안 되는 행위에 대해 새로이 법률을 제정해 처벌하는 것이 소급입법이라고 알고 있다. 그러나 한국의 5·18 특별법은 죄가 안 되던 행위를 새로운 처벌대상으로 만든 것이 아니다. 죄가 되는 것은 확실하나 그 처벌의 시효문제를 분명하게 규정한 것이 이 특별법의 내용이다. 또 시효는 정권 탈취의 범죄가 어느 시점에 완료됐느냐에 따라 달라지기 때문에 그것을 둘러싼 논쟁일 뿐이지 본질적인 범죄 자체에 대한 시비가 있었던 것이 아니다.

범죄행위를 새로이 규정하는 소급입법과 실정법에 이미 규정돼 있는 범죄를 처벌하는 절차에 속하는 시효에 관한 법률은 다르지 않은가. 법리상으로는 복잡할지 모르나 더 많은 상식인의 생각으로는 양자 간에 분명한 구별이 있어야 할 것이다.

또 김영삼 대통령이 자신에게 비자금 수수 의혹이 쏠리자 관심의 표적을 돌리기 위해 전·노씨를 구속하도록 하고 특별법까지 제정한 것 아니냐는 비판도 있다. 물론 정치적으로 이를 이용했을 가능성은 인정된다. 그러나 전·노씨의 구속과 재판은 어떤 정치적 복선이 깔려 있다고 하더라도 그것을 뛰어넘을 만큼 의미가 크다고 생각한다. 전직 대통령을 두 명씩이나 구속했다고 해서 정치적 혼란 상태의 하나로 본다면 오해다. 과거의 정치적 혼란과 역사적 범죄를 정리하는 작업으로 늦게나마 한국이 바른 길을 찾아 들어서고 있는 것이다."

〈타임〉지 표지에 박정희 사진을 게재하라

세계적으로 영향력 있는 시사주간지 〈타임〉지 표지에 박정희의 얼굴 사진을 게재하려는 로비사건이 당시의 로비 대상자였던 미국인 교수에 의해 폭로됐다.

3선개헌 후 유신 체제로 가는 문턱인 1970년 초여름의 일이었다. 한국의 로비스트가 미국의 영향력 있는 대학교수 겸 프리랜서에게 박정희의 얼굴을 〈타임〉지 표지사진으로 게재하게 주선해주면 5만 달러를 제공하겠노라고 제의했다고 이 미국인 교수가 1996년 8월 11일 저자에게 증언했다.

그 당시 5만 달러라면 지금의 실질 화폐가치보다 훨씬 높아 큰 돈이었다. 미국 교수들에 따르면 1970년대 거물교수들의 가장 큰 연구 프로젝트가 2만 5천 달러를 넘지 않았다는 것이다.

이 로비사건에 대해 당사자로부터 직접 얘기를 들은 당시의 미국 의회 조사관 겸 통역관도 증언을 뒷받침했다. 그러나 당시 뇌물공작을 시도했던 것으로 지목된 한국측 인사는 그런 사실이 없다며 전면 부인했다. 이 인사는 김영삼 대통령에 의해 문민정부의 요직에 기용되기도 했다. 이 인사는 또 김형욱(金炯旭) 중앙정보부장에게 청와대 보좌관으로 일할 수 있게 해달라고 수차례 요청했다고 김형욱이 미국의회 비공개청문회에서 증언했음이 밝혀졌다.

독재권력의 로비스트

1970년대 전후 많은 지식인과 민주인사들이 박정희 독재를 피해 미국으로 갔다. 그중엔 일시 정치적 박해를 피하려는 망명객도 있지만 아예 보따리를 싸 이민을 간 결단파도 많았다. 이렇게 떠난 사람들도 미국 내에서 한국이 곤경에 처하면 그 방패막이로 나서곤 한다. 당연한 일이다. 그러나 군부 독재정권이 장기화되면서 그 권력과 금력 앞에 협력하는 굴신(屈身)의 비운이 탄생한다. 나라를 도우려다 결과적으로 독재정권의 로비스트가 되는 경우도 적지 않은 것이다.

박정희 정권이 미국의 정계·언론계·학계를 대상으로 공작하려다 들통난 코리아게이트엔 여러 부류의 인물들이 군부독재의 앞잡이로 연루됐다. 그중엔 5·16쿠데타에 반대하고 어려움을 겪다가 미국으로 떠났던 K모 장군도 있다. 그는 본래 군부 내 장교들 사이에서 신망받는 장군이었다. 박정희 소장이 쿠데타를 일으키자 그는 군의 정치개입에 반대, 이른바 반혁명인사로 낙인찍혔다. 그러나 그 쿠데타 정권이 유신헌법으로 더욱 독재를 강화하고 장기화하면서 정권에 대한 반대가 반국가 행위와 동일시되기에 이르렀다. 코리아게이트를 조사한 미국 의회 보고서에 따르면 K장군은 캘리포니아에 한국문제연구소를 차려놓고 한국 정부를 위한 로비에 몰두했다. 만일 유신 체제가 그토록 규탄받는 반민주정부가 아니고 중앙정보부가 국내외에 악명 높은 공작정치의 산실이 아니었다면 그런 활동은 국익증진에 봉사한 것으로 기록됐을지도 모른다.

미국 의회가 유신 체제의 독재권력과 인권탄압 등을 이유로 한국에 대한 군사지원을 삭감하려 했을 때 미국에 거주하던 한국 지식인들은 갈등을 느꼈다고 토로했다. 이때 중앙정보부가 매수한 로비스트들도 개인적인 양식에 따라 서로 다른 논리를 폈다.

첫째는 미국의 한국에 대한 군사지원은 특정 정권을 위한 것이 아니라 한반도에 전쟁 발발을 방지하는 것이 목표이므로 계속돼야 한다는 논리다. 둘째는 한국의 유신 체제를 한국민이 선택했으므로 미국이 이를 시비하는 것은 옳지 않다는 주장이다. 물론 양식 있는 인사라면 첫째의 입장에 따라 로비에 나섰으며 이는 실제로 독재정권을 위한 부역과는 다른 것으로 면책받을 수 있다.

3선개헌 이후 대통령 박정희의 얼굴 사진을 영향력 있는 언론매체에 게재하려는 뇌물공작이 있었다면 어떻게 평가해야 할까. 독재를 정당화하거나 권력자 개인을 홍보하는 로비는 면책이나 정상참작의 여지가 없다.

현재 보스톤 대학의 역사 및 저널리즘학과 종신교수로 재직중인 제임스 C. 톰슨은 96년 8월 11일 오전 필자와의 전화통화에서 다음과 같이 증언했다.

— 1970년대 초 박정희 대통령의 얼굴 사진을 영향력 있는 언론매체에 게재하려는 한국측의 로비에 대해 알고 있는가.

한국 시간으로 일요일 오전이고 미국 동부 시간은 토요일 오후에 케임브리지 교외 자택에서 전화를 받은 톰슨 교수는 답변에 앞서 필자의 신원과 취재의 용도 등을 되물었다. 다행히 그는 필자의 신원을 니만펠로 명단에서 확인했으며 신뢰감을 표하는 가운데 조금도 거리낌없이 답변했다.

"그때가 1970년 6월이었다. 한국전쟁 발발 20주년이 되기 수 주
일 전이었기 때문에 정확히 기억할 수 있다. 하버드대 법과대학원
에 재학중인 한국 유학생이 대학 구내 동아시아센터에 있는 내 연
구실로 찾아왔다. 그는 나에게 박정희 대통령의 사진을 〈타임〉지 표
지에 게재하도록 주선해주면 5만 달러를 제공하겠노라고 제의했다."

– 당시 그 유학생은 중요한 일을 할 수 있는 직업인도 아니고 저널리
스트나 변호사도 아니었다. 그저 젊은 학생신분이었을 텐데 귀하는 그가
연구실로 찾아오기 전에도 그의 신원을 알고 있었는가.

"그와 개인적인 교류는 없었다. 그저 학교 안에서 세미나, 리셉션
이나 아시아 관련 모임에서 몇 번 인사해서 알고 있었다. 그는 의
사표현을 분명히 하는 사람이었다. 당시 나는 하버드대 역사학과 조
교수로 '동아시아와 미국 관계'를 강의하고 있었기 때문에 학교 주
변에서 그를 만날 기회가 종종 있었다. 또 그가 학교를 졸업한 후
뉴욕에서 변호사로 일한다고 들어서 그에 대한 기억이 남아 있었
다."

– 〈타임〉지 외에 〈뉴스위크〉도 대상으로 포함됐다는 설이 있는데…….

"나는 〈뉴스위크〉 얘기는 못 들었다. 〈타임〉지에 게재하게 해주
면 5만 달러를 주겠다는 제의였다."

– 그 자리에서 그에게 어떤 언질을 주었는가. 어떻게 답변했는가.

"유감스럽게도 나는 언론과 그럴 만한 커넥션을 갖고 있지 못하
다고 말하고 거절했다."

– 박정희 정권의 로비스트가 톰슨 교수를 로비 대상자로 지목했다면 귀
하가 그만한 영향력을 갖고 있다고 보았기 때문이 아니겠는가.

"나는 당시 대학에서 강의하면서 언론매체에 글을 기고하는 프리랜서였다. 1969년 닉슨 대통령의 중국 방문 때는 그와 동행해 ABC TV방송에 보도하기도 했다. 이런 것들 때문에 내가 언론에 영향력을 갖고 있다고 보았는지 모르겠다. 나는 66년부터 72년까지 하버드대 조교수로 있었으며 그런 언론과의 인연으로 72년부터 84년까지 하버드대의 세계적인 저널리스트 코스인 니만펠로십 책임자로 일했다."

개인 견해 조작하는 나라

과거사에 불과한 것 같지만 다수 국민의 역사의식과 관련 깊은 박정희의 얼굴 사진 로비사건은 미국 내에서도 96년 5월 말 공개됐다. 미국의 유명한 한국학자인 브루스 커밍스 교수(시카고대 정치학)가 발표한 '남한의 학계로비' 라는 논문에 이것이 적시돼 있었다. 이 논문은 찰머스 존슨 전 캘리포니아주립대 교수가 소장으로 있는 일본정책연구소의 비정기간행물 7호로 발간돼 미국의 대학가에 나돌았다.

커밍스는 미국의 한국학 연구가들 중에서 가장 방대한 저술을 냈다. 그의 주요 저서는 80년에 출간된 《한국전쟁의 기원》으로, 이 책은 한때 한국과 미국 · 일본의 한국전쟁 연구자들 사이에 필독서로 꼽히기도 했다. 특히 한국의 대학생과 재야 지식인들에게 널리 읽혔다. 그는 이 책이 나온 지 10년 만인 지난 90년 속편을 펴내 이 분야에서 일관성 있는 연구가로 위치를 굳혔다.

그러나 그의 한국전쟁에 대한 연구 결론이 정설화돼 있는 것은 아니다. 그는 한국전쟁이 김일성 등 공산주의자들이 남침해 일으킨 적화혁명 기도가 아니라 미 군정과 남한의 보수정권에 의한 실정(失

政) 때문에 폭발한 민중봉기 같은 것이라고 보았다. 이는 기존의 전통적인 연구결과에 반하는 것으로 수정주의의 중심이론을 이루었지만 소수견해에 머무르고 있다.

뿐만 아니라 소련이 무너진 후 모스크바의 공산정권 문서고에서 발굴된 여러 자료들도 수정주의론자들에 불리한 증거들이다. 모스크바 문서고의 스탈린 정권 당시 비밀자료들은 한국전쟁이 김일성과 스탈린의 사전모의, 그리고 모택동의 지원약속을 바탕으로 북한측이 남침한 혁명전쟁임을 입증하고 있다. 그럼에도 불구하고 커밍스의 저술이 유명한 것은 해방 전후의 한국 정치상황과 민심에 관련된 방대한 자료들을 나름대로 분석해놓았기 때문이다.

커밍스는 남한의 학계로비 실상을 폭로한 이 논문에서 과거 군부정권이 연구비를 미끼로 미국 내 비판적인 학자들까지 입을 막았다고 썼다. 이 논문은 권력자들이 학문과 표현의 자유를 짓밟아 온 한국의 후진성을 적나라하게 보여주고 있어 많은 해외 한국인들을 부끄럽게 했다. 독재권력의 탄압뿐 아니라 돈에 의한 유혹과 매수 등 모든 수단을 다 동원해 개인의 자유로운 견해에 수정을 가하려는 풍토가 한국사회의 특성이라는 것이다.

커밍스가 지적한 한국정부가 감행해 온 연구비 로비의 대상은 미국학계다. 이것으로 미루어 한국 내부상황은 오죽했겠느냐고 한 한국인 교수는 말했다. 그는 또 그런 독재권력 아래서 창의적인 탐구와 표현의 자유를 차압당한 한국의 학자·문인·언론인들에 대해서 국제사회의 눈초리가 어떨지 생각해보면 얼굴이 붉어진다고 탄식했다.

커밍스는 미국학계에 연구비를 주거나 국제학술회의를 주관한 한국의 기관과 함께 이를 받은 미국대학 및 학자들을 비판했다. 한국측의 돈줄로는 국제교류재단(구 국제문화협회)과 무역업체들의 출연으로 기금을 조성하는 산학협동재단이 많이 거론됐다. 자금의 용처를 결정하는 것은 물론 배후의 한국 정부나 중앙정보부라는 것이다. 한국으로부터 로비성 연구비를 받아왔다고 그가 거명한 대학은 자신이 소속했던 시애틀의 워싱턴주립대학과 시카고대학을 제외한 다수의 유명대학들이다. 또 학자들 중에서도 미국의 아시아학계 원로인 로버트 스칼라피노 버클리대 명예교수가 1970년대 한국으로부터 오는 모든 연구비 협의를 도맡는 창구 역할을 했다는 미의회 조사보고서를 인용했다. 이 보고서는 "한국의 정치 문제가 포함된 연구는 하지 않는다는 것이 버클리대측의 양해사항"이라고 썼다.

커밍스의 주장에 따르면 미국의 한국학자들이 한국측으로부터 연구비나 방문초청 등을 받는 것은 부도덕하다는 것이다. 그 이유는 두 가지로 요약된다. 첫째는 학자가 자신의 연구대상으로부터 자금을 받아서는 객관적인 견해를 유지하기 어렵다는 주장이다. 이것은 어느 정도 근거가 인정된다. 한국 내 학자들도 참고해야 할 사항일 것이다.

우리를 부끄럽게 하는 것은 둘째 이유다. 즉 연구비를 주는 한국측이 특히 학문과 표현의 자유를 존중해주지 않는 문화를 갖고 있다는 것이다. 그에 따르면 한국사회가 학문의 자유는 존중하지 않지만 학문 자체와 학자들의 견해는 지나치게 중요시한다고 평가했다. 역설적인 지적이다. 이를 뒤집어 해석하면 학자나 언론인 등 지식인의 견해가 일반 국민에게 미치는 영향이 크므로 항상 집권자들의 공작대상이라는 얘기다. 이는 상당히 타당한 분석이다. 박정희 체제가 어느 선진국 정권 못지않게 지식인 계층이 참여한 테크노크라시였다는 것은 누구도 부인 못한다.

대학교수, 언론인, 변호사, 심지어 원로시인들까지도 박정희 체제의 지지그룹으로 동원됐다. 그러니까 한국의 권력자들이 지식인의 용도를 잘 알았다는 것이다. 한국의 외교관이나 해외공보관은 주재국 언론의 한국 관련 보도에 대한 분석과 대처를 주요 임무 중 하나로 삼고 있는데 그것도 바로 한국정부가 언론을 중시하기 때문이라고 커밍스는 지적했다. 그는 이 논문에서 김영삼 문민정부의 개혁정책에 대해 과거 군부정권과 다른 것으로 상당한 기대를 표시하기도 했다. 군부독재 유산을 완전히 청산할 수 있는 절호의 기회라고 그는 보았다.

커밍스의 논문을 접한 미국 내 한국 교환교수 등 많은 인사들은 진상조사를 해야 한다며 목소리를 높였다. 그러나 당시 박정희의 로비스트로 지목된 장본인측은 커밍스의 논문 내용에 틀린 부분이 많다고 지적했다. 여기서 커밍스의 논문 중 문제의 로비 대목을 보자.

"1973년 봄, K가 동부의 한 명문대학 교수 방에 환담하기 위해 들렀다. 그는 교수에게 만일 〈타임〉지나 〈뉴스위크〉지가 박정희의 사진을 표지에 게재하도록 주선할 수 있다면 5만 달러를 제공하겠다고 제의했다."

당사자인 톰슨 교수의 증언에 따르면 커밍스의 이 글은 두 군데가 틀렸다. 하나는 시점이 1973년이 아니라 1970년이다. 둘째는 〈뉴스위크〉지는 거론되지 않았다는 것이 톰슨의 얘기다.

한편 박정희의 로비스트 혐의를 받은 장본인측은 "본인은 그 당시 학생신분에 불과한 사람이 어떻게 그런 로비를 맡을 수 있었겠느냐고 하더라."라고 말했다. 그러나 로비스트 혐의자는 36년생으로 로비설이 있는 1970년도엔 만 34세의 박사과정 학생이었다. 그리고 그 이전에 그는 존스 홉킨스대에서 정치학 박사학위를 받은 뒤

모 대학의 부교수(계약직)와 컬럼비아대 공산권문제연구소 상임연구 위원 등의 경력을 갖고 있었다. 학부과정을 마치고 바로 대학원에 들어간 나이어린 학생과는 달랐다는 것이다.

로비의 시점 등이 틀렸다는 것은 그다지 중요한 사항이 아니다. 단둘이서 주고받은 대화의 다른 한 상대방인 혐의자가 로비 자체를 한 적이 없다고 전면 부인한다는 데 진상규명의 초점이 맞추어져야 한다. 필자는 톰슨 교수를 상대로 사실의 전후관계를 거듭 검증해야 했다.

– 장본인 자신이 그런 제의를 한 적이 없다고 강력히 부인하는데 어떻게 생각하는가.

"그의 기억이 그럴지 모르지만 나의 기억은 이렇다. 그것은 사실이다."

톰슨 교수는 넌센스라는 듯이 웃었다. 그러나 한 쪽의 기억에만 의존할 수 없는 경우도 있다. 톰슨 교수 이외에 그 로비사건 당시 그것을 전해 들은 증인이 있는지 여부도 진상규명에 중요한 자료다.

– 그 로비사건과 관련해 의회청문회에 나가거나 언론에 토로한 적이 있는가.

"청문회 같은 데는 나가지 않았다. 언론의 경우 가까운 저널리스트들이 인터뷰 요청도 했다. 그러나 응하지 않았다."

– 로비사건 직후에 동료교수나 친지에게 얘기한 일이 있는가.

"있다. 당일 오후 나의 보스 격인 동아시아연구소장 존 킹 페어뱅크 교수에게 사실대로 털어놓았다. 그랬더니 페어뱅크 교수는 한마디로 '그것은 뇌물수수 행위'라고 규정지었으며 나도 동감을 표시했다."

하버드의 다른 아시아학 교수들에 비해 페어뱅크는 한국의 유신체제와 인권 문제 등에 대해 비판의 목소리를 별로 내지 않은 것으로 알려져 있다. 그런 그가 한국측의 로비를 일언지하에 뇌물수수 행위로 규정했다는 것은 흥미로운 일이다.

─하버드의 아시아학 교수들 중 에드윈 라이샤워나 제롬 코언은·한국의 독재정치에 비판적인 활동을 많이 했다. 그러나 페어뱅크는 이들과 입장이 달랐던 것 같은데…….
"학자로서 관심의 차이였을 뿐이다. 라이샤워나 코언이 한국 정치에 관심을 많이 표한 것은 사실이다. 그러나 페어뱅크는 중국 역사 연구에 전념하고 있었다. 다른 나라 문제에 별로 눈을 돌린 적이 없다."

브루스 커밍스도 논문에서 박정희 정권의 하버드에 대한 로비와 교수들의 한국에 대한 태도를 다음과 같이 묘사했다.

"박 정권의 진정한 관심은 라이샤워와 코언 같은 교수들의 한국 정부에 대한 반대활동을 견제하는 대응활동을 지원함으로써 하버드에 한국 지지 분위기를 싹트게 하는 데 있었다고 한 한국 기자가 보도했다. 다른 교수들은─페어뱅크가 그중에 한 사람임─최근 키신저 국무장관에게 어째서 하버드의 교수들이 외국의 내정에 간섭하는지 모르겠다고 불만을 토로한 것으로 보도됐다."

이 글을 읽으면 페어뱅크 교수에게 상당한 친한(親韓) 혐의가 두 어졌다는 느낌을 받는다. 이어 커밍스는 당시 한국의 독재정권에 매 우 비판적이었던 〈뉴욕 타임스〉의 리차드 헬로란 동경특파원의 기 사를 다음과 같이 인용했다.

"하버드에 대한 기부를 관장한 사람은 박정희의 사위로 당시 중 앙정보부 미국지부 책임자였던 한병기(韓丙起)였다. 의회 조사소위 는 후에 한씨가 박 대통령에게 1백만 달러의 기금을 조성할 수 있 도록 기업에 압력을 넣어줄 것을 요청했으며 그 기금은 적절한 절 차를 거쳐 1975년 6월 하버드대에 주어졌다고 결론지었다."

김형욱의 프레이저 소위 증언

당시 〈뉴욕 타임스〉의 보도에 따르면 하버드가 한국에서 연구기 금을 받은 후 동부의 명문대학인 컬럼비아대도 한국 무역업체로부 터 기금을 얻으려 했으나 실패했다. 하버드의 연구기금에 대해 순 수성을 따지는 글들이 나돌자 컬럼비아대의 교수 · 학생들이 한국의 연구비를 거부하고 나섰기 때문이라는 것이다. 동부의 명문대학들 에게 돌아간 한국측의 기금은 1975년 6월 마지막으로 주어졌던 것 으로 보인다.

1975년을 기점으로 한국의 독재정권과 언론탄압이 미국의 중심 부 명문대학과 의회에서 공식적으로 문제화된 것이다. 국제교류재 단의 한 간부는 지난 80년 전두환 정권 초기, 한국 정부가 하버드 대에 1백만 달러를 연구비 명목으로 제공하려 했으나 거절당했다고 밝혔다.

커밍스가 미국의회의 한미관계 조사소위에서 〈타임〉지 로비 때도 사건이 거론된 것처럼 썼기 때문에 저자는 당시의 조사소위 관계자들을 추적했다. 코리아게이트를 조사한 미의회 한미관계 소위는 위원장의 이름을 따 프레이저 위원회로 불리기도 했다. 이 프레이저 소위는 전직 중앙정보부 간부 등 많은 한국인사들에 대한 청문회를 진행하기 위해 한국어에 능통한 미국인 통역관을 고용했다. 현재 하버드-옌칭 연구소 부소장 에드워드 베이커 씨가 당시 프레이저 소위의 통역관으로 일했다.

베이커 부소장도 8월 11일 저자와의 전화통화에서 다음과 같이 증언했다.

─ 한국 유학생이 박정희의 사진을 〈타임〉지 표지에 게재하려는 로비를 벌였다는데 이에 대해 들은 일이 있는가.

"로비스트가 찾아가 부탁했던 당사자인 제임스 톰슨 교수에게서 직접 들었다. 당시 박정희의 사진을 게재하게 해주면 5만 달러를 제공하겠노라고 했다는 얘기였다."

─ 지금 그 로비 혐의자가 그것을 전면 부인하고 있는데…….

"톰슨 교수가 그 내용을 다른 사람들한테 얘기하는 것도 수차 들었다. 그것은 사실일 것이다. 톰슨 교수는 오랫동안 니만펠로십의 책임자도 지냈으며 거짓을 말할 사람이 아니다."

─ 당시의 로비 혐의자를 직접 잘 아는가.

"잘 안다. 그는 사진로비 외에 박정희 정권과 다른 것으로도 연루돼 있었다. 프레이저 소위의 비공개 청문회에서 증언한 김형욱 전 중앙정보부장은 K가 수차례 찾아와 박정희 정부를 위해 일하게 해달라고 졸랐으나 돌려보내곤 했다고 말했다. 프레이저 위원장이 질문하고 김형욱 씨가 답변한 그 비공개 청문회에 내가 통역관으로 들어갔기 때문에 기억하고 있다. 김형욱 씨는 그 로비 혐의자에 대해 여러 가지 정보를 내놓았다."

베이커 부소장은 저자의 요청에 따라 당시 자신이 참석했던 프레이저 청문회의 보고서 사본을 팩스로 보내왔다. '한미관계 조사'라는 표제의 보고서 제7부 6페이지에 김형욱이 77년 6월 22일 프레이저 위원장의 질문에 답변한 내용이 기록돼 있다. 김형욱은 프레이저 위원장이 그 로비 혐의자와의 관계에 대해 말하라고 서두를 떼자 다음과 같이 설명했다.

"나는 그를 잘 안다. 내가 한국 중앙정보부장으로 재직할 때 그가 여러 번 찾아왔다. 그는 한국 신문들에 한반도 통일 문제에 관해 수차례 기고했다. 그가 유능하다는 것은 널리 알려진 얘기다. 그는 정치학 박사학위 소지자였다. 그는 나에게 청와대 비서실에서 일하고 싶다고 말했으며 그런 자리를 얻으려고 매우 열심히 일했다."

김형욱은 유신 체제 선포 후 박정희가 자신이 신임해온 심복 중 하나이던 윤필용 수경사령관을 권력남용과 부패 등의 죄를 씌워 숙청해버리자 1973년 여름 슬그머니 동남아로 나왔다가 미국으로 망명해버렸다. 박정희 아래서 중요한 기밀을 관리하거나 권력을 휘둘렀던 사람들의 말로가 순탄하지 못할 것이라는 불안감이 현실화됐기 때문이었다. 미국 망명 생활 중 그는 계속 유신 체제를 비판하고 권력 내부의 비행을 폭로하는 일에 전념했다. 김형욱은 자신의 미국 망명 생활 초기 그 로비 혐의자가 빈번히 찾아왔다고 증언했다.

아이러니컬한 것은 박성희의 로비 혐의자가 역사 바로세우기를 모토로 내세운 김영삼 대통령에 의해 중용됐었다는 사실이다. 그것도 그가 김 대통령과 인척관계이기 때문이라는 지적이 있어 더욱 문제였다.

한국의 국가정보기관

5 · 16과 12 · 12, 그리고 5 · 18 등 세 번의 쿠데타로 32년 간 군정이 계속되는 동안 대통령 다음의 권력자를 꼽는다면 단연 중앙정보부 부장이나 안전기획부 부장이었다. 한때 청와대 경호실장이나 보안사령관이 더 세도를 부린 경우도 있었지만 대체로 정보부 책임자가 집권세력의 2인자 역할을 했다. 그런데 김영삼 정부에 와서 그 위상이 크게 떨어졌다. 과거엔 주요 사안이 생길 때마다 관계기관 대책회의를 주도하면서 종합적인 국정 조정자 역할을 했으나 김영삼 정부에서는 전문적인 정보기관의 위치로 낮추어졌다. 그래도 정보기관이 갖는 영향력은 지속되었다.

중앙정보부와 안전기획부의 족적

이른바 3, 4, 5, 6공화정 시대엔 이들 정보기관원이 정당 · 사회단체 · 대학 등에 상주했다. 본래 정보기관의 생명은 눈에 띄지 않게 활동하는 데 있다. 그런데 군정 시대 이들은 정보수집 차원을 넘어 국정 전반의 조정 역할까지 했다. 이들은 정부 내에서 뿐만 아니라 민간에서조차 집권세력의 의사에 어긋나는 여론형성을 저지하고 감시했다. 정치·경제·사회, 어떤 문제든 대통령이 화를 내면 중앙정보부가 그 원인 규명에 나서고 징벌까지 맡았다.

1971년 10월 2일 국회에서는 당시 오치성(吳致成) 내무장관에 대한 야당측의 해임결의안이 상정됐다. 박정희 대통령은 일사불란하게 반대표를 던져 이를 부결시키라고 공화당 지도부에 지시했다. 그런데 표결 결과 공화당 의원 중 지시를 어긴 반란표가 생겨 해임결의안이 통과되고 말았다. 박 대통령은 진노했다. 반란자들을 색출해 내라는 엄명이 중앙정보부에 떨어졌다. 한국정당사에 오점을 남긴 이른바 10·2항명사건이다. 그날로 공화당의 거물급 의원인 김성곤(金成坤)과 길재호(吉在號) 씨 등이 중앙정보부에 잡혀들어가 공개하기 어려운 수모와 고문을 당하고 의원직을 강제 사퇴했다. 김성곤 의원은 중앙정보부 수사관에 의해 콧수염을 반만 뽑혀 밖에 나다니지도 못했다. 육사 8기로서 5·16 주체 세력 중 한 사람인 길재호 의원은 고문후유증으로 그 후에도 지팡이에 몸을 의지해야 하는 처지가 됐다. 대통령 한 사람에게만 충성하는 중앙정보부는, 마치 암흑가 폭력조직의 보스가 등 돌리는 부하를 잡아다 린치하는 것과 조금도 다르지 않은 행동을 했다.

때로는 대학가 시위를 주도하는 학생간부나 정권에 비판적인 교수들도 이곳에 영장 없이 끌려가 매질을 당하는 일이 비일비재했다. 박 대통령의 집권연장을 위한 3선 개헌과 유신 체제 선포 때도 수많은 정치인·재야인사·종교인·예비역장성·대학생 등의 반대자들이 중앙정보부의 위협과 고문에 시달렸다. 당시 남산에 자리한 중앙정보부 조사실에서 모진 고문을 견디다 못해 투신 자살한 대학교수와 육군대령도 있었다.

유신 체제 말기에는 중앙정보부가 대통령 박정희의 주연행사를 전담하는 부속 연회장과 그 뒷바라지를 맡는 이른바 의전과를 운영하기도 했다. 중앙정보부 의전과장은 10·26사건으로 김재규와 함께 처형된 박선호를 통해 드러났듯이 대통령에게 술 시중드는 여자를 조달하는 채홍사로 불렸다. 중앙정보부는 이렇게 국가기밀의 너울을 쓰고 공적인 정치면에서나 사생활면에서 최고 권력자의 부도덕성을 조장하기까지 했다.

10·26사건으로 대통령시해집단이 된 중앙정보부는 전두환 보안사령관 등 신군부에 의해 대숙정을 겪으면서 이름도 국가안전기획부로 바뀐다. 한동안 보안사보다 격하돼 있던 안전기획부는 그러나 85년 2월 전두환의 심복인 장세동(張世東) 씨가 부장으로 부임하면서 다시 힘을 되찾았다. 전두환 정권의 장세동 안전기획부는 86년 11월 이기백(李基百) 국방장관에게 이른바 북한의 금강산댐 수공위협을 발표하게 했다. 그리고는 그에 대응하는 '평화의 댐' 건립을 위한 모금 등 국민적 캠페인을 벌였다. 당시 정국은 대통령직선제 개헌을 위한 서명운동이 전국에서 벌어지는 등 그 다음해 6월항쟁의 불씨가 타오르고 있었다. 북한의 수공위협은 개헌운동에서 국민의 눈을 돌리기 위한 대중조작이었다. 국방부 관계자들은 금강산댐을 일시에 방류한다 해도 서울이 물에 잠길지는 의문이라고 했다. 그러나 국방장관 이기백은 국방부 전문가들이 만들어준 자료를 제쳐두고 안전기획부가 건네준 문건을 낭독했다. 후에 그는 당시 발표가 군사정보와 차이가 큰 안전기획부 자료에 따른 것 아니냐는 기자 질문에 "다 같은 국가기관의 분석자료들을 활용한 것"이라고 말했다.

또 노태우 정권의 안전기획부도 정호용(鄭鎬溶)·김복동(金復東) 씨가 대통령의 의사에 반해 대구보궐선거에 출마하려 하자 이를 저지하는 등 정치적 사병노릇을 충실히 했다.

　김영삼 정권의 안전기획부가 저지른 최대의 정치적 과오는 북풍 공작일 것이다. 권영해(權寧海) 전안전기획부 부장과 박일룡(朴一龍) 전안전기획부 1차장 등 당시의 지휘부에 대한 재판에 눈길이 쏠리고 있다.

　군정 시대의 중앙정보부나 안전기획부는 직속상관과 부하가 한 번 인연을 맺으면 평생 동안 영욕과 생사까지도 같이한다는 봉건시대의 군벌의식에 지배됐다. 특히 박정희 정권의 군 출신 권력자들은 대부분 그 같은 비합리적 의리가 강한 일본군 교육을 받은 사람들이었다. 중앙정보부가 군 출신이 아닌 민간전문가들에 의해 주도됐더라면 그렇게 노골적인 비도덕적 타락상은 일어나지 않았을 것이다.

　또한 군정 이후 김영삼 정권의 안전기획부는 문민화를 이루었지만 기밀주의의 답습이 정치공작의 온존을 가능하게 했다. 언론의 취재와 감시가 어느 정도 허용됐더라면 야당으로의 정권교체를 막기 위해 북한과 합작하려는 죄과까지 저지르지는 못했을 것이다.

정권안보 수호자 남산부장들

　지금까지 중앙정보부와 안전기획부를 지휘한 남산의 부장은 현재의 이종찬(李鍾贊) 씨를 빼고 초대 김종필 씨부터 제21대 권영해 씨까지 모두 21명이다. 이중 제9대 이희성(李熺性), 제10대 전두환 씨는 부장서리였다. 79년 12·12 직후 녁 달간 부장대행으로 앉아 있었던 윤일균(尹鎰均) 씨는 이 반열에 끼지 못한다.

　김종필 씨는 5·16쿠데타에 주도적 역할을 한 뒤 중앙정보부를 창설해 그 초대부장이 됐다. 그는 초기만 해도 국가재건최고회의 의장 박정희에 이어 2인자였다. 그러나 63년 공화당 의장을 거쳐 71년 6월부터 75년 12월까지 총리를 지내는 동안 그 자신도 중앙정보부의 감시대상자로 전락했다. 그가 나름대로 권력을 가졌던 것은 중앙정보부 부장으로 재직할 때였다. 그가 총리일 때 공식적으로는 대통령 다음 서열이며 집권세력 내 공로자이면서도 막후의 실력자들이 짜주는 시나리오대로 내각을 관리하는 역할에서 크게 벗어나지 못했다.

제4대 부장 김형욱(金炯旭)은 한일회담 반대로 인한 6·3사태와 동백림 간첩사건, 삼선개헌 등을 처리했다. 육사 8기로 5·16에 참여한 그가 부장으로 재직시 중앙정보부는 공포통치의 도구로 자리 잡았다. 그는 재직시 박정희의 권력강화에 선봉장 역할을 했으나 삼선개헌이 완료된 후 교체됐다. 71년 전국구 의원이 된 그는 73년 4월 윤필용(尹必鏞) 수경사령관이 체포되는 꼴을 보고는 슬그머니 대만을 거쳐 미국으로 도피해버렸다. 한때 권력을 쥐었지만 박정희 아래서 살기엔 무언가 불안함을 느낀 것이다. 파리에서 행방불명된 그는 암살됐을 것으로 믿어지고 있다.

제6대 부장 이후락 씨는 72년 유신선포 공작을 지휘했으나 73년 8월 김대중 씨 도쿄납치사건에 인책 사임했다. 그는 63년부터 69년까지 청와대 비서실장을 지낸 박정희의 심복이었다. 중앙정보부 부장 재임시 그는 박정희의 밀명을 받고 72년 5월 비밀리에 평양을 방문해 북한의 김일성을 면담했으며 7·4남북공동성명 발표도 주도했다. 그도 중앙정보부 부장을 물러난 다음해인 74년 조용히 출국해버렸다. 부하들을 중용했다가도 나중에 잡아넣는 박정희의 행태를 누구보다도 잘 보아온 그는 일단 멀리 떠나 있는 것이 상책이라고 생각했다. 그것은 박정희의 변덕 탓도 있지만 그 아래서 권력암

투를 벌였던 라이벌들의 중상과 공격이 더 무서웠기 때문이었다. 그런 와중에서 박정희가 조금만 마음을 돌리면 과거 라이벌들의 먹이가 돼버리고 마는 것이다. 그러나 박정희는 자신의 약점은 물론 국가기밀도 많이 아는 그가 외국에 머물러 있는 것을 그냥 놔둘 수가 없었다. 결국 중간에 밀사를 넣어 "누가 뭐라 한들 설마하니 임자를 어떻게 하겠는가"라고 달랬다. 이씨는 이때 신변보장에 관해 믿을 만한 언질을 단단히 받고 귀국해 경기도 광주의 도자기 굽는 동네에 은거하고 있다.

전두환 정권 때의 장세동·안무혁(安武赫) 씨나 노태우 정권의 서동권(徐東權) 씨, 김영삼 정권의 권영해 씨 등은 그 위상에 조금씩 차이가 있었지만 정권안보의 기둥 역할을 했다. 이들은 심지어 차기 정권 창출에까지 깊숙히 개입했다. 북풍도 바로 차기 정권 창출 공작의 일환이었다.

다음은 역대 중앙정보부 부장과 안전기획부 부장의 재임 기간이다.

김종필(61년 5월 20일~63년 1월 6일), 김용순(金容珣. ~63년 2월 20일), 김재춘(金在春. ~63년 7월 11일), 김형욱(~69년 10월 20일), 김계원(金桂元. ~70년 12월 20일), 이후락(~73년 12월 2일), 신직수(申稙秀. ~76년 12월 3일), 김재규(~79년 10월 26일), 이희성(~79년 12월 12일), 전두환(~80년 7월 17일), 유학성(兪學聖. ~82년 6월 1일), 노신영(盧信永. ~85년 2월 18일), 장세동(~87년 5월 25일), 안무혁(~88년 5월 6일), 배명인(裵命仁. ~88년 12월 4일), 박세직(朴世直. ~89년 7월 18일), 서동권(~92년 3월 30일), 이상연(李相淵. ~92년 10월 8일), 이현우(李賢雨. ~93년 2월 25일), 김 덕(金 悳. ~94년 12월 23일), 권영해(~98년 3월 4일).

김대중 정부의 국가정보원

김대중 정부의 안전기획부 개혁은 대대적인 물갈이 인사와 조직 개편, 기능조정, 명칭과 복무 모토의 변경 등으로 가히 국가정보기구의 재창설이라 할 만한 수준으로 이루어졌다. 이 같은 개혁취지가 현정부의 임기 5년 동안 지속적으로 지켜지고 실천될지가 주목 대상이다.

안전기획부의 인적 청산은 과거 업무내용으로 미루어도 개혁을 위해 불가피했다. 전체 정규요원 약 7천여 명 중 10퍼센트가 넘는 8, 9백 명이 사직하거나 직위 해제됐다. 이 같은 양적인 물갈이는 인력 비대화에 대한 개혁이다. 양보다도 본부의 1급 이상 부서장 거의 전원이 사직했고 중간 간부도 전원 보직이 바뀌었다는 것이 중요한 조치다.

기구개편을 보면 과거 1차장이 국내담당, 2차장 해외담당, 3차장 북한담당이던 것을 선임인 1차장이 북한 및 해외, 2차장 국내 방첩 및 대공수사로 통폐합했다. 과거 국내 사찰 및 정치공작 부서인 정치처와 지역처를 과(課)단위로 축소 격하했으며 북한과 해외관련 부서를 확대 개편했다. 또 부장 아래 차장-실-단-처-과로 돼 있던 조직 체계를 차장-국-과로 일반 정부 부처와 동일하게 단순화했다.

기능조정을 보면 국내 사찰이나 정치, 행정 개입에서 손을 떼겠다는 것이다. 또 지금까지 정보수집을 정치·군사·안보 분야에 주로 집중해왔으나 앞으로는 경제통상과 산업기술 분야를 강화할 방침이다. 국제통화기금(IMF) 관리사태에서도 보듯이 국가위기는 안보 쪽에서만 오지 않는다. 모든 위기경보가 정보기구의 몫이라는 의식이 필요한 상황이다.

안전기획부의 국내 사찰은 정부 부처는 물론이고 전국의 지방행정관청, 여야 정당, 언론사, 대학, 종교단체, 각종 사회단체에 담당 출입요원을 두고 광범하게 이루어져 왔다. 이것을 어떻게 거두어들이는지가 이 문제 개혁의 관건이다. 안전기획부측은 지금까지의 정당 출입 요원수를 줄이고 연락업무만 맡게 하겠다고 밝혔다. 그러나 이종찬 안전기획부 부장은 98년 6월 중견언론인 연구친목단체 관훈클럽이 주최한 조찬토론회에서 정치정보 수집의 불가피성을 언급했다. 이 부장은 "국가정보기관으로서 국가 차원의 종합적인 정보분석과 판단을 위해 정치분야의 정보수집과 분석은 필수적"이라고 선을 그었다. 그렇지만 언론사를 대상으로 보도협조 업무를 담당해오던 기구를 폐쇄했으며 언론보도에 일체 관여하지 않고 있다고 말했다.

그러나 안전기획부측의 이 같은 홍보 직후 언론전문지 〈미디어 오늘〉은 안전기획부가 언론사찰을 계속하고 있다고 폭로했다. 〈미디어 오늘〉은 안기부 국내담당인 2차장 산하 대공정책실과 기획판단국에 각각 언론공보 수집관과 논조분석 및 대응방안 담당관을 두고 과거와 별 다름 없는 언론감시 활동을 펴고 있다고 보도했다. 이것이 사실이라면 안전기획부의 개혁홍보는 거품이 많았다는 비판을 면하기 어렵다. 과거와 같은 언론에 대한 조정과 간섭은 아니라고 할지 모르나 정보수집, 감시협조, 요청, 조정, 간섭 사이에는 사실상 구분이 애매하다. 그래서 언론에 대한 업무를 담당하는 상근직원이 존재하는 한 과거의 기능이 되살아날 위험성이 크다고 보아야 한다. 이종찬 부장은 정치권이 북한의 공작대상이 되고 있는데다 좌익세력의 침투 가능성이 많다는 것을 정치정보 수집 활동이 불가피하다는 논리의 근거로 내세웠다. 언론에도 같은 논리를 적용한다면 과거와 달라지는 것은 사실상 별로 없다고 보는 사람들도 적지 않다.

개혁 안전기획부는 또 가능한 한 국민에게 알릴 것은 알린다는 취지로 공보관실을 확대 개편했다. 무조건 베일에 싸여 있도록 함으로써 경원의 대상이 되는 것은 옳지 않다는 것이다. 언론으로서는 국민세금을 쓰는 모든 국가기관의 업무내용을 국민에게 알려야 한다. 그러나 정보기관의 특성과 국익을 고려할 필요가 생긴다. 지금까지 언론의 취재 보도로부터 성역이었기 때문에 불거진 비행을 타기하는 것과 정보기관의 특성보호를 균형 있게 배합해야 할 것이다.

명칭변경은 국가정보부, 국가정보원, 국민정보원 등의 이름을 검토하다가 국가정보원(약칭 國情院)으로 정했다. 국가정보부는 과거 권위주의적 냄새가 아직도 배어 있으며 국민정보원은 유약한 이미지 때문에 탈락했다. 영문 명칭도 과거 중앙정보부는 Central Intelligence Agency, 안기부는 National Security Planning Agency로 모두 Agency를 사용했다. 새로 바뀐 영문명칭은 National Intelligence Service로 Agency 대신 Service를 썼다. 이는 국민에게 봉사한다는 취지와 권위주의를 탈색한다는 두 가지 취지였다.(안기부, 보도자료 1998년 4월 26일자)

안전기획부는 또 새 복무 모토를 "정보는 국력이다"로 정했다. 과거 "음지에서 일하고 양지를 지향한다"는 부훈(部訓)은 음지라는 말 때문에 음습한 이미지를 더해준다는 지적이 있었다. 새 모토에는 국가정보원의 활동이 집권세력이나 대통령 개인을 위해서가 아니라 국가수호와 국익증대에 목표를 둔다는 의미가 담겼다고 볼 수 있다. 여기서 모아지는 정보는 국가자산이며 그 최종 수요자가 대통령이지만 필요에 따라 민간기업 등도 활용할 수 있도록 해야 한다는 것이다. 안전기획부가 해외에서 획득한 정보를 상품으로 가공해 일반

기업에게 판매한다는 방침을 밝힌 것도 같은 맥락이다.

그러나 국가정보기관이 수집한 정보를 민간에게 준다는 것은 국민에게 친근감을 주는 데서는 긍정적이지만 그 기밀보호와 정예조직으로서의 특성을 위협받을 우려도 있다.

개혁 안전기획부와 언론

안전기획부가 물갈이 인사를 단행하고 이름과 복무 모토를 바꾸었다고 해서 새 국가정보기관으로 태어나는 것은 아니다. 중앙정보부와 안전기획부가 걸어온 족적에 따라 형성된 정체성은 제도개혁만으로 하루아침에 바뀌지 않는다. 오랜 시일에 걸쳐 만들어진 체질과 성격을 고치기 위해서는 그만한 시간과 노력을 들여 개혁해나가야 하는 것이다.

중앙정보부와 안전기획부의 과거 행태로 미루어 무엇보다도 대통령이 정치적으로 난관에 부딪칠 때마다 정보기관을 이용하고 싶은 유혹을 어떻게 뿌리치느냐가 관건이다. 공작은 물론이려니와 정치문제에 관한 정보보고도 국가정보기관에서 받아서는 안 된다. 국가정보기관이 대통령의 사병으로 전락하느냐의 기로가 그것에 달려 있다. 대통령이 정보기관으로부터 국가안보사항 이외의 정치정보를 청취하게 되면 그는 국정책임자가 아니라 한 정파의 이익을 염두에 둔 우두머리 입장에 섰다고 아니할 수 없다. 지금까지 여야간 정권교체가 이루어지지 못했던 주요 이유는 선거에서조차 국가기관들이 여당의 자원으로 이용됐기 때문이라는 지적이 많다. 그 중에서도 중앙정보부와 안전기획부는 결정적으로 여당의 사병 노릇을 해왔음을 부인하기 어렵다.

최근 영국 국내 보안국은 국내 사찰 중지를 선언하면서 사회운동

가는 물론이고 과격파에 대한 감시활동도 보안국의 업무가 아니라고 천명했다. 보안국은 국내에서 외국간첩과 테러범죄에 대한 정보수집만 하겠다는 것이다. 나머지는 경찰에 맡기면 경찰이 특수기구를 만들어서 할 수 있다. 경찰과 국가정보기구는 언론에 노출돼 일반국민에 공개되는 정도가 크게 다르다. 경찰업무에 대해서는 수시로 시비를 가릴 수 있기 때문에 그만큼 비행을 방지할 수 있는 것이다.

미국의 국가정보기관은 CIA의 정보수집과 FBI의 수사기능으로 분리돼 있다. 그러나 우리의 안전기획부는 그 전신인 중앙정보부 발족 때부터 두 가지를 모두 가졌다. CIA와 FBI를 합친 막강한 권한의 정보기관이 중앙정보부와 안전기획부였다. 새 정부 들어 개편된 안전기획부는 부장 아래 1차장 산하가 미 CIA기능을 맡고 2차장 산하가 FBI와 같은 역할을 하도록 명확히 업무 분장(分掌)을 했다. 그러나 두 기능과 권한이 안전기획부에 함께 집중된 것은 논의해야 할 문제다. 우리처럼 검찰과 수사경찰이 지방분권화돼 있지 않은 경우에도 미국의 연방수사국 같은 기구를 따로 둘 필요가 있을지 의문이다. 정보기관은 정보수집과 분석 판단 기능만 갖고 모든 수사권을 검찰·경찰에 주는 것도 검토해야 할 방안이다.

정보기관과 언론의 관계는 미국형과 유럽형으로 나눌 수 있다. 미국형은 언론이 CIA의 비밀공작 계획도 사전에 보도해 왔다. 국가정책의 시시비비를 가리는 데 있어 정보기관도 예외일 수 없다. 그러나 영국·프랑스·이스라엘·구소련 등 유럽형을 채택하고 있는 모든 나라에서 정보기관의 활동은 언론의 취재대상이 아니다. 저널리스트 자신이나 국민이나 모두 '국가이익 보호'를 명분으로 이에 대해 관용적이다. 국민세금으로 편성되는 정보기관의 예산도 그 규모와 사용내역에 이르기까지 면책에 가깝도록 베일에 가려 있다. 이 국가들의 정보기관이 국내 정치 개입이나 자국민 인권탄압을 저질러본 일은 없다. 외국만을 상대로 한 국익수호 활동으로 엄격히 국한해 왔다.

그러나 85년 프랑스 대외보안총국의 그린피스선박 폭파사건에서 보듯이 보편적 정의에 어긋나 물의가 빚어지면 정보기관도 언론의 십자포화를 맞고 수술대에 올랐다. 한국의 정보기관은 국내 정치 개입과 자국민 인권 탄압으로 국제사회에 악명이 높았다. 기밀유지가 국가안보를 위해서가 아니라 정권안보와 국내 정치 공작에 이용돼 왔다. 이 때문에도 우리 안보환경에서는 정보기구와 언론의 관계가 유럽형이어야 하겠지만 개혁과 민주화를 위해서는 미국형이 불가피한 것으로 보인다.

국가정보기관의 역할

　대부분의 현대국가가 종합정보기관을 갖고 있다. 금세기에 1, 2 차세계대전을 겪으면서 국가정보기관의 필요성이 대두됐다. 1차대전 이전에 영국은 이미 정예조직으로서 정보기관을 가졌다. 당시 영국의 국가위상은 세계를 경략하는 나라였고 그렇기 때문에 정보기관이 필요했다. 2차대전 수행에서 정보기관의 역할은 필수불가결한 것으로 자리잡았다.

　2차대전 중 처칠 영국수상은 루스벨트 미국대통령에게 종합정보기관의 창설을 강력히 권유한다. 그때까지만 해도 다른 나라로부터 안보위협을 받아본 일이 없던 미국 행정부는 정보기관의 존재 의의에 대해 인식하지 못하고 있었다. 영국정부는 미국측에 전쟁 중 동맹국간 협력의 효율화를 위해서도 정보기관이 있어야 한다고 강조했다. 이에 루스벨트는 1940년 자신의 친구인 윌리엄 도노반 대령을 영국의 대외첩보부(MI-6)에 두 번이나 견학을 보냈다. 도노반은 루스벨트에게 종합정보기관의 창설을 건의하는 보고서를 작성했다. 도노반은 미국의 첫 정보기관인 전략지원국(OSS)을 창설하며 후에 이를 중앙정보국(CIA)으로 확대, 개편하는 데서도 주역이 된다. 바로 그가 오늘날 세계 정보왕국의 자리를 차지한 미국 정보그룹의 대부였다.(앨런 W. 딜레스 《스파이 戰秘錄》, 1966년)

1, 2차세계대전이 끝난 후에 이어진 냉전상황으로 인해 동서진영 국가들은 서로 첩보전과 방첩활동으로 정보기관의 전성 시대를 문열었다. 보이지 않는 전쟁을 수행하는 국가안보 중심기관으로서 정보기관이 신화화되기도 했다.

그러나 구소련과 동구권 등 공산권이 와해되고 냉전이 종식되면서 정치·군사적 대결을 뒷받침해온 정보기관의 기능과 역할도 그에 따라 바뀌고 있다. 이유는 국가경쟁과 국익의 중심개념이 정치·군사에서 이제 경제통상으로 바뀌었기 때문이다. 즉 정보기관이란 바로 국가경쟁력을 상승시키고 국익수호를 위한 선봉장인 것이다.

대내외적으로 국가안보를 지키고 더 나아가 국익을 극대화하기 위한 효율적인 정예조직인 정보기관은 어느 나라에서나 전략적 기구로서 필수불가결하다. 1차적으로 정보기관의 역할은 국정 최고 책임자의 눈과 귀가 되는 것이다. 두 번째는 다른 나라의 스파이 활동에 대한 방첩이 중요하다. 그리고 세 번째로 정보분석과 평가를 바탕으로 국정 최고 책임자에 대해 종합적인 조언자 역할도 할 수 있다. 이 세 번째 역할로 역할비대화와 권력남용 문제가 파생될 위험이 뒤따른다.

이 같은 역할에 구체적 임무는 이제 정치·군사적 정보에서 경제통상과 산업기술 동향파악이 더 중요해졌다. 냉전 시대의 안보기구에서 경제적 실익을 둘러싼 국제경쟁의 지원기구로 발전해가고 있는 것이다. 심지어 학문적 연구동향도 정보활동의 대상이다. 예컨대 첨단 정보화 기술개발이나 획기적 영농개선을 위한 육종학도 마찬가지다. 지금 북한 정보기관의 중요 과제라 하면 기적의 옥수수나 대량생산을 가능케 할 씨감자를 손에 넣는 일일 것이다.

종합적으로 정보기관의 기능과 역할은 국가위기에 대한 조기경보에 있다. 그 위기가 어느 분야에서 야기되든 조기경보의 책임은 정보기관이 져야 한다. 한국의 IMF 사태도 이 같은 조기경보가 제대로 이루어졌다면 방지할 수 있었을 것이다. 외환난의 위험성은 물론 1차적으로 경제전문기관이 가장 잘 알 것이다. 그러나 한국의 경험으로 보아도 분야별 전문지식이 반드시 국가위기 판단에 도움이 되지는 않는다. 경제전문기관의 견해를 바탕으로 위기 여부를 판단하고 그것을 대통령에게 정리, 직보함으로써 시의적절한 처방을 내리게 하는 역할은 정보기관의 몫이다. 분야별 전문기관이나 관료 체계는 위기관리에 적절하지 못하다. 종합정보기관이 바로 위기대처 전문 역할을 맡아야 한다.

국가정보기관이 이 같은 역할을 해내려면 거기에 걸맞는 능력을 갖추어야 한다. 첫째는 미래의 국익개념과 국가발전 방향에 대한 비전을 가져야 한다. 이는 물론 정보기관의 간부들에게 특히 요구되는 자질이다. 둘째로 국가경쟁의 무대인 국제사회의 생리에 밝고 국제정치 감각을 가져야 한다. 셋째로 흘러넘치는 다양한 정보를 선별할 줄 아는 정보 마인드가 중요하다. 넷째 확고한 국가관과 시민 민주정치에 대한 신념에 지배돼야 한다. 이는 이중간첩 사건이나 북풍과 같은 엉뚱한 정치공작에 연루되지 않기 위해서도 필수적이다. 다섯째 정보기관 종사자들에게는 특히 확고한 윤리의식이 필수적이다. 기밀을 명분으로 베일에 가려진 채 많은 특권을 갖고 일하는 정보기관이 윤리의식을 갖지 못하면 갖가지 유혹 때문에 권력남용과 탈선으로 빠질 위험이 크다.

이 같은 위상에 걸맞는 임무수행으로 세계적 명성을 얻은 정보기관으로는, 미국의 CIA를 비롯해 영국의 국내 보안국(MI-5)·대외첩보부(MI-6), 프랑스의 대외보안총국(DGSE), 이스라엘의 모사드, 일본의 내각정보조사실, 구소련의 국가보안위원회(KGB) 등이 있다.

KCIA로 알려진 한국의 중앙정보부와 그 후신인 안전기획부는 위의 정보기관만큼이나 유명한 곳이지만 국가정보기관 본연의 임무보다는 정치공작과 인권탄압으로 더 널리 알려졌다. 박정희 정권 아래서 반독재운동 세력의 감시 고문수사와 특히 73년 8월 도쿄에서 김대중 납치사건을 저질러 KCIA는 유명해졌다. 그리고 79년 10월 26일 대통령 박정희를 권총으로 쏜 장본인이 중앙정보부 부장 김재규라는 뉴스는 세계인을 놀라게 했다.

중앙정보부와 안전기획부가 정보기관이라기보다 비밀경찰과 통치기구로 행세해온 큰 이유는 이들 기관이 오로지 최고 통치권자의 권력하에 놓여 있었기 때문이었다. 방대한 예산과 인력으로 운영되는 기관이 국회와 언론의 제재 없이 대통령 직속기구로만 존재해 왔다는 것은 비정상이었다. 김영삼 정부가 들어서서야 처음으로 국회에 정보위원회를 두어 제한적으로 통제하기 시작했다. 그러나 아직도 언론의 취재로부터는 거의 완전한 성역으로 남아 있다. 안기부는 지금까지 이 같은 비공개와 무통제 때문에 온갖 비행과 부조리를 누적시켰다.

김대중 정부가 안전기획부 공보관실을 확대, 개편해 가능한 정보를 공개하기로 한 것은 일단 중요한 개혁이라 할 수 있다. 아직까지 정보기관이 언론에 노출되는 것이 바람직한지는 논란거리지만, 정보기관이 공개와 비공개 사항의 분류를 명확히 하기만 하면 언론 접촉을 통해 국민 속에 뿌리내리고, 집권자의 사병화를 방지할 수 있을 것이다.

세계적 정보기관들

CIA는 2차세계대전과 냉전 때문에 조직되고 발전했다. 이에 비해 미연방수사국(FBI)은 그보다 훨씬 전인 1908년 법무부 수사국으로 만들어졌다. CIA가 해외정보 수집과 공작을 담당하고, FBI는 국내 첩보 방첩활동과 정부전복 선동 같은 범죄수사를 맡았다. FBI는 처음 수사경찰로 출발했으나 후에 일반범죄 수사 외에 국내 안보 업무를 담당하는 정보수사기관 역할을 맡게 됐다. 정보수집과 분석기능만 가진 CIA보다 강력한 권한을 행사하는 것은 수사권을 행사하는 FBI다. 당초 CIA를 만들 때 FBI와 군정보 그룹에서 반대가 많았다. 그후에도 CIA와 FBI는 서로 견제하는 경쟁관계였으나 특히 냉전이 끝나면서 FBI의 승리로 정리된 것 같다. CIA가 그 동안 수차에 걸쳐 고참공작원들의 이중간첩 사건으로 FBI 수사에 발목을 잡혀왔기 때문이다. FBI가 기밀을 다루는 자리에 있는 사람에 대한 조사권도 갖고 있어서 CIA의 약점 캐기에 결정적으로 유리한 것이다. CIA가 소련을 위시한 공산권과 냉전대결에서 미국의 국익을 수호하는 중요한 역할을 할 때는 그래도 직접적 권력의 크기를 떠나서 FBI보다 우위에 설 수도 있었다. 그것은 국익 극대화에 공헌하는 정보기관으로서 갖는 영향력 덕이었다. 이 같은 CIA의 입지는 소련이 붕괴하고 냉전이 종식됨으로써 추락했다.

97년 초엔 미국 내 외국인의 산업스파이 범죄 방지와 수사권을 두고 양자가 경쟁하다가 결국 FBI의 몫으로 돌아갔다.

안전기획부의 모델 미국 CIA와 FBI

CIA의 역사를 보려면 2차대전 당시의 미국 행정부로 거슬러 올라가야 한다. 루스벨트의 사망으로 45년 3월 대통령직을 계승한 트루먼은 2차대전이 끝난 직후인 45년 9월 전략지원국(OSS)을 해체하기로 결정했다. 당초 트루먼은 비밀공작 활동을 주임무로 하는 정보기관이란 전시에만 인정할 수 있다는 생각이었다. 그러나 정보그룹의 대부로 정계에 영향력이 있는 도노반은 평화시에도 중앙정보기관이 필요하다고 역설했다. 그러던 중 트루먼도 소련의 팽창주의에 대항하기 위한 냉전전략의 중심기구로서 OSS 같은 조직이 필요함을 절감한 것이다.

2차대전 이후 미국이 세계 정치에서 막강한 영향력을 행사하게 된 데는 경제력·군사력의 배경이 있지만 그에 못지않게 정보능력도 빼놓을 수 없는 무기노릇을 해왔다. 미국이 오늘날 이 같은 정보력을 갖도록 초석을 놓은 인물이 도노반이다. 그는 루스벨트 대통령과 컬럼비아대 법과대학 동기생으로 백만장자였다. 그는 젊은 시절 미국의 백인 상류층에 기반을 둔 변호사였으며, 1차세계대전 당시엔 프랑스에서 용명을 떨친 '뉴욕 69연대' 소속 장교로 싸웠다. 1922년엔 뉴욕 서부의 지방검사로 일했으며 24~29년 법무차관에 기용됐다. 그는 이후 미재계의 중심지인 뉴욕 월가에서 명성있는 법률가로 활동했다.

루스벨트가 정보기관 창설 결정을 내리지 못하고 망설이던 중 41년 12월 일본군이 진주만을 공격했다. 이에 루스벨트 행정부는 2차 대전 참전을 결정하면서 42년 6월 대통령령으로 OSS를 설치했으며 그 초대 국장에 도노반을 임명했다.

도노반 국장은 OSS의 기간요원으로 하버드·예일 등 미국사회의 중심 엘리트를 배출해온 동부 명문대학 출신들을 다수 받아들였다. 이들 중 핵심인물들은 미국갑부들의 본거지인 뉴욕 월가와 깊은 인연을 맺은 변호사 출신이었다. 한 OSS의 기록에 따르면 초창기인 43년 예일대에서만 42명이 대거 들어갔다. 국가정보기관의 임무는 결국 국익증진을 위한 선봉장 역할이다. 그리고 미국에서 국익이란 동부의 명문대학들인 아이비리그를 졸업한 백인 부유층의 이익 수호와 일치해온 것이다. 중앙정보기관의 이 같은 태생적 성격을 만들어놓은 것이 도노반과 CIA의 3대 국장(1953~1961년) 덜레스 등 초창기 간부들이었다.

51년 CIA부국장으로 들어간 덜레스도 미국의 최고 상류가정 출신으로 명문 프린스턴대를 졸업했다. 그의 외조부는 해리슨 행정부의 국무장관 존 포스터였으며 친형 존 덜레스는 아이젠하워 행정부의 국무장관, 그리고 윌슨 행정부의 국무장관인 로버트 랜싱은 그의 이모부다. 그가 지휘한 CIA의 명성은 1956년 2월 소련공산당 전당대회에서 흐루시초프가 행한 스탈린격하 비밀연설문을 입수한 것으로 최고조에 달했다. 그러나 1960년 소련 상공에서 추락한 U2기 사건과 61년 4월 쿠바 피그만 침공작전이 실패로 돌아가 위신이 떨어졌다. 덜레스는 미국 대외정책의 수호 역을 하면서 상황에 맞는 명분과 이론을 개발해낸 것으로 높이 평가되고 있다. 미국의 국가위상과 핵심주도층이 생각하는 국익이 무엇인지를 제대로 소화할 자질을 갖춘 인물이었다는 것이다.

CIA 발족 당시 군부와 FBI는 새 정보기구를 강하게 견제하고 나섰다(앨런 델레스의 책, 62쪽). 당시까지 군사정보는 육군과 해군이 각기 수집 관리해왔다. 2차대전 때도 OSS는 맥아더의 태평양사령부 관할지역과 FBI가 관할하던 남미를 제외한 지역에서의 대외첩보 활동이 임무로 주어졌다. 그러다가 새로이 발족하는 중앙정보국이 모든 대외정보 관할권을 장악하게 되자 기존의 군사정보 그룹과 FBI가 못마땅했던 것이다. 그러나 중앙정보국의 역할은 냉전이 격화되는 상황에서 대세로 굳어졌다. 이후 CIA는 미국정보기관들의 총괄역할을 하면서 냉전 시대의 총아로 위명을 날렸다.

냉전기 CIA가 수행한 비밀공작은 알려진 것만 해도 다 헤아리기 어렵다. 53년 이란의 내부 권력갈등에 개입해 모사데그 총리를 축출하고 팔레비의 왕정복고를 성사시켰으며 54년엔 과테말라에서 좌익정권을 전복시켰다. 미국은 주적인 소련이나 중국 같은 공산 초강국에 대결하는 것 외에도 제3세계국가들에 반미정권이 들어서는 것을 그냥 놔두지 않았다. 반미정부가 아니고 우방동맹국이라 해도 미국의 정책에 적합하지 않다는 평가가 내려지면 정권을 바꾸기 위해 군부쿠데타를 사주했다. 심지어 우방국의 국가원수를 암살하는 공작도 다반사로 감행했다. CIA의 전성기는 비밀공작으로 남의 나라 국가원수들을 암살한 60년대와 70년대였다고 볼 수 있을 것이다.

5·16군사쿠데타 초기 박정희 소장도 미군사정보기관에 의한 제거 대상이었다. 당시 쿠데타에 강한 거부감을 표시한 매그루더 주한 미8군사령관 등 미군부는 쿠데타 주모자에 대한 제거공작을 시도한 것으로 전해진다. 그러나 당시 CIA 한국지부장이던 피어 드

실버가 박정희의 정보인맥인 이후락 · 박종규와 말이 통하는 바람에 5 · 16세력은 CIA의 거세공작을 피할 수 있었다. 실버가 지난 74년 펴낸 회고록《서브 로자》에 따르면 5 · 16 직전 CIA 한국지부는 장면(張勉) 정권에 중앙정보기구의 창설을 권유하고 지원했다. 중앙정보기구의 조직과 훈련, 자금지원 등을 제의하면서 CIA지부는 장면에게 이후락을 책임자로 해달라고 요청했다. 이후락이 한국군 정보장교로 있으면서 미정보그룹과 가깝게 지냈기 때문이다. 또 쿠데타 당일 새벽 실버 지부장은 쿠데타 세력과의 첫 통화에서 박종규와 알게 된다. 이런 인연으로 박종규는 이후 주한미군측의 강력한 압력 속에서도 CIA 한국지부를 통해 미행정부가 한국의 새 정권수립을 기정사실로 인정하도록 하는 데 성공했다.

70년대 CIA의 비밀공작은 칠레 좌파민족주의 노선의 살바도르 아옌데 정권을 전복하고 그를 암살한 것으로 대표된다.

이처럼 맹위를 떨쳤던 CIA가 최근 몰락의 길로 접어든 것은 두 가지 사건 때문이었다. 하나는 CIA가 지난 86년 니카라과 반정부 게릴라들에게 군자금을 지원하기 위해 미국 내에서의 마약밀매를 방조했다는 폭로가 1996년 9월부터 10월까지 미언론들에 의해 터져 나온 것이다. 이는 그 마약밀매의 시장이 미국 제2의 도시 로스앤젤레스였으며 더구나 흑인들에게 팔았다는 점에서 심각한 파문을 불러일으켰다. 마약밀매 연루 자체가 던지는 비도덕성에다 흑인을 상대로 했다는 것 때문에 인종갈등까지 불지른 꼴이 돼버려 CIA는 궁지에 몰렸다. 이 문제를 맨 먼저 터트린 것은 96년 8월 말 캘리포니아의 작은 도시 산호세에서 발행되는 〈머큐리 뉴스〉라는 지방신문이었다.

이 신문에 따르면 샌프란시스코의 마약밀거래 조직이 지난 80년대에 코카인 수천 톤을 로스앤젤레스 갱단에게 팔았으며 여기서 남은 거액의 이익금을 CIA가 지원하는 니카라과 반군에게 주었다는 것이다. 이어 그해 10월 8일 미국 서부지역에서 최대 발행부수를 가진 〈로스앤젤레스 타임스〉지가 CIA의 이 같은 과거비행 문제를 심층보도했다. 언론들의 폭로기사로 로스앤젤레스에서 2천여 명의 흑인들이 격렬한 항의데모를 벌였으며 미흑인 지도자들은 핵심지배집단인 CIA가 흑인에 대한 조직적인 대량학살을 음모한 것이라고 규탄했다.

언론들의 폭로와 공격에 당시 CIA의 존 도이치 국장은 "정보수집을 위해서는 일부 나쁜 사람들과도 접촉할 때가 있다."고 말했다. 이는 정보를 얻기 위해 부정과 비리행위도 감수해야 한다는 언급이었다.

두 번째는 94년 최대 간첩사건으로 불렸던 에임즈 사건에 버금가는 것으로 CIA 중견간부가 러시아에 매수돼 기밀사항을 넘겨준 간첩사건이 터진 일이다. CIA가 마약밀매 연루로 곤경을 치른 직후인 96년 1월 19일 FBI는 오랜 공작원 경력을 가진 CIA 훈련원 교수 해럴드 니콜슨(46세)을 체포했다고 발표했다. FBI의 초동수사 결과 그는 지난 94년 6월부터 체포될 때까지 러시아측에 CIA요원들의 인적사항과 해외파견 예정자 명단 등을 제공하고 10만 달러 이상의 현금을 받아온 것으로 드러났다. 수사결과는 FBI의 루이스 프리 국장과 CIA의 도이치 국장이 합동기자회견 형식을 빌어 발표했다. 두 기관간의 미묘한 관계를 고려했기 때문이다. 두 국장은 "니콜슨이 모스크바 등 해외에 파견될 CIA요원들의 명단을 모스크바에 넘겨준 혐의를 받고 있다."고 말했다. FBI는 또 "니콜슨이 신입요원들의 인적사항은 물론이고 해외의 현장 공작원들이 보낸 비밀보고서도 입수할 수 있는 위치에서 근무했다."고 밝혔다.

CIA의 몰락현상을 더욱 눈에 띄게 하는 것은 FBI의 대조적 신장세다. FBI는 오는 2000년까지 세계 23개국에 해외지부를 신설할 계획이다. 이에 따라 한국에도 98년 FBI지부가 설치된다. 이는 FBI 해외지부가 현재보다 거의 두 배로 늘어남을 뜻한다. 국내 범죄 수사가 임무인 FBI의 이 같은 해외업무 확대 계획은 바로 정보수사기관의 역할과 위상 변화를 반영하는 것으로 받아들여지고 있다. 냉전종식과 비리폭로, 간첩사건 등으로 위축된 CIA의 활동영역을 FBI가 파고 들어가는 양상이다. 이에 대해 CIA측은 "수사권한의 지나친 확대해석이며 중복활동으로 인한 예산낭비"라고 반발하고 있다. 그러나 FBI측은 "최악의 범죄들이 국제화하고 있다"면서 "국제범죄를 사전에 차단하는 원격경보 체제를 갖추기 위한 것"이라고 설명했다. 지금으로서는 FBI의 팽창을 막기 어려울 것으로 보인다. 그렇게 되면 CIA의 고유업무였던 해외에서의 정보수사 활동이 상당부분 FBI로 넘어갈 수밖에 없다. 이것도 CIA의 몰락을 부채질할 것이다.

현재 CIA국장의 관할 아래 있지 않은 주요 정보기관은 법무장관의 지휘를 받는 FBI 외에 국무부 산하의 정보분석기관인 정보조사국(INR)이다. 그리고 CIA가 총괄하는 국가정보기관으로 국가안보국(NSA), 국가정찰국(NRO), 국방정보국(DIA), 국방지도제작국(DMR), 중앙화상국(CIO) 등이 있다. 이중 CIO는 신생정보기관으로 첨단영역을 맡고 있는 것으로 알려졌다. 갈수록 정보수집과 분석평가가 전문화·세분화돼 이런 각종 정보기관들에게 이관되는 추세다.

미국의 총정보예산은 국방비의 약 10퍼센트 정도인 것으로 알려졌다. 이중 140억 달러에 대해 CIA국장이 관할 정보기관들에 나누어주는 배정권을 갖는다. CIA가 직접 사용하는 연간 예산액은 28억여 달러인 것으로 추정되고 있다. CIA의 총인원은 약 2만여 명선이다.

예산을 가장 많이 쓰는 정보기관은 NRO로 50여억 달러가 배정된다. NRO는 미국 전체 정보공동체의 위성정찰 계획을 관리하며 위성을 이용해 수집되는 사진과 신호정보의 분석을 담당한다. 극비에 가려져 '흑색기관'이라 불리는 NRO는 고도의 과학기술력으로 운영된다. 지난 60년 5월 소련 상공에서 추락한 U−2첩보기도 바로 이 NRO 소속이었다.

NSA도 6만여 명의 요원을 거느리고 연간 40억 달러를 쓰는 거대한 조직이다. 이 기관 또한 베일에 싸인 집단으로 세계 도처에서 통신도청과 암호감청을 하는 것이 주임무로 알려졌다. 지난 70년대 중반 청와대에서 있었던 박정희 대통령과 참모들의 비밀회의가 미 정보기관에 도청당해 파문을 빚은 일이 있다. 당시 미정보기관은 세간에 CIA로만 알려졌으나 바로 이 NSA가 한 것이었다.

이런 과학기술에 의한 첩보활동이 발전되면 CIA의 영향력은 퇴색할 수밖에 없다는 지적도 나온다. 그러나 정보전문가들은 필수정보란 대기공간이나 전화선이 아니라 일상적으로 접하는 인물과 지상에서 얻어지는 것이라고 말한다. CIA가 그 임무와 조직을 잘 개혁한다면 제아무리 첨단과학을 이용한 정보기관이 생겨난다고 해도 계속 활용될 것이라는 주장이다.

미국의 정보기관은 언론 취재 영역에서 성역이 아니다. 1961년 4월 CIA가 주도한 쿠바 피그만 침공도 〈뉴욕 타임스〉를 비롯한 국내 언론들의 사전보도로 인해 실패로 돌아갔다. 정책의 옳고 그름을 따지는 데 있어 정보기관의 기밀보호가 아무런 고려사항이 되지 못한다. 당시 1천4백 명의 특공대 중 2백 명이 현장에서 희생되고 나머지는 모두 생포됐다. 최근에도 미국언론들은 CIA가 이라크의 후세인 정권을 전복하기 위해 공작한다고 대대적으로 보도했다. 후세인 때문에 골치를 썩이면서도 정보기관의 정권 전복공작은 옳지 않다는 것이 언론의 논조다. 또 CIA가 노스 캐롤라이나의 동해안 하트포드에 공수부대와 대테러부대 훈련장을 비밀리에 운영하고 있다고 폭로하기도 했다(〈뉴욕 타임스〉, 1998년 3월 20일자). 정보기관에 대한 이런 기사가 미국언론에 보도되는 것은 다반사다.

언론의 추적과 폭로 이전에 CIA측에서도 공개주의에 적극적이다. 조지 테네트 CIA국장은 98회계년도 CIA예산이 2백67억 달러라고 공개했으며 미국언론들은 이를 크게 보도했다(〈뉴욕 타임스〉, 1998년 3월 21일자). 이는 CIA의 사상 첫 예산 공개였다. 정보기관 자체의 방침이나 저널리즘 양쪽 모두 영국 · 프랑스 · 이스라엘 등과 달리 무엇보다도 국민의 알 권리를 우선시하는 민주사회의 가치에 충실하려는 풍토다.

영국 국내 보안국(MI-5 ; SS)과 대외비밀첩보국(MI-6 ; SIS)

영국의 비밀첩보부는 16세기 엘리자베스 1세의 국무장관 프랜시스 월싱엄이 처음 창설했다. 이것이 후에 군 정보기관으로 발전해 지금까지 세계에서 알려진 국가정보기구의 효시가 됐으며 2차세계대전 전후 서방에 정보기관을 전파하는 역할을 했다.

16세기 영국은 잉글랜드와 스코틀랜드 왕실을 둘러싸고 카톨릭과 프로테스탄트 사이에 분쟁과 음모가 한창이었다. 또 프랑스와 스페인 등 주변국들이 쳐들어온다는 소문도 많아 흉흉한 정국상황이었다. 월싱엄의 첩보조직은 1584년 스코틀랜드의 메리 여왕이 엘리자베스 1세의 암살모의에 연루됐다는 사실을 알아낸다. 메리는 1586년 두 번째 엘리자베스 음모사건으로 적발돼 재판에서 사형선고를 받고 처형된다. 이 같은 불안정한 정정 속에 영국의 튜더 왕실을 지키기 위해 고안된 것이 비밀첩보부였다. 지금도 MI-5의 복무지침은 "왕실을 보호하라(REGNUM DEFENDE)"로 돼 있다.

그후 영국 첩보기구는 다양한 형태로 존재했으나 근대적 국가정보기관으로 다듬어진 것은 20세기 초였다. 당시 국내에 침투해 활동하던 독일 스파이들을 색출하기 위해 1909년 군 방첩기관으로 조직된 것이 MI-5였다. MI-5는 당시 육군 대위 버넌 켈의 지휘 아래 군사정보국 제5과로 창설돼 성공적인 임무수행을 했다. 지금은 'SS : Security Service'가 공식명칭이다. 켈은 1924년 소장으로 예편한 뒤 기사작위를 받았으나 1940년까지 계속해서 MI-5의 책임자로 일했다. MI-5는 처음부터 체포권을 갖지 않았다.

MI-5가 국내 방첩 보안업무를 수행하는 데 비해 MI-6는 대외정보의 수집과 분석, 선전을 담당한다(박영일 편저,《강대국의 정보기구》, 1994년) 기원은 MI-5와 같이 월싱엄의 첩보조직이었으며 1912년 맨스필드 커밍 사령관이 오늘날과 같은 조직으로 확립했다. 군사정보국 제6과였던 MI-6는 독일의 나치스 출현기인 1930, 1940년대 세계에서 가장 유능한 반나치스 정보기관이었다. 그러나 냉전기인 1950년대 중엽 소련 스파이들이 MI-6에 1930년대부터 침투해 있었음이 밝혀져 충격을 주기도 했다. 공식명칭은 'SIS : Secret Intelligence Service'이다.

이런 정보기구가 1차세계대전과 소련 및 동유럽의 공산혁명, 중동전쟁, 2차세계대전, 그리고 냉전의 와중에서 영국의 대처능력을 높이는 데 크게 기여했다는 것은 국제사회에서 거의 공인사항이다.

최근 영국정보기구는 과거 관행에서 벗어나는 개혁방침을 밝혔다. 첫째 MI-5가 지난 2월 국내 정치사찰 중단을 선언한 것이다. MI-5는 정치인과 사회운동가, 과격파들에 대한 감시활동을 중지하고 외국간첩과 테러범죄에 대한 정보수집에만 전념하겠다고 발표했다. 이는 그 동안 정치사찰을 해왔다는 반증이기도 하지만, 선이 분명치 않았던 업무영역을 재정리한 것이라 볼 수 있다. 권한과 기능은 확대되는 속성을 갖는다. 방첩임무를 확대해석할 경우 정치인뿐 아니라 국민생활 전반에 대해 사찰할 수 있다는 주장도 가능해질 것이다. 객관적으로 혐의가 짙고 꼭 필요한 대상에 한해서만 법원의 허가 아래 도청, 우편검열 등의 감시활동을 해야 정보기관에 의한 국민 사생활 침해가 방지될 수 있게 된다.

영국 정보기관은 본래 언론과 높은 담을 유지해 왔다. 그 책임자가 누군지도 일절 공개되지 않았다. 그러다가 93년 7월 MI-5 국장의 얼굴사진과 신원이 사상 처음으로 언론에 보도됐다. 당시 그는 스텔라 리밍턴이라는 여성국장이었다. 이는 시대변화에 능동적으로 부응해 정책의 공개와 투명성을 강조한 존 메이저 총리의 방침에 따른 것이었지만 리밍턴 국장 자신의 의지 또한 크게 작용했다. 리밍턴은 에딘버러대 영문과 출신으로 69년 MI-5에 들어갔다. 현재 MI-5 전체요원의 40퍼센트 정도가 여성이라는 것도 통념을 깬 놀라움이다.

그러나 MI-5에 비해 MI-6는 아직도 엄격한 베일에 가려져 있다. 대외비밀첩보기구답게 다른 나라의 정보기관과 싸워야 하는 특수성을 지키는 것이다. 대외첩보국의 조직과 책임자, 그 활동사항은 일절 영국언론에 보도되지 않도록 법률로 규정돼 있다. 이 기관의 책임자에 대해서는 수상과 외무부의 최고위 간부 몇 명만 알 수 있다.

이 기관은 필요할 경우 '공직비밀유지법'에 따라 이른바 'D 통고(D notice)'라는 절차를 거쳐 그런 기사를 검열할 권한을 갖고 있다. 영국같이 언론자유가 완전히 보장된 나라에서 매우 이례적인 대목이다.

프랑스 대외보안총국(DGSE)

프랑스 정보기관은 대외보안총국과 국내 방첩보안 및 대테러 업무를 담당하는 내무부 소속 국토감찰국(DST)이 있다. 그러나 국토감찰국은 사실상 특수경찰 역할이어서 안보기구로 구분할 필요가 없다. 대외보안총국은 나폴레옹의 쿠데타 직후인 1800년 초 조세프 푸셰가 조직한 비밀경찰과 2차대전 당시 자유프랑스의 첩보기관들을 통합해 1947년 발족했다. 처음엔 독립기관이었으나 1960년대 중반 파리에 살던 모로코의 혁명가 메흐디 벤 바르카의 납치 살해 사건에 개입한 사실이 밝혀진 뒤 국방부 통제를 받게 소속됐다. 대외안보기구로서 전혀 언론에 공개되지 않고 있으나 요원수는 7천여 명 정도인 것으로 알려졌다.

이 기관은 미국이나 영국식 정보기구와 달리 정보수집과 작전수행 기능을 함께 갖추고 있다. 이런 점에서 우리의 중앙정보부와 안전기획부가 미국 CIA를 모델로 삼았다고 하나 사실은 프랑스 대외보안총국에 더 가깝다고 해야 할 것이다.

프랑스 대외보안총국도 비도덕적 공작이 언론에 대대적으로 보도되면서 개혁의 수술대에 올랐다. 1985년 7월 프랑스 정부가 남태평양 모루로아 아톨에서 공중 핵무기시험을 계획했다. 국제 환경보호단체 그린피스 소속 선박 레인보 워리어호가 이를 항의하기 위해 가던 중 뉴질랜드의 오클랜드항에 정박했다가 폭탄 2개가 터져 침몰했다. 프랑스 정보기관은 1972년에도 뉴질랜드 반핵단체 '피스메디아'의 보이로엘호가 핵실험을 방해하자 이를 폭파시켜버린 전과가 있어 처음부터 짙은 혐의를 받았다. 미테랑 대통령은 프랑스 정보기관의 개입 혐의를 극구 부인했다.

그러나 3주간의 조사 끝에 프랑스 공작원들이 배에 폭탄을 장치했다는 사실이 밝혀지면서 국제적 물의가 일었다. 프랑스 언론들은 이를 '프랑스판 워터게이트'라며 대대적으로 다루었다. 로랑 파비우스 총리가 TV에 나와 국민에게 사죄했다. 이어 샤를 에르뉘 국방장관이 인책 사임했으며 보안총국장 피에르 라코스트 해군제독도 해임됐다. 이 사건으로 보안총국은 개혁의 수술을 받았다.

프랑스의 대외보안총국은 특히 정치적 독립성면에서 전통을 확립했다. 현재의 자크 드와트르 국장은 사회당의 프랑수아 미테랑 대통령 당시 임명됐으나 우파의 자크 시라크 대통령이 집권한 후에도 교체되지 않았다. 정권과 관계 없이 국가안보 임무를 수행하고 있는 것이다. 이 같은 탈정치적 위상이 유지되는 배경에는 꾸준한 내부 개혁의 성과가 한몫을 하는 것으로 평가되고 있다.

우선 신규요원 채용을 비공개추천 방식에서 공개선발의 비중을 높이는 방향으로 바꾸었으며 여기서 전문능력을 가진 학위소지자가 많이 들어갔다. 냉전 시대 구식민지인 아프리카에서 영향력을 유지하기 위한 공작예산을 줄이고 대신 경제통상정보 분야를 크게 강화했다. 오늘날 프랑스 보안총국의 해외정보 수집능력은 미국 정보기관에 버금가는 것으로 평가된다.

이스라엘 모사드(Mossad)

모사드는 이스라엘의 5대 정보기관의 하나로 공식 명칭은 중앙공

안정보기구이다. 나치스 독일 시대 유럽에 흩어져 살던 유대인들을 팔레스타인으로 비밀리에 수송하는 임무를 수행했던 여행사가 오늘날 모사드의 모체가 됐다. 2차대전 말기엔 무기 밀수송을 맡았다. 2차대전이 끝나고 이스라엘 건국 후 1951년 이세르 하렐이 총리직속 정보기관으로 공식 창설했다. 하렐은 63년까지 모사드 책임자로 있으면서 정예조직을 키우는 데 기여했다.

모사드가 세계적으로 명성을 날리게 된 계기는 1976년 7월 4일 엔테베 기습 인질구출작전의 성공이었다. 팔레스타인 게릴라들은 승객 3백여 명이 탄 에어 프랑스기를 공중납치, 우간다 엔테베 공항으로 끌고 갔다. 그중 이스라엘 인질은 104명. 납치범들은 이스라엘에 수감 중인 동료들을 데려오라고 요구했다. 모사드는 특공대를 태운 군용기 3대를 보냈다. 이들은 30분 만에 게릴라들을 모두 사살한 뒤 인질을 구출해 군용기에 싣고 엔테베 공항을 떠나 세계를 경탄시켰다. 이후 모사드는 세계 정보기관들 사이에 외경스런 존재였으며 이스라엘 국민의 신뢰와 사랑을 한몸에 받았다.

모사드는 아랍국가를 비롯한 세계 각처에 비밀첩보원을 두고 있다. 특히 모국의식이 강한 세계 도처 유대인들의 비밀지원이 모사드의 큰 힘이 되는 것으로 알려졌다. 2차대전 직후엔 유대인을 박해했던 나치스 독일의 전범들을 추적했으며 그후 아랍게릴라에 대한 공작을 펴왔다. 1960년 모사드는 아르헨티나에 숨어 살던 나치스 간부 아돌프 아이히만을 암살하지 않고 압송해 전범 재판정에 세웠다. 1972년 뮌헨 올림픽 때 이스라엘 선수들이 아랍게릴라들의 테러에 희생당하자 게릴라 두목들을 추적해 응징, 암살한 것도 모사드였다. 이스라엘인에 대한 테러에는 반드시 응징행동을 보여 아랍게릴라들의 경거망동을 막았다.

모사드의 특징은 무엇보다도 정예와 기밀이다. 공개주의인 미국 CIA보다는 비공개주의인 영국 MI-6에 더 가깝다. 모사드는 비서와 청소부까지 전부 합치더라도 1천2백 명이 넘지 않는다는 것이 그 요원 출신인 캐나다 저술가(클레르 호이. 빅터 오스트로브스키, 《이스라엘 비밀첩보부》, 1991년)의 증언이다. 요원들은 모두 국방부에서 일한다고 말하도록 돼 있다. 클레르에 따르면 이른바 모사드 사관학교에서 훈련생을 선발하는 과정은 매우 엄격해 정예요원의 자질이 아니고서는 들어갈 수가 없다. 15명을 선발하기 위해 5천여 명을 일일이 면담한다는 것이다. 모사드의 모토는 "기만이라는 수단을 통해 전쟁을 수행한다"는 것으로 정보기관보다는 특공대를 더 연상시킨다.

그러나 정예 모사드가 최근 거듭된 실수로 위상이 많이 실추되었다. 97년 9월 25일 요르단 암만에서 모사드 요원 2명이 아랍과격파 하마스의 두목 칼리드 마샬을 암살하려다 발각됐다. 캐나다 시민으로 위장한 모사드 요원은 모두 요르단 당국에 체포됐다. 요르단은 이스라엘 정부의 공식 사과와 대니 야톰 모사드 국장의 인책 사임을 요구했다. 캐나다도 이스라엘에 항의했다. 이스라엘은 하마스 창설자 셰이크 아메드 야신의 석방을 대가로 체포된 요원 2명을 돌려받았다.

또 98년 2월 26일 스위스 정부는 모사드 요원 5명이 19일 밤 수도 베른의 한 건물에 전화도청장치를 설치하다가 경찰에 발각됐다고 발표했다. 건물에는 이슬람단체 헤즈볼라 연락사무실이 입주해 있었다. 스위스 정부는 5월로 예정된 스위스 대통령의 이스라엘 방문계획의 취소를 검토하는 등 심각한 외교문제로 삼았다. 이 같은 일련의 실수로 야톰 모사드 국장은 사임했다.

모사드와 함께 이스라엘의 양대 정보기관으로 꼽히는 신베트(Shin Beth)는 국내 방첩과 대테러 임무를 수행하고 있다. 이 신베트도 95년 11월 이츠하크 라빈 총리 암살사건으로 책임자가 경질됐으며 위신이 크게 떨어졌다. 라빈 총리는 이날 텔아비브에서 열린 중동평화회담 지지집회에 참석 중 극우청년 이갈 아미르가 쏜 세 발의 총탄에 맞아 숨졌다. 신베트는 우선 총리 경호 실책으로 비난을 받았지만 암살범 아미르가 그 비밀요원이라는 소문까지 나돌아 곤경에 빠졌다.

이 사건으로 인책한 신베트 국장 후임으로 전해군참모총장 아미 아얄론이 임명됐다. 정보기관의 책임자 공개나 외부인사가 그 총수로 임명된 것이 모두 사상 최초의 일이었다. 이런 일들이 초법적 기밀기구였던 모사드와 신베트의 변화를 알리는 신호로 해석되고 있으나 이들은 아직 언론으로부터 짙은 베일에 가려 있다.

일본 내각정보조사실

1993년 6월 29일 국방부는 일본 후지 TV의 시노하라 마사토 서울지국장이 한국군 관련 자료들을 수집, 주한일본대사관 무관에게 넘겨주었다고 발표했다. 기무사령부의 중간조사 결과에 따르면 시노하라는 합참 국방정보본부 소속 한국군 소령 두 사람으로부터 군사비밀 5건과 중요 군사관련 자료 31건을 입수해 이중 일부를 자국 무관에게 전달했다. 그는 89년 말부터 당시까지 2급 군사비밀을 포함해 모두 66건의 문서를 수집한 것으로 드러났다. 그가 수집한 문건에는 '공군항공기의 전력배치 현황' '육군 사단 배치현황' '남북평화공존시 전력대비와 통일 후 전략 및 전력대비연구' 와 같은 2급 비밀이 포함됐다. 기무사는 이런 군사비밀문건이 일본군부에 건네졌으며 제3국에 전달됐을 가능성에 대해서도 수사를 벌였다.

시노하라는 보도와 일본 국제문제연구소 논문기고를 위해 자료를 수집했다고 진술했다. 그러나 비밀자료가 주한 일본무관에게 전달된 것이 확인돼 시노하라는 결국 간첩혐의로 구속된다. 그에게 문건을 넘겨준 한국군 소령 두 사람은 물론 초기에 구속됐다. 두 사람은 시노하라로부터 향응과 선물 등을 받고 자료수집을 도와주었다. 특히 고(高)모 해군소령은 더 이상 진급이 어려운 상황으로 일본에 부친이 거주하고 있어 일본에 들어가 취직할 때 도움을 받기 위해 시노하라를 도운 것으로 진술했다.

이 사건은 두 가지 의미를 던졌다. 하나는 한국 정보기관들의 방첩 및 정보방어 능력 문제였다. 둘째로 일본의 정보수집 체계가 드러났다. 외국에 주재하는 일본의 외교관, 특파원, 상사원, 심지어 관광객들은 주말이나 월말이면 모임을 갖고 각자가 견문한 그 나라의 정보사항을 풀어놓는다. 시노하라는 언론사 특파원이지만 수시로 일본대사관 직원들과 만나 취재목적으로 수집한 정보사항을 전달해 온 것이다. 특히 해외에 나가면 이런 방식으로 민간인 외교관이 함께 정보수집에 나서는 것이 일본의 경우다.

일본의 종합정보기관인 내각정보조사실은 자체 요원 숫자가 적다. 독자적으로 정보를 수집한다기보다 각 정부 부처와 민간인들에게서 정보 보고를 받고 이를 취합, 정리한다. 시노하라 같은 언론사 특파원들이 수집해 자위대 무관에게 전달하면 그것이 방위청을 통해 내각정보조사실에 보고된다. 이렇게 정부관료뿐 아니라 전국민이 정보수집을 하며 내각정보조사실은 그것을 잘 거두어들이면 되는 것이다. 이는 구소련의 국가보안위원회(KGB)와 비슷한 방식이다. 일반국민이 올바른 국가관을 갖고 정보 마인드가 갖춰져 있다면 가장 바람직한 형태일 수 있다.

일본의 전문적 정보기관으로 주목해야 할 대상은 1996년 1월 20일 발족한 방위청정보본부(DIA)이다. 그 동안 일본의 군사정보 활동은 육상·해상·항공 자위대와 방위청 내국, 통합막료회의(합동참모본부) 등에 분산돼 있었다. 이를 방위청 정보본부로 통합하는 작업이 일본 중기방위력 증강 계획의 핵심부분인 것으로 알려졌다. 방위청의 숙원사업이 이루어진 것이라는 자체평가에서도 얼마나 공들인 결과인가를 알 수 있다. 3성장군의 지휘 아래 1천6백여 전문인력이 일하는 이 거대 군사정보기구는 앞으로 한반도를 비롯, 중국·대만과 러시아에 이르는 광범한 아시아태평양지역의 주요 군사정보를 수집, 분석한다.

지금까지 일본은 이런 주요 군사정보를 미국에 의존해 왔다. 그러나 이제 이 지역에서 군사강국으로 발돋움하기 위해 독자적인 정보능력을 갖게 된 것이다.

당시 정보본부 발족식에서 규마 후미오(久間章生) 방위청 장관은 기념사를 통해 "냉전 후에도 국제 정세는 불투명, 불확실하고 일본을 둘러싼 정세 역시 확실하게 전망하기 곤란하다."며 "급변하는 정세에 정확하게 대처하기 위해서는 정보를 수집하고 분석하는 책무가 중요하다."고 강조했다.

이 기구는 일본의 과학기술력에 걸맞게 역시 고도의 정보능력을 가질 것으로 전망된다. 정보본부의 5개 부서 중 화상부는 우선 민간 위성사진 등을 구입해 분석할 것이나 앞으로 일본이 2000년을 전후해 정찰위성을 쏘아 올릴 계획으로 있어 거기서 얻어내는 독자적인 정보가 엄청나리라는 것이다. 또 전파부는 온갖 통신들을 감청 해독하는 전문부서이다. 여기엔 지난 83년 소련의 극동군 사령부가 대한항공기를 격추시켰을 당시 소련전투기와 관제탑간의 교신 내용을 잡아내 세계적 명성을 떨쳤던 육상자위대의 조사부 조사2과 별실팀이 투입됐다. 일본이 단순히 해양국가로서의 필요성 때문에 해군력 증강을 꾀하는 것이라면 그런대로 이해할 만하다. 그러나 엄청난 과학기술력을 배경으로 통합군사정보기구까지 발족시켰다는 사실 때문에 주변국 군사전문가들은 이를 심상치 않게 보고 있는 것이다.

방위청 정보본부 같은 분야별 정보기관들이 자리를 잡으면 내각 정보조사실에 모아지는 정보가 그만큼 뛰어날 것이 틀림없다.

일본언론들은 국가기밀과 국익보호에 이심전심으로 통한다. 자국의 정보기관에 대해 거의 보도하지 않는 것이 일본의 언론이다. 이런 문제로 언론과 정부당국간에 별 시비도 일어나지 않는다.

FBI의 로버트 김 체포사건

1996년 9월 24일, 미국 동부시간으로 저녁 8시 반경, 워싱턴의 알링턴 국립묘지 서쪽에 위치한 미군기지 포트 마이어스.

이 기지 장교클럽에서 워싱턴 주재 한국대사관 무관부가 주최한 국군의 날 리셉션 행사가 막 끝나가고 있었다. 무관부는 국군의 날인 10월 1일이 되기 일주일 전 기념 리셉션을 열었다. 워싱턴에 주재하는 각 우방국의 무관들이 참석해 한국군의 생일을 축하했다. 마침 박건우(朴健雨) 주미대사는 유엔총회가 열리고 있는 뉴욕에 출장중이었다. 따라서 주최측인 한국대사관에서는 이창호(李彰浩) 정무공사가 주미 국방무관인 김성규 준장(육사 28기)과 함께 수석대표인 셈이었다.

이 공사와 김 준장이 자리를 뜨자 이어 해군무관인 백동일(白東一. 해사 27기) 대령도 귀가하기 위해 출입구 쪽으로 향했다. 주미 대사관 무관부에는 국방무관을 수석으로 육·해·공군에서 각기 대령급을 무관으로 파견한다. 이들은 모두 합참 정보본부 소속이지만 각군 무관들은 모군(母軍)과도 직접 연락을 취하기 때문에 국방무관의 통제력이 그리 강하게 발휘되지 않는 것이 보통이다. 백 대령은 평소 가까이 지내온 미해군 정보부(ONI)의 컴퓨터 분석관 로버트 채곤 김(56세. 한국이름 金采坤)과 함께 나섰다. 그때 출입구 쪽에 있던 건장한 미국인 두 명이 다가왔다. 미국인들은 로버트 김을 가로막았다.

"당신의 자동차가 접촉사고를 냈다는 연락을 받았는데 같이 가봅시다."

로버트 김이 무슨 소리냐며 그들의 행색을 살펴보자 그들은 경찰 신분증을 내보였다. 미국인들은 로버트 김을 차에 태운 뒤 미연방수사국(FBI)과 미해군범죄수사대 소속 수사관임을 밝힌 뒤 그를 체포했다. 미국 수사관들은 김씨를 포트 마이어스 군사시설에 연금했다. 김씨를 체포한 FBI는 즉시 워싱턴 교외 버지니아주의 스틸링에 있는 김씨의 자택과 메릴랜드주 수틀랜드의 미해군정보부에 있는 그의 사무실에 대한 수색을 실시했다.

FBI의 한국계 요원 추적감시

다음날인 25일 FBI의 워싱턴 지부 대변인 수전 로이드는 "지난 19년 간 메릴랜드주 소재 수틀랜드의 미해군 정보부서 군무원으로 일해 온 로버트 채곤 김이 워싱턴 주재 한국대사관 무관인 백동일 한국해군 대령에게 기밀문건을 넘겨준 혐의로 체포됐다."고 발표했다. 로이드 대변인은 김씨가 버지니아의 알렉산드리아 지방법원에 기소됐다고 밝혔다. 이 FBI 대변인은 한국 태생인 김씨가 지난 74년 미국 시민권을 취득했으며 미해군 정보장교는 아니나 컴퓨터 전문가로서 컴퓨터 시스템을 통해 미해군의 1급 기밀에 접근했다고 말했다.

FBI는 이어 20페이지에 달하는 김씨의 진술서를 공개하고 "한국과 인접한 아시아태평양지역 국가들에 관련한 기밀문서들을 한국측에 넘겨주었다."고 범법혐의를 제시했다. FBI는 김씨가 컴퓨터를 통해 복사한 비밀문서들을 지난 5월부터 9월까지 백 대령을 직접 만나거나 우편을 통해 전달해왔다고 밝혔다. 김씨의 범법행위에 대한 증거를 확실히 확보하고 있음을 강조하는 배경설명이 뒤따랐다. 즉 FBI가 널리 알려진 그 수사기법대로 김씨의 사무실에 비밀 비디오 카메라를 설치하고 전화를 도청했으며 또 김씨로부터 오가는 우편물을 모두 검열하는 등 일거수일투족을 철저히 관찰해왔음이 드러났다.

　FBI의 비밀 비디오 카메라에 의해 김씨가 자신의 컴퓨터로 기밀자료들에 접근, 이를 복사하는 작업이 모두 촬영됐다. 김씨의 사무실은 육중한 두 개의 보안철문으로 인해 다른 방과 분리된 밀실로 '비밀정보작업 안전실(Secure Compartmented Information Facility : SCIF)'이라는 표지판이 붙어 있다. 여기서 그는 미국의 각 정보기관들이 수집하고 분석한 광범한 정보들에 접근할 수 있었다. FBI가 촬영한 비디오 테이프에는 김씨가 서류의 우측상단에 표시된 비밀분류 등급 등을 지운 뒤 복사하는 모습까지 세세하게 녹화됐다. 비밀의 등급은 통상 1급비밀(top secret), 2급비밀(secret), 3급비밀(confidential), 대외비(restricted) 등으로 분류된다. FBI의 발표에 따르면 로버트 김이 백 대령에게 넘겨준 기밀문건에는 1급비밀도 다수 포함돼 있다. FBI는 김씨가 정기적으로 이런 미국의 비밀문건들을 한국무관 백 대령에게 전달해왔으나 그 대가로 돈을 받았는지 여부는 발견하지 못했다고 밝혔다.

　FBI의 발표 직후 미국무부는 주미한국대사관에 고위급 면담을 요청했다. 박건우 대사가 부재중이어서 이창호 공사가 국무부에 들어갔다. 미국무부 고위당국자는 이 공사에게 로버트 김의 기밀유출 행위에 대한 FBI의 수사를 통보하고 '우려와 유감'을 표시했다. 로버트 김은 법적으로 엄연히 미국시민이므로 그에 대한 수사라면 미국이 이를 한국측에 사전 협의하거나 사후 통보해줄 필요가 없다. 미국측이 주미한국대사관에 통보한 것은 로버트 김의 범법행위에 한국의 외교관 신분인 백동일 대령이 깊이 연루돼 있다는 사실이다. 이는 보통 수준의 외교적인 항의에 해당한다.

그러나 한국 외무부는 FBI의 수사발표와 국무부의 유감표명 이후 기자들의 질문에 대한 대변인 논평을 통해 "한국의 무관이 미국법을 위반했는지 여부에 관해서는 아는 바 없다."고 밝혔다. 이 자리에서 서대원(徐大源) 외무부 대변인은 외교관이 주재국의 실정법에 구속받지 않는 면책특권을 갖고 있다는 사실을 우회적으로 내세웠다. 다시 말하면 무관을 포함한 외교관들은 자국의 국익증진을 위해 활동하므로 주재국의 법률과 제도에 얽매이지 않을 특권을 갖는다. 그런 국익증진 활동에는 바로 백 대령이 미국의 대한반도 안보정책이나 아시아태평양지역의 군사전략을 파악하기 위해 정책문서들을 수집하는 일도 포함된다. 다만 주재국 정부는 타국 외교관의 활동이 안보에 위해를 주거나 불법행위인 경우 외교관으로서 더 이상 인정해주지 않고 추방할 수 있다. 98년 여름 터진 한국과 러시아간의 정보담당 외교관 추방과 맞추방 사건이 대표적 예이다. 그렇게 되면 양국관계에 외교적 긴장이 형성되므로 상호 신중하게 대응하는 것이다.

한국정부는 사건 표면화 직후 주미해군무관 백동일 대령을 소환형식으로 불러들였다. 이는 미국의 추방조치를 사전 예방한 의미도 있다. 그가 앉아서 미국의 추방조치를 당하면 한미관계가 더욱 악화되기 때문에 양국 외교당국이 물밑 교섭으로 이를 회피하는 길을 찾기도 하는 것이다. 또 한국정부로서는 사건의 진상을 신속히 파악하기 위해서도 백 대령을 불러들일 수밖에 없었다.

미국무부 관리는 한국대사관 고위당국자를 불러 한국정부가 이 사건의 수사에 적극 협조해주기 바란다고 말했다. 사건의 한 당사자인 백동일 대령이 외교관 신분으로서 면책특권을 갖고 있으므로 백 대령에 대한 사실 확인은 한국정부가 해주어야 한다는 뜻이다. 백 대령은 FBI의 수사발표 후 미국방부로부터 무관신임장을 취소당했으며 그로부터 사흘 후 한국정부는 그를 소환한 것이다. 무관신임장을 취소당하면 그는 미국방부는 물론, 미국정부 관계자들과 접촉할 수 없게 된다. 즉 임무수행이 불가능하게 되는 것이다.

이날 미국무부의 글린 데이비스 대변인은 기자들을 상대로 한 정례 브리핑에서 "미해군정보부에서 일하던 컴퓨터 전문가 로버트 김이 기밀서류를 한국정부에 넘겨주려다 체포됐다."고 밝히고 "이 같은 사태에 대해 우리는 매우 당황한다."고 논평했다. 그러나 워런 크리스토퍼 미국무장관은 후에 한국과 미국의 관계는 한 개인의 실수나 범법행위로 흔들릴 수 없을 만큼 충분히 튼튼하다고 말했다.

한편 미국방부 관리들은 "이번 기밀유출 사건의 피해상황을 조사 중"이라면서 "생각보다 심각하다."고 언급했다. 미국방부측이 그 사건에 대해 국무부보다 훨씬 더 불쾌하게 받아들이고 있음을 엿볼 수 있다. 그러나 윌리엄 페리 미국방장관은 그로부터 4일 뒤 스칸디나비아 국가를 방문하고 귀국하는 비행기 안에서 이 사건에 대해 논평을 요구받자 "우리는 한국과 군사적 동맹관계를 유지할 절박한 이유가 있다."고 말했다. 이런 사건 하나로 한미 동맹관계가 손상될 수 없다는 얘기다. 페리 장관은 "이 사건은 북한에 대한 한미 양국

의 걱정 속에 파묻혀버렸다."고 그때 터진 강릉 무장간첩 잠수함사
건을 언급했다.

미해군정보부 요원 로버트 김

로버트 김 사건은 한미 양국간 외교안보면에서나 그의 개인적인
특성으로 미루어 매우 복합적인 의미를 던져주고 있었다. 우선 이
사건이 북한의 무장공비 침투에 대해 한국과 미국 정부가 미묘한 입
장 차이로 설왕설래하던 시점에 터졌다. 둘째로 김씨는 한국의 고
위정치인 집안 출신이며 미국 이민 1세로 군부대에서 기밀을 다루
는 등 미국사회의 체제를 유지시키는 핵심집단에 근접해 있다가 이
런 문제가 생겼다. 이 때문에 로버트 김 사건은 한인교민들이 개인
적인 능력과 노력에 따라 미국사회에서 어떤 위상을 지킬 수 있을
지와 관련, 앞으로도 지속적인 영향을 미칠 것으로 분석된다.

또 이 사건 자체의 본질적인 성격으로 중요한 것은 로버트 김이
미국의 핵심적인 수사기관인 FBI의 최소한 7개월에 걸친 집중감시
끝에 체포될 만큼 치명적인 미국 국가기밀을 한국무관에게 넘겨주
었느냐의 여부다. FBI와 미검찰은 김씨를 단순 국가기밀 유출죄를
넘어선 간첩행위로 기소할 방침이라고 밝혔다. 그러니까 김씨가 한
국 해군무관 백동일 대령에게 건네준 문건들이 미국의 국가안보와
관련, 얼마나 민감한 내용을 담고 있느냐는 점이 관심의 초점이었
다.

먼저 로버트 김의 개인적인 특성과 주변환경을 살펴볼 필요가 있
다. 그는 전남 여천 출신으로 고향에서 지역구 8, 9대 국회의원을
지낸 김상영(金尙榮) 씨의 장남이다. 뿐만 아니라 그의 둘째 동생인
김성곤(金成坤) 씨도 지난 4월 총선 때 부친의 옛 지역구에서 당선

된 현역 국회의원(국민회의)이다. 우리나라에서 아버지와 아들이 고향에서 지역구 국회의원에 내리 당선된 예는 많지 않다. 이 정도면 매우 뿌리 있는 가문에 속한다. 부친 김상영 전의원은 한국은행 부총재까지 지내다 정계에 들어간 인텔리 의원이었다. 국회에서도 경제재정 문제에 파고드는 전문가로 활동했다.

동생 김성곤 의원은 형 로버트 김에 대해 내성적이고 신앙심이 남달리 깊으며 가정생활에 충실한 모범가장이라고 설명했다. 로버트 김의 신앙생활은 워싱턴에서도 그가 다니는 한인감리교회 신자들 사이에 유명하다. 이 교회는 워싱턴 지역에서 가장 오래된 한인교회 중 하나다. 신도는 7백여 명에 이른다. 그는 매주 정례 새벽예배에 한 번도 빠지지 않았으며 과묵한 성격으로 인망도 높다는 것. 이런 독실한 신앙생활로 그는 이 교회에서 만장일치로 장로에 추대됐다. 이 교회의 장로는 모두 여섯 명이다.

장로는 평신도로서는 최고의 명예직이다. 주로 교회의 운영에 재정을 포함해 모든 면에서 도움을 줄 수 있는 유지가 추대된다. 교회에 따라서는 재력이 가장 중요한 배경으로 작용하기도 하지만 로버트 김의 경우 모범적인 신앙생활과 미연방공무원이라는 신분이 한인 신자들에게 호감을 샀던 것이다. 로버트 김의 변호사가 보석신청을 하자 법원은 20만 달러의 보석금으로 석방을 결정했다. 그러자 교회의 신도 네 명이 각자 집을 은행에 저당잡혀 20만 달러의 보석금을 인정받았다. 로버트 김이 도주할 경우 네 명의 집은 경매에 부쳐진다. 미국사회에서는 찾아보기 어려운 일로 그가 웬만큼만 믿음성이 없는 인물로 보여도 이 같은 도움은 기대할 수 없었을 것이다. 평소 그의 성품으로 미루어 범법행위나 남에게 폐가 될 일을 할 성격이 아니라는 것이 동생 김 의원의 얘기다. 그러나 법원의 보석결정에 미검찰이 증거를 보완하며 항소하는 바람에 그의 석방은 취소됐다.

지난 4월 총선에서 김 의원은 선거구의 기독교 신도들을 공략하기 위한 전략을 짜다가 결국 미국에 있는 형 로버트 김에게 도움을 요청했다. 독실한 신앙인인 로버트 김이 역시 기독교 신도들과 말이 통할 것으로 생각한 것이다. 로버트 김이 최근 한국을 방문한 것은 이때로 그는 총선 전후 일주일 동안 고향과 서울에 체류했다.

미국에 돌아간 뒤에도 그는 동생이 아버지의 뒤를 이어 고향에서 지역구 의원으로 당선됐다는 데 자부심을 느끼고 모국에 더욱 관심을 보였다. 그는 동생 김 의원에게 자신을 너무 내세우는 정치인이 되지 말라고 인텔리답게 충고하는 편지들을 서너 차례 보내오곤 했다. 다음은 최근 로버트 김이 동생 김 의원에게 보내온 편지들 중 한 구절이다.

"한국정부가 여천 공업단지를 특별 오염 지대로 발표하고 정부의 조치도 발표하게 된 것에 만시지탄이 있으나 자네 구역이고 또 김성곤 의원이 환경노동 분과위원이니까 직접으로 맡은 막후 교섭의 결과라는 것은 온 세상이 알 수 있지만, 이 모든 일들을 너무나 정치적으로 이용하려 들면 해가 될 수 있으니 저자세로 진실되게 행동하기 바라네. 중앙정부에 감사도 하면서 자기의 공로는 두 번째로 하기 바라네……"

이 편지에서 그가 모국을 떠난 지 27년이 지났지만 고향의 여러 가지 사정에 대해 얼마나 깊은 관심을 갖고 있었는지를 잘 알 수 있다.

"아버지 국회의원께서 이곳 주민들의 복지를 위해서 유치한 공업단지가 오히려 해를 많이 준다면 처음 시도한 아버지의 의도가 어

굿나기 때문에 아들 국회의원은 이 뒤처리에 힘써서 김씨 집안의 가
문과 정치풍토에 좋은 결과만 있기 바라네."

이 편지는 그가 남과 어울리기보다는 혼자서 생각하고 판단하는
신념인의 면모도 보여주고 있다.

"……옆사람 말 너무 듣지 말고 어떤 것이 옳은 것인가 분별하면
서 신념을 가지고 일하기 바라네."

로버트 김은 동생 김 의원과 함께 명문 경기고 출신으로 한양대
산업공학과를 졸업했다. 김 의원은 고려대 철학과 출신이다. 대학을
졸업한 뒤 로버트 김은 69년 미국으로 유학길을 떠났다. 미 퍼듀대
학을 수료한 그는 74년 미항공우주국(NASA)의 컴퓨터 전문직에 취
직했다. 이때 그는 미연방공무원으로 취직하기 위해 미국시민으로
귀화했다. 동생 김 의원도 미국에 유학, 지난 91년 봄 템플대학에
서 철학박사 학위를 받고 귀국했다.

로버트 김은 미국시민으로 귀화했지만 한국의 지도적 정치인 가
정에서 자란 탓에 '모국의식'이 쉽사리 지워질 수는 없었다. 많은
교민 1세들이 그렇지만 미국시민이라는 법적 신분과 함께 한국인이
라는 정신적 귀속감을 유난히 강하게 간직한 채 살아왔다. 그것은
어쩌면 당연한 현상이었다. 또 이 두 가지가 갈등하여 상충할 일도
전혀 없었던 것이 사실이다. 미국과 한국의 관계가 세계 어느 나라
간의 예에서도 보기 어려울 정도로 긴밀한 우방 동맹국이기 때문이
다. 두 나라의 이중국적을 함께 유지한다고 해도 미국에서는 아무
런 문제가 없으며 오히려 한국의 공직에 취임하는 데 제한이 있을
뿐이었다. 그러다가 이번 사건이 터진 것이다. 미국의 수사기관이
적국도 아닌 한국을 도와주는 행위에 대해 그렇게 괘씸죄로 보거나
더 나아가 간첩죄 운운한다는 것은 상상하기 어려웠던 것이 지금까

지의 한미관계였다.

로버트 김은 미항공우주국에서 4년 근무한 후 지난 78년 워싱턴 근교 메릴랜드주의 수틀랜드에 위치한 미해군정보국(ONI)으로 옮겼다. 근무 1년 만에 그는 해군정보국의 비밀취급인가를 받을 만큼 신임을 얻었다. 그는 컴퓨터를 통해 미국의 각급 정보기관이 수집, 분석해 관련기관들에 보내주는 광범한 기밀정보들을 들여다볼 수 있는 그 직책에서 19년째 일해왔다. 그러니까 그가 국가기밀정보를 취급하는 전문가로서 직업의식이나 기본윤리면에서 부적격자라고 말하기는 어렵다. 그렇다면 그가 갑자기 미국시민권자로서, 전문직업인으로서, 그리고 성실한 가장이며 신앙인으로서 '파탄지경'에 이른 것은 무엇 때문인가. 그가 한미관계나 남북한관계의 희생양이라는 시각도 있고 일각에서는 개인적인 희망사항을 얻어내려다가 범법행위에 이르게 됐다는 지적도 제시됐다.

이번 사건의 성격은 대략 세 가지로 해석되고 있다. 첫째는 미행정부가 대북한 유화정책으로 한국과 근본적인 입장 차이가 노출되고 한국측이 이에 반발할 기미가 보이자 그 입을 막기 위해 기밀유출사건을 터트렸다는 시각이다. 일종의 미국 음모설이다. 이 음모설에 따르면 로버트 김이 백동일 대령에게 넘겨주었다는 50여 건의 문건은 사실상 별 기밀사항이랄 것도 없다고 한다. 즉 고급정보를 얻어내지도 못하고 당하기만 했다는 것이다.

둘째는 로버트 김이 모국애에서 미국의 중요한 기밀문건들을 절취해 넘겨주었다는 한국계 미국귀화인의 국가기밀 유출사건으로 보는 시각이다. FBI의 수사발표와 법원의 보석허가에 대한 항소자료는 이 사건을 한국계 미국공무원의 간첩사건으로 취급하고 있다. 기서는 FBI가 이른바 'K리스트'라고 부른 50여 건에 이르는 기밀문서의 내용이 밝혀져야 한다. 셋째는 로버트 김이 애틋한 모국애라 기보다는 개인적인 속셈을 갖고 한국정부에 대한 사전로비 차원에서 비밀정보를 제공했다는 개인비리설이다. 한국의 외무부 관계자 다수가 이런 견해를 보였으며 FBI의 발표에서도 일부 엿볼 수 있다.

미국의 한국 견제 음모설

이 사건이 미국의 음모라는 의혹을 품을 만한 단서와 정황은 한두 가지가 아니다. 무엇보다도 중요한 단서는 북한의 군사적 움직임을 포착할 수 있는 미국의 정보능력에서 비롯된다. FBI가 로버트 김을 체포했다고 발표한 다음날인 96년 9월 26일 일본의 NHK TV 방송은 북한의 무장공비가 한국에 침투하기 직전 미제 7함대가 그들을 수송한 잠수함의 이동상황을 추적하고 있었다고 보도했다. 일본에서 가장 신뢰할 만한 공영방송인 NHK는 북한의 잠수함이 미해군의 추적을 피하기 위해 얕은 바다로 항해하던 중 좌초됐을 가능성이 높다고 미군소식통을 인용해 보도했다.

미해군은 대양작전만 주로 하며 연근해에는 잘 접근하지 않는다. 항공모함이나 구축함의 규모가 크기 때문에 대양 작전에는 능하지만 육지에 가깝고 수심이 얕은 연근해에서는 맥을 못 추는 것이다. 지난 91년 걸프전 때도 미국의 전함들이 육지에 가까이 접근하기 위해 기뢰를 검색하는 소해작전은 일본의 해상자위대가 대행해주었다. 이런 미해군의 특성을 감안할 때 북한의 잠수함이 한국으로 침투하면서 공해상으로 멀리 돌아서 남하하는 것은 탐지되기 십상이다. 이를 피하기 위해 북한 잠수함은 수심이 얕은 연해로 내려오다가 해저 암석에 걸려 좌초됐다는 풀이다.

일본 NHK는 하와이 미태평양사령부와 주한미군 당국자에 따르면 북한의 잠수함 침투사건 당시 미 제7함대가 잠수함 활동을 탐지하기 위한 대규모 작전을 전개하고 있었다고 밝혔다. NHK는 이들 소식통에 따르면 미7함대가 북한의 잠수함 수척이 지난 7월부터 동해와 황해 연안에서 활동하는 것을 포착, 대잠 초계기와 잠수함을 동원해 감시해왔다고 전했다. 이 방송은 특히 무장공비 침투사건이 발생하기 5일 전인 지난 9월 13일 새로 건조된 북한의 상어급 잠수함이 취역한 사실이 확인된 데 이어 다음날에는 유고급 소형잠수함이 미해군의 추적을 피하기 위해 복잡한 해저 진로를 취하는 등 일대 추적극이 벌어졌다고 구체적인 상황을 제시했다. 하와이의 미태평양사령부 당국자는 한국에 침입한 잠수함이 이 같은 북한군 잠수함 가운데 하나며 미군의 추적을 피하기 위해 탐지가 어려운 얕은 바다로 항해하던 중 좌초했을 가능성이 높다고 말했다고 부연 설명했다.

NHK의 보도로 떠오른 중요한 문제는 그런 북한의 군사활동을 미해군이 파악하고 있으면서도 한국측에 사전에 알려주지 않았다는 의혹이다. 어쩌면 북한 무장공비의 동해안 침투를 일찍 알 수 있었는데 미해군이 정보협조를 해주지 않는 바람에 불상사가 커졌다고 볼 수도 있다. 이렇게 되면 한미관계는 치명적으로 손상될 위험에 직면한다.

한국정부가 NHK의 보도보다 훨씬 더 심각하게 받아들일 첩보도 나왔다. 문제의 잠수함이 좌초되자 북한이 미국측에 재빨리 이를 통보해주었다는 것이다. 북한이 미국측에 통보해주었다는 첩보가 사실이라고 해도 그 내용은 뻔히 변명일 것이다. 한국에 무장공비를 침투시키려 한 것이 아니라 훈련 중 실수로 조난당했다며 미국측에 미소작전을 편 것이다. 출처가 확실치 않은 이 첩보는 그러나 충분한 가능성이 있어 보여 한미 외교안보 창구를 긴장시키고 있다. 북한과 미국은 93년과 94년 제네바에서 계속된 핵협상, 95년 여름부터 하와이에서 시작된 6·25전사자 발굴 및 송환협상, 96년 봄 베를린에서 시작된 미사일 협상 등 이미 여러 개의 직접협상 채널을 갖고 있다.

북한이 이처럼 미국과의 직접협상을 성사시키기까지 오랫동안 추파를 던져왔다. 본래 북한의 대미 직접협상 전략은 70년대에 나왔다. 그러나 미국이 전혀 관심을 안 보이자 80년대에 들어와 북한은 미국과의 양자협상에 남한을 동석시킨다는 이른바 3자회담안을 내놓았다. 이에 대해서도 한국정부는 결국 북한이 한국을 제치고 미국과 직접 협상하려는 기도라며 강경하게 반대했다. 한국은 한반도의 모든 문제에 대해 남북한 당사자 협상원칙을 확고히 했다. 이때만 해도 미국은 한반도 문제에 관한 한 한국정부의 입장을 수용했다.

그러다가 이 같은 미국의 한반도 정책이 바뀌기 시작한 것은 북한의 핵개발 의혹이 불거진 93년부터였다. 미국은 핵개발 문제만큼은 대화와 협상이 잘 안 되는 남북한관계에 맡겨둘 수 없다고 판단한 것이다. 미국이 북한과 직접협상 테이블에 마주앉기로 마음먹은 배경은 핵확산방지가 미국 안보정책의 우선순위이기 때문이기도 하지만, 북한의 미소작전도 제법 먹혀들었던 것으로 보인다.

북한이 대미 직접협상을 외교정책의 최우선 과제로 두고 총력을 기울였다는 한 예가 지난 93년 봄 노동1호 장거리 미사일 발사시험 때였다. 북한은 이것을 뉴욕의 유엔대표부를 통해 미국측에 사전 통보했다고 북한의 한 언론인이 지난 95년 12월 하와이에서 열린 동북아저널리스트 세미나에서 밝혔다. 이것은 미국측에 추파와 함께 북한의 국방과학기술을 과시하는 두 가지 전략을 함께 지니는 것이었다. 미국으로서는 테러국가 북한이 완전 적대적인 태도를 견지하지 않고 접근해오는 제스처를 보내는 것이 싫지 않았을 것이다.

그러나 북한의 추파가 미국익에 별 관계가 없었던 시기엔 미국이 전혀 반응을 보이지 않았다. 그러다가 북한의 핵개발 의혹이 미 CIA에 의해 제기되면서 미국은 북한의 직접협상 요구에 응하기 시작한 것이다. 당시 북한—미국 관계는 한국민이 알고 있는 공식적인 외양을 훨씬 넘어 상당한 수준의 물밑 대화가 오가는 것으로 많은 외교전문가들은 보고 있었다. 미국의 언론들은 한국정부 관계자들이 미행정부에 대해 이런 불신감을 가졌기 때문에 이번 같은 '기밀 탐지행위'가 이루어져왔다고 분석했다. 이 같은 지금까지의 북한—미국 관계를 총결산해볼 때 북한이 이번 잠수함 좌초를 미국측에 통보했다는 것은 충분히 가능한 일이다.

한편 해군의 베테랑 정보장교 출신인 백동일 대령은 북한의 잠수함이 동해안에 침투한 사건이 터지자 미7함대가 이를 사전에 포착했을 것이라고 판단했다. 그리고 그는 마침 밀접한 협력을 해주는 로버트 김이 미해군정보부 소속이라는 사실에 착안했다. 지금까지 많은 비밀서류를 전해준 로버트 김에게 백 대령은 미해군의 북한잠수함 동향정보를 요청했을 것이라는 추론이 나온다. 그러자 로버트 김은 기꺼이 북한잠수함 동향에 관한 미해군의 정보를 주기로 약속했으며 FBI는 문제의 정보자료가 한국측에 넘어가기 직전 그를 체포해버렸다는 분석이 가능한 것이다. 이 정보가 한국에 넘어왔다면 미국의 이중성을 입증하는 증거가 된다. 이것이 가장 개연성 있는 미국 음모설의 근거였다.

또 FBI가 로버트 김을 체포하는데 왜 하필 한국무관부가 국군의 날 기념행사를 가진 날로 D데이를 잡았느냐는 의혹도 미국음모설을 강화시켜주고 있다. 여기서 선전효과를 노린 것 아니냐는 단순한 풀이보다도 로버트 김에 대한 FBI의 집중감시와 수사활동을 분석해봐야 한다.

처음 FBI는 수사발표 때 김씨가 지난 5월부터 9월까지 기밀서류들을 백 대령에게 전달해왔다고 밝혔다. 그러나 법원이 보석결정을 내리자 FBI는 이에 이의신청하면서 그의 유죄를 거의 확정지을 만한 증거를 내놓았다. 그것은 지난 3월 20일 워싱턴 근교인 버지니아 알링턴의 셰러턴 내셔널 호텔에서 로버트 김이 백 대령 및 두 명의 고위 한국해군 장교들과 만나는 장면을 비밀 촬영한 비디오 테이프였다. 이 비디오 테이프엔 김씨가 한국해군 장교들과 나눈 대화가 그대로 담겨 있다. 이것으로 미루어 FBI가 김씨를 집중 감시한 것은 처음 발표한 5월보다 전으로, 최소한 3월까지 거슬러 올라간다. 한국대사관 관계자들은 FBI의 이 같은 도청과 비밀촬영에 아연실색했으며 로버트 김과 백 대령의 행적에 대한 추적이 일년 이전일 것으로 보고 있다. 그렇게 오랫동안 감시를 해오다가 북한의 무장공비 사건이 터지고 이에 미온적인 입장을 취한 미행정부의 입장이 한국의 반발로 곤경에 빠지자 한국의 약점을 터트렸다는 것이다.

한국대사관 도청 비상

이 사건 이후 워싱턴 주재 한국대사관에는 도청 비상이 걸렸다. 미국의 정보수사기관이 그렇게까지 한국대사관의 움직임을 집중 감시하고 도청, 비밀촬영하는 줄은 몰랐다는 얘기다. 이것도 한미관계의 실상을 그대로 보여주는 대목이다. 한국은 미국을 혈맹우방국으로 믿고 많은 부분에서 최혜국대우를 해온 것이 사실이다. 그러나 미국의 경우 냉철하고 실리적인 바탕 위에서 그때 그때 필요에 따라 모든 문제를 다룬다. 즉 미행정부의 대외정책이 북한과 직접협상을 갖는 방향으로 바뀌고 한국이 이에 불만을 나타내자 FBI가 한국측의 미국 내 활동을 도청감시하기에 이른 것이다. 과거 70년대 중반에도 박정희 대통령이 미국측에 고분고분하지 않자 미정보기관이 청와대를 도청한 것으로 밝혀지기도 했다. 현재의 상황이 한미관계 역정을 살펴볼 때 가장 악화된 몇 개의 시기에 견주어질 수 있을 것으로 보인다. 그런 분위기가 북한 무장공비 침투사건으로 노출된 것이다.

북한의 무장공비 사건이 터지자 클린턴 행정부는 입장이 난처해졌다. 그렇지 않아도 클린턴 대통령은 외교안보 정책에 허점이 많다고 언론들로부터 비판을 받아온 데다 대통령선거를 앞두고 라이벌인 공화당의 밥 돌 대통령후보도 이것을 공격 호재로 삼고 있다. 그런 가운데서도 클린턴 행정부는 북한과의 직접 핵협상으로 핵개발을 동결시킨 것을 외교안보 정책들 중 몇 안 되는 성공작으로 내세워 왔다. 한국과 미국의 보수적인 안정희구층으로부터 북한 같은 테러국가에게 지나치게 유화적으로 대처한다는 비난을 받으면서도 클린턴 행정부는 대화와 협상을 통해 위험한 핵확산을 막았다고 자부했다. 그러면서 미국은 워싱턴과 평양에 상호 연락사무소 설치라는 가시적인 양국간 관계 개선 조치를 서둘러왔다. 그러던 중 북한이 한국에 무장공비를 침투시켜 전투상황이 벌어진 것이다.

북한과 미국은 이미 물밑에서 상당한 관계 개선을 이루어놓았다. 현 클린턴 행정부의 북한에 대한 인식은 그때 이미 대전환의 고개를 넘어선 것으로 보인다. 쉽게 말하면 북한이 한국에 대해서 계속 위협하고 실제 무력도발을 가해도 미국은 과거처럼 무작정 한국 쪽만 편들지 않는다는 사실이 명확해진 것이다. 미국에 의한 두 개의 한국 정책이 시작됐다는 지적은 지난 94년 제네바 핵협상 때부터 대두됐다. 그런 변화를 실감케 하는 해프닝이 워런 크리스토퍼 당시 미국무장관의 북한 무장공비 관련 실언이었다.

크리스토퍼 장관은 북한의 무장공비 침투사건에 대한 논평에서 "모든 당사자들은 자제해야 한다."고 말했다. 이는 북한의 도발을 나무라거나 경고하는 것이 아니라 한국도 과잉대응을 해서는 안 된다는 뜻이다. 이것도 미국이 북한으로부터 잠수함 좌초에 관해 물밑 통보를 받은 것 아니냐는 의혹을 증폭시키는 언급이다.

한국측이 크게 반발하자 크리스토퍼는 이를 실언이라며 그제서야 비로소 북한의 도발행위에 대해 경고하기 시작했다. 그러나 크리스토퍼의 논평은 실언이라기보다 미국의 속마음을 그대로 드러낸 것이라는 것이 언론가의 중론이었다. 윌리엄 페리 국방장관도 남북한 양측이 더 이상 사건이 확대되지 않도록 과잉대응을 해서는 안 된다고 말했다. 과거 소련이 무너지기 전의 냉전시기 같았으면 미국의 외교안보 장관들이 이런 식으로 나오지는 않았을 것이다.

무력도발자 북한에 대한 미행정부의 대응 중 의혹점들을 미국 및 한국언론들이 집중보도하자 대통령 선거를 불과 한 달 반 앞두고 클린턴 진영은 곤혹스러워졌다. 이때 한국의 예봉을 꺾기 위한 방안이 바로 미국 내 한국교민과 한국무관에 의한 간첩혐의라는 희귀한 사건이었다는 얘기다. 이로 인해 그 동안 미국에 공세를 취하던 한국측은 수세로 몰리기 시작했다. 실제로 미국의 음모인지 그 진상은 분명치 않았으나 결과적으로 로버트 김 사건 이후 미국에 대한 한국측의 공세는 수그러들었다. 그렇다면 로버트 김은 한미관계와 남북한-미국관계라는 외교 게임의 희생양임에 틀림없다.

이 사건을 한국계 미국공무원의 국가기밀 유출 또는 간첩행위로 보는 두 번째 시각은 미국의 수사기관과 검찰, 그리고 언론들이 대표적이다. 이들은 로버트 김이 미국의 중요한 국가기밀을 자신의 모국에 빼돌렸다고 보고 있다. 여기에는 이미 한미관계 같은 군사동맹국간에도 서로 감추어야 할 군사기밀과 국가기밀이 엄연히 존재한다는 전제가 깔려 있다.

"한국 정보기관에 보이지 말 것"

미국측은 이 사건을 발표하면서 로버트 김이 한국무관 백동일 대령에게 넘겨준 비밀문건들을 'K리스트'라고 지칭했다. 이 K리스트는 모두 50여 건이라는 것이다.

당시 주변에서 흘러나온 K리스트의 내역을 보면 아시아태평양지역의 정세보고서, 북한의 군사동향, 중국의 군사력 현황, 일본의 방위력 증강계획, 미태평양사령부 관할 동아태 국가들의 정국동향, 미국의 전자전 장비인 컴퓨터의 대외판매에 관한 정보 등이 포함돼 있다. 이 K리스트 중에서도 가장 궁금증을 끄는 것은 한국의 정치지도자들에 대한 평가라는 문건이다. 물론 기밀정보인 이 문서의 표지에는 "특히 한국의 정보기관이나 인사들이 열람하지 않도록 할 것"이란 주의 문구가 쓰여 있다는 것이다.

여기서 다른 정보자료는 그 내용을 대충 짐작할 수 있는 것들이다. 정부 관계자들은 이들 문건이 대부분 한미 양국간에 공유할 수 있는 정보로 그중엔 이미 공식채널을 통해 건네받은 것도 있다고 확인했다. 그리고 아직 한국에 전달되지 않은 자료들은 시간이 문제일 뿐 언젠가 통상적으로 받을 수 있는 것들이라는 것이다. 외무부의 한 당국자는 로버트 김이 백 대령에게 건네준 비밀문서, 즉 K리스트의 기밀수준보다는 그것을 몰래 전달했다는 절차의 위법성이 문제라고 규정했다. FBI가 문제삼은 것도 K리스트가 갖는 정보의 질이 아니라 문서유출의 과정이라는 것이다.

그러나 다른 외무부 관계자는 K리스트 자체의 정보내용뿐 아니라 거기에서 정보수집의 채널이 노출될 위험성이 더 미국측의 신경을 건드렸을 것이라고 지적했다. 그 정보채널이란 적국뿐 아니라 한국 내의 친미 지원 인사들도 포함된다.

그러나 대체로 한국 외무부 관계자들은 미국음모설에 부정적이다. 미국에는 과거의 한국정부처럼 대내외 정책을 종합적으로 조정 통괄하는 '관계기관 대책회의' 같은 것이 존재하지 않는다는 것이다. 국무부의 대외정책 수행에서 한국이 가시 같은 존재니 그 약점을 잡아서 견제하기 위해 FBI가 수사력을 동원했다는 것은 사실상 한국식 해석이다. 오히려 국무부와 FBI간에는 협조관계보다는 상호독립적이고 견제하는 활동으로 긴장감마저 있다는 것이다.

로버트 김 사건을 두고 미국 정부의 반응은 국무부 및 CIA와 국방부 및 FBI가 각각 비슷하게 나타났다. 즉 대외정책을 수행하는 부서와 대내 안보 체제 유지를 담당하는 기관이 각기 업무를 철저히 지키는 태도였다. 그런 사건이 터지자 맨 먼저 악영향을 받는 사람들은 한국에서 활동하는 CIA요원들이었다. 한국의 기관들로부터 협조받아야 할 입장에서 한국측이 미국의 로버트 김 사건에 대한 '상응 보복조치'를 내뱉는 등 분위기가 매우 안 좋았기 때문이다. 한국주재 CIA 요원들은 "FBI가 지나치게 사건을 확대시켰다."며 한국측에 미안해 한다는 것이다.

FBI와 CIA간의 경쟁의식과 상호견제는 유명하다. 국내의 모든 범죄에 대한 정보수사를 담당하는 FBI는 미국사회에서 보수안정을 희구하는 지배계층에 의한 체제유지의 선봉장으로 위치를 굳힌 지 이미 오래됐다. 이에 비하면 CIA는 대외정책 수행의 도구로서 국제사회에서 미국의 국익을 수호하는 국가정보기관이다. 어느 나라든 그 사회의 지배계층에 뿌리를 내린 기관이 최우위에 서게 마련이다. 미국에서도 FBI와 CIA간의 경쟁은 FBI의 우위로 끝난 지 오래됐다. 특히 소련이 무너지고 냉전이 종식되면서 CIA의 위상이 낮추어지기 시작했고 최근에는 그 개편론까지 나오고 있다. 그러나 FBI는 미국 내 산업스파이 금지법이 제정되면 더욱 그 활동범위가 넓어지는 등 갈수록 기세가 올라가는 중이다. 권력으로 따지면 법적 구속력이 뒤따르는 수사권을 가진 FBI가 단연 우위에 있으며 CIA는 단지 국익증진을 위한 정보기관이라는 면에서 영향력만 가질 뿐이다. 언젠가는 FBI가 CIA요원을 불법 정보수집 활동혐의로 체포한 일도 있다.

미정보당국의 한국 정치인 비밀자료

K리스트 중에서 특히 눈길을 끄는 것은 '한국의 정치지도자들에 대한 평가'였다. 미국의 정보기관들은 해방 후 미군정 시기 이후 지금까지 한국의 정국동향에 관한 보고서를 정기적으로 워싱턴에 보낸 것으로 드러났다. 이번의 K리스트에 포함돼 있는 한국 정치지도자들 평가보고서도 그런 성격의 것이다.

미군정 당시 한국 지도자들에 대한 주한미군 정보당국의 보고를 보면 김구(金九) 선생은 우익 극단주의자로 테러리스트 전력이 있으며 배타적 민족주의자로 묘사돼 있다. 여운형(呂運亨)은 좌익 급진주의자로서 정통 공산주의자인 박헌영(朴憲永)과도 구분이 안 돼 있었다. 또 이승만(李承晩)에 대해서도 아집과 정치술수의 인물로서 그가 신생 독립정부를 맡게 되는 것을 달가워하지 않았다.

그와 유사한 K리스트의 한국 정치지도자 관련 보고서도 김영삼 대통령을 위시해서 당시의 김대중 국민회의 총재, 김종필 자민련 총재, 이홍구(李洪九) 신한국당 대표, 이기택(李基澤) 민주당 총재 , 이회창(李會昌) 신한국당 고문, 이한동(李漢東) 전국회부의장(신한국당), 김덕룡(金德龍) 정무1장관, 김상현(金相賢) 국민회의 지도위원회 의장 등의 동향과 예상되는 활동계획을 담고 있다는 얘기들이 나돌았다. 그 다음해 있을 대통령 선거를 앞두고 각 정파의 후보결정을 둘러싼 이합집산 등이 중요한 관찰대상으로 이들의 활동계획이 포함돼 있었다는 것이다. 미국 정보기관들은 이들 정치인 중에서 반미 성향의 인물이 대권을 잡지나 않을까 주시하는 것으로, 이는 어느 나라를 대상으로 하든 공통적인 임무로 돼 있다.

특히 그 내용 중 민감한 대목은 이들에 대한 미정보당국의 시각이다. 이 문건의 표지에 '특히 한국의 정보기관이나 인사들이 열람하지 않도록 할 것'이란 경고문이 쓰여 있는 이유도 그 때문이다.

엄밀히 말하면 이 문건은 미국의 국가안보에 위해를 주는 것으로 볼 수 없다. 그보다는 미정보기관들의 비윤리적인 치부가 드러나기 때문에 이를 기밀로 분류, 한국측에 감추어두고 싶은 문서였을 것이다.

미국의 언론들은 이번 로버트 김 사건을 지난 85년 미국 조야를 떠들썩하게 했던 제2의 조녀선 폴러드 간첩사건이라고 보도했다. 조녀선 폴러드는 로버트 김과 똑같이 수틀랜드의 미해군정보부 소속 정보분석관이었다. 유대계인 폴러드는 당시 미행정부의 대이스라엘 및 아랍 평화정책에 관한 정보문서를 이스라엘 정보원에게 넘겨주었다가 역시 FBI에 의해 체포됐다. 이때 폴러드는 이스라엘측으로부터 정보제공의 대가로 돈을 받았으며 그 접촉선도 이스라엘 외교관이 아니라 비밀정보기관원으로 드러났다.

미국 내에서 유대계는 언론·기업·학계 등을 장악한 가장 영향력 있으며 자기들끼리 잘 뭉치기로 유명한 응집력 강한 집단이다. 당시 이런 유대계들이 동원돼 법정투쟁을 벌였음에도 폴러드는 FBI와 검찰의 올가미를 풀지 못하고 간첩죄로 종신형을 선고받았다. 미국의 한 한국계 연방공무원은 당시 유대계의 로비와 법정투쟁이 미국사회의 지배세력을 더 자극시켰다고 말했다. 미국의 핵심 체제수호 세력인 FBI에는 유대계를 비롯한 소수민족이 별로 없으며 설령 있다고 해도 미국을 지킨다는 이념 외에 출신국에 대한 모국애 같은 것은 타기하도록 세뇌됐다고 봐야 한다. 종신형을 선고받은 폴러드는 지금도 복역 중이다.

조너선 폴러드 사건과 비교할 때 우리의 관심을 사로잡는 것은 당시 미국이 일방적인 이스라엘 지지로부터 아랍과의 협상정책으로 전환한 과정이다. 93년 이후 미국이 한국에 대한 전폭 지지로부터 북한과의 직접협상으로 돌아선 것과 동일한 성격으로 볼 수 있는 것이다. 폴러드가 이스라엘 정부에 미국의 대외정책 정보를 팔 수 있었던 것은 미국의 친아랍 선회 때문이었다. 똑같이 이번에 한국무관이 미국의 정보를 탐지한 이유도 미국이 북한과의 관계 개선으로 전환했기 때문인 것이다. 한국이나 이스라엘은 똑같이 미국의 대외정책 동향에 커다란 불신감을 가졌기 때문에 기밀탐지 활동을 벌인 것이 사실이다. 그리고 FBI도 85년 당시의 이스라엘―아랍―미국과 현재의 한국―북한―미국이라는 3각 관계가 동질적이라고 보는 것 같다. 이 점에서는 남북한 당국이 모두 자제해야 한다는 논평을 냈던 크리스토퍼 국무장관도 같은 입장이라고 풀이된다.

그러나 한국 입장에서 보면 이스라엘이 아랍국가들에게 보이는 호전적인 태도와 한국이 북한을 대하는 정책 사이에는 근본적인 차이가 있음을 미국이 알아야 한다는 것이다. 최근 미국의 정부당국자들이 이것을 이해하지 못하고 남북한 정책을 집행하려 하기 때문에 로버트 김을 간첩으로까지 몰아가려는 움직임이 있는 셈이다.

"한국인이기에 한국을 돕고 싶다"

사실 최혜국 관계를 유지하는 우방국간에 간첩시비란 "영원한 적도, 영원한 친구도 존재할 수 없다."라는 금언이 알려주듯 국제 정치의 비정함을 실감케 한다. 미국의 실용주의적인 국제 정치 정책 이론상 우방이란 다른 말로 표현하자면 전략거점이다. 그런 전략거점을 세계 각 지역별로 정해놓고 있다. 유럽에서 영국, 아시아에서 일본과 한국, 미주에서 캐나다, 중동에서 이스라엘과 사우디아라비아 등은 미국의 대외정책에 거의 한 번도 반대해본 일이 없는 최고의 우방들이다.

이들 나라들과 미국이 간첩시비를 벌인 예는 폴러드 사건 이후 로버트 김 사건이 두 번째로 알려졌다. 더구나 한미 양국은 미군장성이 사령관을 맡고 있는 한미연합사령부가 한반도 안보에 대처하고 있어 군사동맹 중에서도 최고 수준의 동맹형태를 유지한다. 이것도 미국—이스라엘과 다른 점이다. 그런 최고 수준의 군사동맹국 사이에 군사정보 유출로 인한 간첩 시비란 전례 없는 일이었다. 이 점에서도 이번 사건의 배경에는 첫째 미국의 대북한 직접협상 정책선회와, 둘째 한국의 정치지도자들에 대한 자신들의 시각 노출이 가장 큰 뇌관으로 작용했다고 분석된다. 이것이 로버트 김 사건에서 읽을 수 있는 한미관계의 현주소이다.

마지막으로 이번 사건을 로버트 김의 개인 비리와 백 대령의 의욕과잉이 결합된 실수로 보는 시각도 적지 않다. 〈워싱턴 포스트〉지는 로버트 김이 워싱턴 교외 버지니아의 스털링에 시가 21만 8천 달러(1억 7천여만 원)짜리 집에 살고 있다고 보도했다. 이 정도면 미국 중산층의 보통 수준의 집이다. 〈뉴욕 타임스〉는 그가 10만 달러의 신용카드 빚이 있으며 집은 세 번째 저당에 들어가 있어서 검찰이 도주위험이 있는 것으로 보았다고 썼다.

또 FBI는 지난 9월 말 로버트 김이 셰러턴 내셔널 호텔에서 한국해군 장교들과 만나 대화한 내용을 비밀 촬영한 비디오 테이프를 법원에 증거로 제출했다. 이 비디오 테이프에 따르면 김씨는 한국해군장교들에게 "미국공무원으로 취직하기 위해 귀화했지만 한국인이기 때문에 한국정부를 돕고 싶다."고 말했다. 김씨는 "곧 퇴직할 것 같으며 퇴직하기 전 한국정부가 필요로 하는 정보를 수집하는 데 크게 도울 수 있을 것"이라고 설명했다. 이어 그는 퇴직 후 한국의 마약밀매 감시기구에서 일하고 싶다는 뜻을 솔직하게 밝혔다. 그러므로 한국의 마약밀매반과 면담해 그들이 필요로 하는 정보가 무엇인지 알아내 퇴직 전에 정보수집을 할 수 있게 해달라고 김씨는 한국의 해군 고위장교들에게 부탁했다는 것이다.

FBI의 비디오 테이프에 비밀 녹화된 취직부탁이 사건의 성격을 규정하는 데 김씨에게 불리한 증거가 됐다. 즉 폴러드가 이스라엘 정부로부터 정보비를 받았다면 김씨는 퇴직 후 취직을 대가로 기밀정보를 넘겨주었다고 미국 검찰에 의해 공격받았다. 미국의 언론들은 이 자리에 동석한 해군의 고위장교 둘이 서울에서 로버트 김의 성가를 듣고 그를 만나기 위해 날아왔다고 썼다.

　FBI도 백 대령 외에 서울에서 날아온 고위장교가 로버트 김을 면담했다는 점을 들어 한국정부가 깊이 개입된 것으로 지적했다. 당시 미국언론들이 기밀탐지 행위를 한국정부가 지시하거나 묵인한 것인지 주목된다고 보도한 것도 그 때문이었다. 그러나 이것은 오해인 것으로 보인다. 국방부와 해군 관계자들에 따르면 96년 3월 전후 미국에 출장간 해군의 최고위 장교라면 당시 합참정보본부의 윤연(尹延. 해사 25기) 제독이었다.

　그러나 윤 제독이 당시 워싱턴에 간 목적은 로버트 김을 만나기 위한 것이 아니었다. 윤 제독은 주미대사관 무관부에 대한 업무감사차 워싱턴을 방문했다. 당시 주미무관부에 대해 95년 가을 워싱턴의 한국전 참전비 제막식에 다녀온 군원로들과 국회의원들이 많은 불만을 제기했다. 발단은 주미무관부가 이들 고위인사들을 잘 모시지 못한 때문이었지만 대미 군사외교나 정보수집 활동 등 정규업무면에서 부진하다는 문제 제기로 발전했다. 그 때문에 국방부와 합참이 업무감사반을 파견한 것이다.

　그후 주미무관은 K소장(육사 23기)이 관행상의 임기 3년을 채우지 못하고 불과 1년 만에 현재의 김성규 준장으로 교체된다. 교체 시점은 5월이었다. 즉 그에 두 달 앞선 윤 제독의 워싱턴 출장은 무관부에 대한 업무감사 목적이었다는 것이 분명하다.

　윤 제독이 오자 백동일 대령은 해군의 상급자이며 합참정보본부의 직속상관인 그에게 자신의 활동상을 보여주고 싶었을 것이다. 그래서 로버트 김을 셰러턴 내셔널로 불러 함께 면담한 것으로 풀이된다.

　군 관계자들은 이번 사건의 발단이 백 대령의 주미무관부 부임부터 시작됐을 것이라고 말했다. 백 대령이 해군의 군사정보 장교로서 서울에 있을 때도 미군의 자료들에 관심을 지나치게 많이 노출시켜 요주의 인물로 알려졌다는 것이다. 그런 인물이 워싱턴 무관부에 파견되자 미국측이 그의 활동을 관찰해왔다고 봐야 한다는 것이다. 백 대령은 그런 분위기를 아는지 모르는지 무관부 재직 중 가장 많은 정보보고서를 보내온 것으로 평가됐다. 그가 2년 가까이 무관으로 재직하면서 보내온 보고 문건은 5백여 개에 이른다. 합참이나 해군의 군사정보 고위당국자들은 백 대령에 대해 이구동성으로 '가장 뛰어난 정보장교 중 한 사람'이라고 말했다.

셰러턴 내셔널 호텔의 면담에서 로버트 김은 해군함정과 군사위성을 연결하는 컴퓨터 지휘 체계에 관해 브리핑한 것으로 알려졌다. 한국의 군 당국은 미국이 이런 정보수집 체계에 한국측의 접근을 완전 허용하지 않는다고 믿고 있다.

이렇게 눈에 띄게 정보수집 활동을 하는 백 대령을 추적하다가 FBI는 마침내 그의 미군 내 커넥션으로 로버트 김을 포착하게 됐다. 사건 직후 국회의 국방부와 군에 대한 국정감사에서 여야 의원들 다수가 '정보수집 활동은 정보장교의 본분'이라며 백 대령을 옹호했다. 자민련 소속의 한 보수적인 의원만이 '한 건주의 또는 한탕주의에 사로잡힌 어설픈 아마추어리즘 때문에 벌어진 사건'이라고 비판했을 뿐이다.

FBI가 이 사건을 흘리자 미국의 언론들은 공식발표 직전 이를 "우방국의 기밀탐지나 간첩행위"라며 센세이셔널하게 보도했다. 그러나 이틀 후 〈워싱턴 포스트〉지는 서울발 기사로 한국 국민들이 로버트 김을 애국자로 생각하며 그의 행동에 대해 자부심을 느끼고 있다고 보도했다. 이는 FBI나 미검찰의 '괘씸죄'를 불러일으킬 소지

가 컸다. 사건의 실체적 진실은 로버트 김에 대한 그들의 수사와 백
동일 대령에 대한 한국측의 진상조사로 밝혀져야 하고 그 이전에 감
정적인 대응은 한미 양측 모두에 이로울 것이 없다.

　그러나 중요한 것은 실체보다도 〈워싱턴 포스트〉지가 보도한 대
로 한국민의 민심이 한미관계의 현주소에 심한 불만을 표출하며 한
국계 미국공무원의 기밀탐지 행위를 정당시하고 있었다는 사실이다.
그것은 한국민들이 이제 미국을 무조건 신뢰하지 않으며 미국의 한
반도 정책 등을 감시해야 한다고 생각했기 때문이다. 한미관계의 현
주소가 그때부터 급속하게 변화하고 있었다고 보아야 할 것이다. 로
버트 김은 미연방법원에서 간첩범죄가 인정돼 12년 실형을 선고받
고 지금 복역 중이다.

김일성 사망 후 북한권력 동향

　1994년의 초여름이 막 시작된 7월 9일 오전, 북한의 평양방송 등 관영방송들은 낮 12시에 중대발표를 하겠다고 예고했다. 이것이 한국에 전파된 것은 이날 낮 12시 직전.

　통일원과 안기부 등 관계부처는 북한의 분위기가 심상치 않음을 청와대에 보고하고 예의주시 태세에 들어갔으며 이를 보도진에게 공개했다. 당시 남북관계 상황은 그렇게 위기가 아니었다. 오히려 한 달여 전 판문점에서 이홍구(李洪九) 통일부총리가 북한의 노동당 국제담당비서 김용순(金容淳)과 담판을 갖고 김영삼 - 김일성 남북 정상회담을 합의해놓은 상태여서 분위기가 좋았다. 관계당국도 무슨 일인지 전혀 감을 잡지 못하고 궁금해 하는 모습이었다.

북한의 김일성 부음

　서울을 비롯한 전국의 직장인들은 점심식사 약속이 있는 사람들의 경우 "또 무슨 얼토당토 않은 소릴 하겠지." 하고 자리를 떴다. 그러나 언론사 종사자들은 약속시간을 미룬 채 대기태세로 12시 정오 뉴스를 기다렸다.

이윽고 터져나온 북한의 중대발표는 "우리의 경애하는 수령 김일성 동지께서 8일 갑자기 우리 곁을 떠나셨습니다."라는 김일성 부음이었다. 북한은 김일성이 죽은 지 하루 만에 이를 발표했다. 사인은 심장 쇼크.

뉴스를 통해 북한측의 발표를 들은 전국민은 경악했다. 김일성의 갑작스런 사망이 가져올 파장은 어떤 것일까. 즉시 통일이 실현되는 것 아닌가. 북한에 어떤 변고가 일어난 것인가. 김일성은 어떻게 해서 갑자기 죽었을까. 그렇다면 이 다음 북한의 통치자는 누가 될까.

김일성의 사망에 뒤따라 일어날 예민한 문제들은 한두 가지가 아니었다. 그리고 그것은 단순한 궁금증 차원을 넘어 한국인들의 운명에 직결될 수 있는 중대사항이었다.

김일성의 부음 방송에 뒤따라 북한 주민들의 광신교도와도 같은 호곡 방송이 이어졌다. 외국 언론들은 이를 아노미 상태라고 묘사했다. 모든 북한주민이 마치 친부모상을 당한 것처럼 울부짖는 모습이 연일 방영됐다. 정치사회학적으로 연구할 만한 현상이었다. 통치자가 사망한 데 대해 일반 주민들이 어떻게 저런 감정 몰입을 할 수가 있을까. 정치 이데올로기와 체제에 따라 근본적인 인간관계와 정서가 변질될 수 있는 것일까. 김일성 사망과 이에 대한 북한주민들의 반응을 보여준 북한방송은 여러 가지 새로운 연구과제를 던져주었다.

김일성의 사망과 관련된 여러 가지 루머도 나돌았다. 주로 중국의 길림성 연변 조선족 자치주에서 나도는 루머 중엔 묘향산 별장에서 김일성, 김정일 부자가 말다툼을 벌이다 김정일이 총을 쐈다는 얘기도 포함돼 있었다. 말다툼의 이유는 남북 정상회담이나 경제개방의 문제 등을 둘러싼 이견 때문이라는 그럴듯한 설명도 곁들여졌다.

그러나 진상은 알 길이 없었다. 그리고 그보다 더 중요한 것은 이제 북한의 통치권이 어떻게 되느냐는 문제였다. 북한의 후계권력에 대한 전망이야말로 한국은 물론 모든 주변국가들이 알고 싶은 초미의 관심사였다.

북한은 최고 통치권자인 당 총비서 겸 국가주석 김일성이 사망한 후 그가 차지했던 자리를 그의 장남인 당 조직비서 김정일이 이어받을 수 있도록 계속해서 권력이양 작업을 해왔다. 그러나 그런 권력승계 준비는 김일성이라는 카리스마적 권위의 우산 아래서 가능했다고 볼 수 있다. 문제는 김정일 자신의 능력과 경륜에 의한 권위가 아니었다는 점이다. 이런 상황에서 김정일이 당초 계획대로 무사히 후계권력을 확립할 수 있을 것인지에 세계의 이목이 집중되고 있었다.

후계자 등장 과정

김정일이 북한 정권의 후계자로 내외에 공개된 것은 지난 1980년 10월 '조선로동당' 제6차 대회에서 김일성 총비서에 이어 서열 2위인 조직담당 비서로 추대됐을 때였다. 당시 그의 나이는 38세였다.

그러나 북한의 지도부가 그를 차기 통치권자로 옹립할 움직임을 보인 시기는 그보다 훨씬 이전이다. 노동당 일각에서 후계자 문제가 거론된 70년대 초부터 이미 김정일 후계 체제의 구도가 잡혔다고 보아야 할 것이다.

북한은 72년 말 김정일의 당 입성에 대비한 정지작업으로 당증(黨證) 교환 사업을 전개했다. 노동당의 전당원에게 이른바 사상검색과 자격검사를 실시하고 당증을 새로이 교부하는 사실상의 숙청

작업이었다. 그 다음 해인 73년 9월 김정일은 당 중앙위원회 제5기 7차전원회의에서 비서국 조직 및 선전담당 비서로 선출된다. 이어 74년 2월에 열린 당 중앙위 제5기 8차 전원회의에서 김정일은 당의 핵심권력기구인 정치위원회 위원이 됐다.

그후 그는 90년 5월 국방위원회 제1부위원장(국방위원장은 김일성) 91년 12월 인민군 최고사령관, 92년 4월 원수, 93년 4월 국방위원장 등으로 착착 권력승계의 계단을 순탄하게 오르는 중이었다. 그가 가진 직위 중 권력후계자로서 가장 의미 있는 자리는 당비서와 국방위원장이었다.

당의 국가인 사회주의 북한에서 당 비서는 정치권력자의 필수직함이다. 게다가 그가 지닌 조직담당 비서란 당 전체를 관장하는 자리로 총비서 다음의 실세 위상이다. 또한 국방위원장이란 당초 김일성이 가졌던 직함으로 북한의 모든 무력을 장악하는 자리다. 72년 12월 제정된 북한의 이른바 '조선민주주의 인민공화국 사회주의 헌법'은 제113조에 국방위원장의 권한에 대해 "일체의 무력을 지휘통솔한다."고 규정하고 있다.

그러나 그후 김정일의 행적과 관련한 북한 관영언론들의 보도를 보면 국방위원장보다는 인민군 총사령관과 장군이라는 호칭이 더 많이 쓰였다. 유난히 군부와 친밀감을 과시했던 김정일로서는 국방위원장보다는 군 최고사령관이 군부에 더 가까운 직책이라고 생각했던 듯하다.

98년 9월 5일 최고인민회의 상임위의장 김영남은 김정일을 국방위원장에 재추대하면서 "국방위원장이 정치·군사와 함께 경제를 관장하는 국가최고직책"이라고 했다. 과거의 국가주석에 해당한다는 뜻이다. 북한의 권력구조는 당군정(堂軍政)이라는 3대 기둥으로 이루어진다. 김정일은 당의 총비서, 군의 최고사령관, 정의 국방위원장으로서 실권을 장악한 셈이다. 이중 가장 중요한 직함은 당 총비서라고 보아야 한다.

군 최고사령관으로서 그는 정규군의 물리적 힘과 함께 국가보위부, 사회안전부, 노농적위대, 청년근위대 등 정치공작과 정보기구를 모두 장악했다. 이중 국가보위부는 우리의 국가안전기획부에 해당하며 사회안전부는 경찰, 노농적위대와 청년근위대는 향토예비군과 과거의 학도호국단과 성격이 비슷하다.

공화국 수령이라 불리던 김일성이 죽을 때까지 보유했던 직위는 국가주석과 당 총비서였다. 이 두 가지 중 통치권 행사에서 중요한 것이 어느 쪽이냐에 따라 김정일이 올라갈 다음 계단이 정해질 예정이었다.

사회주의 국가에서는 당이 지배하기 때문에 당직이 곧 국가권력의 서열을 나타낸다. 북한이 이런 일반적인 사회주의 체제라면 김정일이 당 총비서를 이어받을 때 후계권력 승계가 완료된 것으로 보아야 한다는 견해가 옳다. 그러나 북한은 당 우위의 사회주의 체제에다 국가주석 중심의 1인 권력구조를 혼합하고 있어 김일성 사망 직후만 해도 통치권 행사에서 어느 쪽이 더 중요한 바탕이 될지 애매했다.

국가주석 김일성이 사망한 직후 북한의 통치권은 김정일에게 돌아갈 수밖에 다른 방도가 없다는 것이 많은 전문가들의 공통된 견해였다. 다만 그 '상속권력'이 얼마나 오랫동안 유지될 수 있느냐에 시선이 쏠려 있었다.

북한의 차후 권력은 노동당과 인민군, 그리고 정무원(지금의 내각)으로 나누어 분석해볼 수 있다. 그러나 이중에서 정무원은 사실상

권력의 근원적인 권위를 갖지 못한 하부 실천기구 같은 성격이므로 당과 군에 필적하지 못한다. 권력의 향배는 당이나 군부에 의해 정해지리라는 것이다.

김일성 사망 당시 김정일의 측근 실력자들을 보면 군부에서 오극렬(吳極烈) 당 작전부장, 당의 정치국과 비서국에서 강성산(姜成山) 정무원 총리와 연형묵(延亨默) 전 총리, 그리고 정무원 출신으로 김달현(金達鉉) 전 부총리 등이 꼽히고 있었다.

특히 오극렬은 한때 김정일의 군부 내 오른팔로 70년대 후반에 이미 인민군 총참모장을 지냈다. 그러다가 군부개혁을 시도했으나 오진우(吳振宇)를 중심으로 한 빨치산 1세대들의 저항을 받아 군에서 밀려났다. 공군 출신인 오극렬은 모스크바 유학파로 동구식 군 개혁을 꿈꾼 듯하나 주체노선에 어긋난다는 공격을 받고 중도에 실세위치를 상실했다. 김일성 사망 후 김정일의 직접통치 3년여 동안에도 오극렬의 이름이 별로 오르내리지 않는 것은 이상한 일이다.

김정일 체제 초기 권력 부침상

북한은 김일성 사망 이후 최근 3~4년 동안 권력자 개인과 집단의 많은 부침(浮沈)을 보였다. 북한 권력의 변화상은 여러 가지 징후로 포착된다. 그중 가장 대표적인 자료가 주요 행사 때마다 발표되는 주석단의 서열이다.

행사 주석단의 명단 서열이 반드시 실질적 권력의 크기를 나타내는 것은 아니다. 주석단 서열은 의전상의 예우라고 보는 것이 옳다. 그러나 특히 원로 세대인 경우 이 주석단 서열은 그의 북한권력 내 위상과 직결된다.

예외적으로 신진 실세일 경우엔 주석단 서열이 그의 실질적인 권

김일성 사망 당시 장례식 주석단 서열

(1994년 7월 13일 북한 관영 언론 보도)

순위	이름	직위
1	김정일(金正日)	당 정치국 상무위원, 당 중앙위 비서, 당 중앙위 군사위원, 국방위원장, 군 최고사령관
2	오진우(吳振宇)	당 정치국 상무위원, 인민무력부장
3	강성산(姜成山)	당 정치국원, 정무원 총리
4	이종옥(李鍾玉)	당 정치국원, 국가 부주석
5	박성철(朴成哲)	당 정치국원, 국가 부주석
6	김영주(金英柱)	당 정치국원, 국가 부주석
7	김병식(金炳植)	사민당 위원장, 국가 부주석
8	김영남(金永南)	당 정치국원, 부총리 겸 외교부장
9	최 광(崔 光)	당 정치국원, 군 총참모장
10	계응태(桂應泰)	당 정치국원, 당 비서
11	전병호(全炳浩)	당 비서
12	한성룡(韓成龍)	당 비서
13	서윤석(徐允錫)	당 정치국원, 평안남도 당 책임비서
14	김철만(金鐵萬)	당 정치국 후보위원, 국방위원
15	최태복(崔泰福)	당 정치국 후보위원, 당 비서
16	양형섭(楊亨燮)	당 정치국 후보위원, 최고인민회의 의장
17	홍석형(洪錫亨)	당 정치국 후보위원, 국가계획위원장
18	연형묵(延亨默)	당 정치국 후보위원, 자강도 당 책임비서
19	김기남(金基南)	당 비서
20	김국태(金國泰)	당 비서
21	김중린(金仲麟)	당 비서

22	서관히	당 비서
23	김용순(金容淳)	당 비서, 최고인민회의 통일정책위원장
24	김 환(金 渙)	부총리 겸 화학공업부장
25	김복신(金福信)	부총리 겸 경공업위원장
26	김창주(金昌柱)	부총리
27	김윤혁(金潤赫)	부총리
28	장 철(張 澈)	부총리 겸 문화예술부장
29	윤기복(尹基福)	중앙인민위 경제정책위원장
30	박남기(朴南基)	평양시 행정경제위원장
31	전문섭(全文燮)	국가검열위원장
32	유미영(柳美暎)	천도교 청우당 위원장

김일성 3주기 행사 주석단 서열

(1997년 7월 8일)

순위	이름	현직
1	김정일(金正日)	국방위원장 겸 조선인민군 최고사령관
2	이종옥(李鍾玉)	국가부주석
3	박성철(朴成哲)	국가부주석
4	김영주(金英柱)	국가부주석
5	김병식(金炳植)	국가부주석
6	강성산(姜成山)	정무원 총리
7	김영남(金永南)	정무원 부총리 겸 외교부장
8	계응태(桂應泰)	당 비서
9	전병호(全炳浩)	당 비서
10	이을설(李乙雪)	호위사령관

11	조명록(趙明祿)	군 총정치국장
12	김영춘(金英春)	군 총참모장
13	한성룡(韓成龍)	당 비서
14	양형섭(楊亨燮)	최고인민회의 의장
15	최태복(崔泰福)	당 비서
16	김철만(金鐵萬)	국방위원
17	홍성남(洪成南)	정무원 부총리
18	최영림(崔英林)	정무원 부총리
19	홍석형(洪錫亨)	정무원 부총리
20	김국태(金國泰)	당 비서
21	김기남(金基南)	당 비서
22	김중린(金仲麟)	당 비서
23	김용순(金容淳)	당 비서
24	백학림(白鶴林)	사회안전부장
25	전문섭(全文燮)	국가검열위원장
26	김복신(金福信)	부총리
27	김윤혁(金潤赫)	부총리
28	장 철(張 澈)	부총리
29	공진태(孔鎭泰)	부총리
30	윤기복(尹基福)	조국평화통일위원장
31	이하일(李夏一)	당 군사위원
32	김일철(金鎰喆)	인민무력부 제1부 부장
33	김익현(金益鉉)	당 군사위원
34	전재선(全在善)	1군단장
35	박기서(朴基西)	평양 방어사령관

36	이종산(李鍾山)	인민무력부 부총참모장
37	유미영(柳美暎)	천도교 청우당 위원장
38	김성애(金聖愛)	여맹위원장(김일성의 후처)

력과 무관할 수 있다. 주요 행사 주석단 서열에 빠져 있지만 실제로는 막강한 파워를 행사하는 예가 김정일의 측근 실세들 중에서 발견된다. 예를 들면 김정일의 유일한 친매제로 노동당 조직부 제1부부장인 장성택(張成澤)은 최고의 실세지만 주석단 서열에 낀 적이 없다. 한편 1996년 봄 한국으로 망명한 황장엽 전 노동당 국제담당 비서는 이미 김일성 사망 당시 장례식 주석단에 끼지 못한 것이 주목된다. 권력 핵심부에서 밀려나 있었던 것이다.

북한 권력의 부침상을 분석하는 데 주석단 서열은 몇몇 예외를 빼고는 중요한 근거자료가 된다. 김일성 사망 당시 추도행사에서의 주석단과 3년 후인 97년 7월 탈상행사 때의 주석단 서열을 비교해보면 상당한 변화가 있음을 알 수 있다.

가장 중요한 변화는 3주기 탈상행사의 주석단에는 전에 없던 군부원로와 실세들이 상위에 올라 있음이 발견된다. 호위사령관 차수 이을설(李乙雪)과 군 총정치국장 차수 조명록(趙明祿)이 10위와 11위에 각각 올라왔다. 이들은 모두 빨치산 1세대여서 전 인민무력부장 오진우(吳振宇)와 전 총참모장 최광(崔光)이 죽은 뒤 그 자리를 물려받은 것으로 분석된다.

그 다음 군부 실세로는 총참모장 차수 김영춘(金英春)이 12위로 상당히 상위자리에 올라 있다. 김영춘은 김정일의 직접통치 이후 등장한 신진 실세지만 최광처럼 원로세대가 아닌 군 총참모장이 그 자리를 차지한 것은 군부의 위상이 격상된 것을 의미한다. 이외에 빨치산 1세대 중 사회안전부장 차수 백학림(白鶴林)이 3주기 행사에서 새로 주석단 24위에 올랐다. 역시 1세대인 국가검열위원장 전문섭(全文燮)은 김일성 사망 당시 31위였으나 3주기 행사에서는 25위로 상승했다.

군부 실세에 비해 주로 전문관료 중에서 주석단 탈락자들이 많이 나왔다. 김일성 사망 당시 30위 이내에 있던 부총리 겸 화학공업부장 김환(金渙), 부총리 김창주(金昌柱), 평양시 행정경제위원장 박남기(朴南基) 등이 3주기 때는 모두 주석단에서 사라졌다. 관료 중에서 상승한 경우는 부총리 최영림(崔英林) 한 사람 정도였다.

당 비서 중에서도 대남담당이던 김중린(金仲麟)과 농업담당 서관히가 각각 21, 22위에 올라 있다가 빠졌다. 이들도 당료이지만 군부와 별 인연이 없는 당 서기의 취약성을 보여준 예에 속한다. 서관히는 농정실패에 대한 문책으로 총살됐다는 소식이다.

이는 빨치산 1세대가 아직 김정일 체제에서 상당한 원로대우를 받고 있다는 증거다. 실무는 신진 실세가 챙기겠지만 이들이 국가원로로서 어느 정도 영향력을 행사하는지, 그리고 김정일의 세습권력 체제를 정착시키는 데 어떤 역할을 할지 지켜볼 필요가 있다.

오진우 · 최광 이후 빨치산세대 행보

북한에서 빨치산세대로 김일성 다음의 원로 격인 오진우 당시 인민무력부장이나 최광(崔光) 인민군총참모장 등도 김정일 후계 체제의 정지작업에 협조해왔지만 김일성이 사라진 후엔 새로운 변수가 될 가능성으로 주목됐다. 그러나 어쨌든 김정일이 당분간 실질적인 통치자의 위상을 이어갈 것이라는 점엔 의심의 여지가 없었다.

한편 김일성 사망이 발표된 직후 우리 국방부는 군 특별경계태세령을 내렸다. 북한의 군 통수권자가 사망한 것은 북측에 안보위기 상황이다. 그런데 우리 국군이 비상근무에 들어간 것이다. 이에 대해 국방부 당국자는 "그의 사망 원인이 불분명했고 어떤 세력이 북한군의 통수권을 장악할지도 알 수 없기 때문에 만일의 사태에 대비하기 위한 조치"라고 설명했다.

김일성이 사망한 후 북한의 인민군은 두 가지 면에서 그 동태가 주목되었다. 하나는 우리에게 직접 위협이 되는 대남도발 가능성이고 다른 하나는 북한 자체의 후계통치권을 확립하는 권력투쟁 과정에서 어떤 역할을 하느냐는 문제였다.

이중 도발위협은 평양에 정변 등 돌발사태가 일어났을 경우 대비해야 할 상황이었다. 북한에서 갑자기 정변이 일어나 비이성적인 집단이 군 통수권을 장악하고 대남도발을 해올 가능성 때문이었다. 그러나 김일성 사망 발표 하루 뒤인 10일 합참의 군사정보 당국은 "북한군이 거의 훈련을 중단하고 조기를 게양하는 등 이상동태는 발견되지 않고 있다."고 밝혔다.

북한의 군부 동향에 정통한 국방부 관계자들은 김정일이 김일성의 후계통치권을 이어받는 과정에서 인민군이 어떤 역할을 할지 관심 있게 지켜볼 필요가 있다고 말했다. 북한 내부에 권력투쟁이 전개된다면 권력의 향배는 군부가 지지하는 쪽으로 결정된다고 봐야 한다는 것이다.

당시까지 북한에서 군이 정치에 영향을 주는 일은 없었다. 정치란 노동당이 총괄했으며 군은 당에 철저하게 예속돼 왔기 때문이다. 특히 김일성이 북한에서 권력을 장악하는 배경이 항일 빨치산 투쟁을 전개했다는 군사적 권위에 근거했다. 이 때문에 당 총비서로서 그의 군 장악은 아무런 문제가 없었다.

그러나 김정일은 달랐다. 그가 김일성과 근본적으로 차이가 있는 것은 무엇보다도 군사적 경험을 갖지 못했다는 사실이었다. 향후 김정일 체제가 단명할 것인지, 아니면 뿌리를 내릴 수 있을 것인지 여부가 그의 군 장악 능력에 크게 좌우된다고 보는 것이 전문가들의 견해였다.

외형상으로는 인민군 총사령관이며 국방위원장인 김정일이 당을 제대로 장악하기만 하면 오랫동안 당의 군대로 존재해 온 군이 그를 따르지 않을 수 없을 것이다. 그러나 김일성이 사라진 북한의 권력구조에서 그에게는 정적(政敵)이 생길 수 있다고 보는 것이 많은 전문가들의 관측이었다. 예컨대 계모인 김성애(金聖愛)와 그의 소생인 김평일(金平一) 등 이복동생들, 그리고 삼촌인 김영주(金英柱) 부주석도 그 동안 자신의 편으로 순화시켰다고 하지만 변수가 될 소지가 충분했다. 이런 과정에서 북한의 군부가 누구의 영도력을 더 평가해주느냐에 따라 김씨 일가의 권력세습 승계자는 바뀔 가능성도 없지 않다는 것이었다.

김정일이 김씨 일가 내부보다도 더욱 버거운 상대는 김일성과 함께 북한 정권을 세우고 이끌어 온 빨치산 출신 혁명 1세대들이었다. 북한정권이 창건된 후 계속 김일성 아래서 인민군의 통수권 제2인자 자리를 지켜 온 오진우 인민무력부장이나 최광 인민군 총참모장이 다른 목소리를 낼 경우 북한의 군심(軍心)은 그 쪽으로 돌아갈 가능성도 배제하기 어려워 보였다.

김일성이 아들 김정일에게 권력을 물려주기 위한 준비작업으로 군최고사령관과 국방위원장을 먼저 맡긴 것도 물리적 힘을 갖고 있는 군부장악이 가장 중요했기 때문이었다.

북한의 군부는 당시 최상층부에 국방위원회가 있었고 군사작전과

일반지휘권에 대해서는 인민무력부와 총참모부, 정치사상 통제는 총
정치국과 군 보위부, 군수무기 등의 조달은 당 중앙군사위원회에 각
각 예속돼 있었다. 이중 인민무력부는 오진우가 장악해 왔으며 김
정일은 국방위원장과 국가보위부를 맡고 있었다. 오진우는 김일성
이 사망한 다음 해인 95년 2월 파리에서 치료한 보람도 없이 평양
에 돌아가 눈을 감았으며 그 다음 해 총참모장 최광도 역시 세상을
떠났다.

　만일 두 사람이 살아남아 군부를 계속 장악했다면 김정일이 따로
가진 무기로는 국가보위부가 있을 뿐이었다. 빨치산세대의 중심 인
물이던 오진우와 최광이 사라짐으로써 김정일이 군을 장악하는 데
큰 걸림돌이 치워진 셈이었다. 그러나 아직도 당과 군의 요직에는
빨치산 1세대가 상당수 남아 있었다. 98년 9월 최고인민회의에서
권력구조 개편을 단행하면서 김정일은 빨치산 1세대 중 조명록·이
을설·이용무를 국방위원으로 임명했다. 또 만경대 혁명학원장 김
용연(金龍淵)과 이용무에게는 새로 차수 칭호를 부여해 예우했다.

북한의 군벌들

　북한에서 군은 김일성 정권을 세우고 그 1인 체제를 떠받쳐 온 세력이다. 당에 의해 지배되는 무장세력이면서 동시에 군 원로들이 당을 장악하고 있는 북한 체제의 핵심집단이다. 북한의 군부는 김정일 체제를 전폭적으로 지지하든 갈등양상을 보이든 북한에서 당과 함께 통치권력의 양대 지주다. 그 실체를 분석하는 것이 무엇보다도 북한의 앞날을 가늠하는 데 도움이 될 것이다.

　김일성 사망 직후 북한을 통치하는 권력자 두 사람을 꼽는다면 김정일과 오진우였다. 김정일은 당 서열 제1위의 정치국 상무위원 겸 비서이며 국방위원장(인민군뿐 아니라 북한의 모든 무장력에 대한 통수자로 정무원 소속이 아닌 독립적인 직위) 직위를 갖고 있었다.

　오진우는 지난 1976년 5월부터 95년 2월 사망할 때까지 계속해서 인민무력부장을 맡아 온 북한 군부의 대부였다. 인민무력부장도 국방위원장과 국가주석만을 직속상관으로 모실 뿐 일반 내각처럼 정무원 산하가 아니었다. 북한은 오진우가 사망한 지 2년 반이 지났을 때까지 후임 인민무력부장을 임명하지 않고 있었다. 마치 김일성이 죽은 후 그가 차지했던 당 총비서와 국가주석 직을 비워두는 것과 똑같이 인민무력부장 자리도 그대로 공석이었다. 그것이 오진우의 자리를 다른 사람이 감히 메울 수 없다는 뜻으로 죽은 자에 대한 예우라고 생각하는 것 같았다.

빨치산 군벌

북한의 인민무력부는 우리의 국방부와는 위상이 판이하며 오진우는 살아 생전 공식적으로도 김정일에 이어 권력 서열 2위였다. 이들의 권력행사를 위한 도구가 조선노동당과 인민군이었다. 사회주의 체제에서는 당이 국가를 지배하며 당은 간부들의 합의로 운영되는 집단지도제를 원칙으로 한다. 사회주의 정치권력의 시조인 레닌이 주장한 원칙이다. 그러나 북한은 수령 1인의 절대 권력이 당의 지배보다 우선하는 변형된 사회주의 체제를 확립했다. 변형통치 체제의 본질은 한마디로 혈통지배와 권력세습에 있다. 그리고 혈통집단은 김일성 일가 외에도 그가 1930년대 항일 빨치산 운동을 벌였다는 만주시절 전우들과 그 2세로 이루어진 군벌이다.

북한에서 김일성 부자 외에 우상화된 인물이 있다면 '유격대 오씨 5형제' 또는 '항일 오씨 10열사' 다. 북한에서는 70년대부터 이 제목의 영화와 연극이 널리 공연됐다. 김정일 자신도 당 비밀회의에서 수령의 후계자로 결정된 70년대 초부터 '오중흡 따라 배우기' 운동을 전파했다. 오중흡은 1930년대 김일성의 만주항일 시절 호위대원으로 김일성의 위기를 몸으로 막고 대신 전사한 빨치산이며 오씨 5형제 중 한 사람이다. 그래서 김정일은 수령과 당에 대한 충성과 희생을 강조할 때마다 오중흡의 전사를 극화했다.

유격대 5형제의 후광으로 김 부자와 함께 북한정권의 '오너' 처럼 자리를 지켜온 사람이 오진우였다. 그는 오씨 5형제의 4촌이다. 또 오씨 일가의 2세대 대표주자가 전 인민군 총참모장이며 현재 당 작전부장인 대장 오극렬(吳克烈)로 그는 바로 오중흡의 장남이다. 그러니까 오진우는 오극렬의 5촌이다. 그런 혈통을 지닌 오극렬을 김일성이 애지중지한 것은 당연하다. 김일성이 그를 공개리에 인민무력부장감이라고 말했다는 것은 널리 알려진 사실이다.

김일성은 46년 말 북한에서 실권자가 되자마자 만주에 사람을 보내 빨치산 2세들을 찾아냈다. 오늘날 북한의 당 군정에서 실세 행세를 하는 이른바 혁명 2세대로 불리는 인물들은 김일성이 만주에서 데려다 교육시킨 빨치산 유자녀들이다. 이들을 교육시킨 기관이 47년 평양의 김일성 생가 근처에 세워진 만경대 혁명가 유자녀학원. 이들 빨치산의 후예들은 김일성의 계획에 의해 교육받은 후 당과 군, 그리고 일부는 행정부 쪽으로 나뉘어 각기 진출했다. 그러나 이들 북한의 2세대 지배 엘리트는 자신의 선대가 군 출신이기 때문에 기본적으로 군벌성격을 지니고 있다. 북한이 병영국가 모습을 벗어나지 못하고 있는 이유도 핵심권력층이 대부분 군벌에 뿌리가 닿아 있기 때문이다.

다음은 오씨 일가 외에 북한의 고위인사로 이같이 군벌 연고를 가진 경우이다.

• 최현(崔賢): 전 민족보위상(6·25 당시 인민군 2군단장)의 아들 최용해(崔龍海) 사로청위원장.

• 김책(金策): 6·25 당시 인민군 전선사령관의 아들 김국태(金國泰) 당 간부부장(전 김일성당 학교 교장).

• 연형묵(延亨默): 전 정무원 총리는 30년대 만주에서 김일성 유격대를 돌보아준 화전민의 아들.

• 김환(金煥): 부총리 겸 화학공업부장은 빨치산으로 전사한 김혁

(金赫)의 아들.

• 강건(姜健) : 6 · 25 당시 인민군 총참모장(전사)의 아들 강창주
(姜昌柱)는 현역 군단장.

해방되던 해 15세이던 오극렬도 북한에서 이들 빨치산 유자녀들
과 함께 만경대 혁명학원에 1기로 들어갔다. 그는 만경대 혁명학원
을 거쳐 소련 공군대학에 유학했다. 김일성에 의해 친위세력으로 철
저히 키워진 군부 엘리트다. 그가 비록 한때 군사개혁을 시도하다
가 혁명 1세대들에 의해 제동이 걸렸지만 김정일 시대에 군부를 이
끌어갈 주역임에는 틀림없다. 그는 고용된 관료가 아니라 김정일 일
가와 함께 북한정권을 공동소유하고 있는 오씨 일가의 대표주자이
기 때문이다.

일각에서는 그가 지난 88년 4월 오진우 등 군 원로들의 입김에
의해 총참모장직을 최광에게 내주고 당직으로 들어갔을 때 숙청으
로 보기도 했다. 그러나 그것은 일종의 수련코스로 보아야 한다. 그
에게 다양한 경험을 갖게 해 큰 그릇으로 만들겠다는 것이 김일성
의 뜻이었다. 더욱이 오진우가 그를 숙청했다는 풀이도 있었으나 그
것은 오씨 족벌을 알지 못한 데서 나온 억측에 불과하다.

그가 총참모장직을 내놓고 당으로 들어가 맡은 직책들이 그것을
입증하기에 충분하다. 그는 당에서 군사관련직으로 중앙위 군사위
원에 임명됐으며 민방위 부장을 거쳐 현재는 작전부장 자리에 있다.
중앙위 군사위원이 실세 자리임은 두말할 필요가 없으며 민방위 부
장도 노농적위대 등 방대한 규모의 준군사조직을 관장하는 요직이
다. 당 작전부장은 주로 대남침투 특수부대 등을 책임진다.

북한에서 김일성 일가 다음의 지배권력 족벌로 오씨 일가가 군부
의 주인노릇을 할 수 있게 한 유격대 5형제는 오중화, 오중흡, 오중

기, 오중철, 오중식 등이다. 6·25 때 인민군 8사단장을 지내고 후에 대장으로 당 군사위원이 된 군 실력자 오백룡(吳白龍)도 오씨 일가다. 그는 지난 84년 4월 병사했다.

북한은 이처럼 김일성이 항일 빨치산 투쟁을 벌였다는 군사적 권위에 통치권의 기반을 두었으며 다른 핵심지배층도 그 동료와 2세들로 형성된 군벌정권에 해당한다. 더욱이 정권수립 이후 계속 권력을 행사해 온 당군의 원로들은 대부분 빨치산 1세들이어서 이른바 병영 국가성격을 벗어나지 못하고 있는 것이다.

북한의 군부는 70세가 넘은 빨치산 1세대가 장악하고 있는 형국이었다. 빨치산 1세대의 중심인물이 오진우이며 그 아래 군부 제2인자가 총참모장 최광이었다. 김일성 사망 당시 오진우는 김정일과 함께 북한에 두 명밖에 없는 원수(元帥)이며 최광은 8명의 차수(次帥)중 한 사람이었다.

최광 이외의 차수는 인민무력부 부부장 김광진, 호위총국장 이을설, 인민무력부 부부장 김봉률, 당 중앙군사위원 겸 사회안전부장 백학림, 당 중앙군사위원 이두익, 당 민방위부장 김익현, 김일성 군사종합대학 총장 최인덕이다. 빨치산 1세대는 3~4명의 대장을 제외하고는 대부분 차수칭호를 받았다. 이들은 군실력자일 뿐 아니라 국가원로 행세를 한다. 현재 나이가 모두 70대 후반에서 80대 초반 사이의 연로세대다. 차수는 안 됐지만 당 정치국 후보위원이며 국방위원인 대장 김철만도 빨치산 1세대로 군부에서 힘쓰는 실력자 중 한 사람이다.

북한의 군부에서 오진우 다음으로 실력자였던 최광은 드라마틱한 인생부침을 연출한 인물로 유명하다. 사회주의 체제에서 정치적 숙청과 복권이라는 독특한 권력놀음을 연구할 때 최광의 경우가 그 전형적인 사례다.

그는 지난 63년 2월부터 69년 2월까지 인민군 총참모장을 지냈으나 숙청당했다가 지난 88년 다시 총참모장으로 복귀했다. 북한 김일성 체제에서 일단 숙청당했다가 되살아난 경우가 매우 드물기 때문에 그는 군부의 부도옹(不倒翁)으로 불렸다.

그는 당시 민족보위상(인민무력부장 전신) 김창봉(金昌奉) 사건에 연루돼 문책당했다. 김창봉 역시 빨치산 1세대로 김일성이 속해 있던 소련군 88여단과 다른 부대인 정찰국 산하 특수공작대 대원이었다. 그도 인민군의 창군 원로로 6·25 당시 인민군 8군단장을 지내고 62년부터 민족보위상을 맡아온 군부 실력자였다. 그러나 김일성의 친위대장 역할을 한 오진우와 당 중앙위 선전선동부 부부장이던 김정일이 그를 김일성의 유일지도 체제에 어긋난다며 군당위원회에서 공개비판했다. 당시 김정일은 64년 김일성종합대학을 졸업하고 당에 들어가 조직지도원을 거친 약관 26세의 청년 초급간부였다. 그는 선전선동부에서 마치 60년대 중반부터 시작된 중국문화혁명기의 급진행동대인 홍위병 흉내를 냈다. 그에 대해서는 상반된 두 가지 평가가 나돌고 있다. 그가 성격이 괴팍하고 잔혹하다는 평을 받은 것도 60년대 말부터 70년대 초 당의 청년간부로 활동하던 때의 행동 때문이다.

김씨와 오씨 족벌은 68년 12월 김창봉과 함께 인민군 총정치국장 겸 대남 당 비서인 허봉학(許奉學)도 숙청했다. 허봉학 역시 혁명 1세대로 6·25 당시 인민군 4군단장과 민족보위성 부상(차관)을 지낸 군부 실세였다. 그러나 그도 김일성 1인 체제를 확립하기 위한 사전 정지작업에 순응하지 않아 희생됐다. 이때 최광은 총참모장으로 민족보위상 및 총정치국장과 함께 군부의 3대 실력자였기 때문에 일종의 연대책임을 져야 했다. 그의 죄목은 반당·반지도 노선에 대한 방관 및 보고 태만이었다.

최광은 1940년대 빨치산부대에서 허봉학과 생사를 함께 했던 전우였기 때문에 더욱 의심을 받았다. 북한 빨치산 1세대들의 항일활동에 대해 정설화된 연구자료들에 따르면 최광은 극동지역의 소수민족으로 구성된 소련군 항일유격대인 88특별여단에서 김일성 등과 함께 초급지휘관이었다. 김일성은 1930년대 만주에서 중국공산당 소속 동북항일연군의 사장(師長, 중대장급)을 하다가 41년 일제가 만주사변을 일으켜 소탕에 나서자 소련으로 피신했다. 그후 김일성은 소련군으로 옷을 바꿔 입은 것이다.

40년대 초 소련군 88특별여단에서는 김일성과 강건(6·25 당시 인민군 총참모장으로 전사)이 대대장, 최용건(전 민족보위상), 김책(6·25 당시 인민군 전선사령관으로 전사), 안길(인민군 초기 보안간부훈련대 총참모장)이 정치위원, 그리고 최현(전 인민무력부장), 김일(전 국가 제1부주석), 김광협(전 부수상 겸 민족보위상) 등이 중대장급이었다. 최광은 허봉학, 서철(전 인민군 총정치국장)과 함께 소대장을 지냈다. 이들이 45년 9월 소련 군함을 타고 원산항으로 입북해 북한에서 인민군을 창건하고 김일성 정권을 조직한 항일 빨치산 갑산파들이다.

최광은 김창봉 사건으로 총참모장직에서 쫓겨나 하루아침에 광산 노동자 신세로 전락했다. 그러나 그는 탄광촌에서 와신상담하며 일절 원망의 빛을 보이지 않은 채 김일성 부자의 지도 노선을 찬양하며 지냈다. 어려운 노동자 생활이었지만 그는 빨치산 시절의 체험을 떠올리며 극복할 수 있었다. 그러기를 8년. 그의 '모범적인 수형' 태도를 여러 차례 보고받은 김일성은 77년 초 이렇게 한마디 했다.

"역시 최광이가 옛날 최광이 그대로군."

김일성의 탄복과 함께 그는 즉각 복권됐다. 그러나 복권 후 그가 돌아간 곳은 군부가 아닌 행정직이었다. 그는 황해남도 인민위원장을 3년여 맡다가 80년엔 당 정치국 후보위원에 올랐고 정무원 부총리와 최고인민회의 대의원을 지냈으며 88년 총참모장으로 군부에 복귀한 것이다.

그러나 그가 이렇게 되살아난 배경엔 무엇보다도 김일성 족벌과의 특수관계가 크게 작용했다. 그는 40년대 초 같은 빨치산 여자대원이던 김옥순과 결혼했다. 당시 김일성도 김옥순의 동료인 여자빨치산 김정숙과 결혼해 빨치산 커플이었다. 두 빨치산 커플은 유난히 가까울 수밖에 없었다. 최광의 처 김옥순은 김정일의 생모인 김정숙이 49년 9월 사산아를 낳다가 숨지자 당시 7세 소년이던 김정일을 자상히 돌봐주었다. 이때 미래의 '황태자'와 깊은 인연을 맺어둔 것이다.

혁명 2세대와 군부 신실세들

북한에서는 군장성을 '장령'이라고 부른다. 그러나 원수나 차수는 장령과는 구별되며 그대로 원수, 차수로 호칭한다. 장령의 명칭도 대장, 상장, 중장, 소장(우리의 준장에 해당)으로 우리와 다르다. 장령의 수는 모두 1천4백여 명. 우리 군장성의 세 배 가까이나 된다. 이중 763명이 무더기로 지난 92년 4월과 93년 7월 1계급씩 진급됐다. 김정일이 국방위원장과 원수에 오른 후 이들 전체 장령의 3분의 2에 해당하는 인원에게 혜택을 베푼 것이다.

김정일은 또 지난 95년 10월 군 고위간부에 대한 대규모 인사를 단행했다. 이때 오진우가 죽은 후 공석이던 인민무력부장에 최광,

군 총정치국장에 조명록, 총참모장에 새로운 인물인 김영춘, 인민무력부 제1부부장에 김광진이 각각 임명됐다.

이날 최광과 이을설은 차수에서 원수로, 대장이던 조명록, 이하일(李夏一, 당 군사부장), 김영춘은 차수, 김하규(金夏奎, 포병사령관) 등 3명의 상장은 대장으로 각각 승진했다.

그러나 이들 나이가 많은 군 고위간부들 중 최광과 김광진 등이 또 사망했다.

97년 4월 13일, 김정일은 사망한 김일성의 85회 생일(4월 15일)

김일성 사망 후 김정일 체제에서 북한군부를 장악하고 있는 최고 실세들이 1997년 9월 11일 김일성 군사종합대학을 시찰하고 있다. 김정일의 뒤편 오른쪽이 총참모장 차수 김영춘, 앞쪽이 총정치국장 차수 조명록, 뒤편 왼쪽이 총정치국 부국장 대장 현철해다.

북한의 현존 인물 중 김정일 외에 유일하게 원수 칭호를 받은 호위사령관 이을설. 그는 1920년대 말부터 만주에서 김일성의 호위병과 전령을 지낸 북한판 가신이다.

과 인민군 창건 65주년(4월 25일)을 앞두고 모두 125명에 이르는 차수와 군장령의 대대적인 승진인사를 단행했다. 군부 우대의 표시로 선심을 마구 쓴 것이다. 이 대규모 인사에서 차수 4, 대장 1, 상장 8, 중장 37, 소장 73명이 탄생했다.

차수 승진자를 보면 김일철(金鎰喆, 당 중앙군사위원, 인민무력부 제1부부장, 해군사령관), 전재선(全載善, 1군단장), 박기서(朴基瑞, 당 중앙군사위원), 이종산(李鍾山, 부총참모장) 등이다.

또 98년 9월 10일 당 중앙군사위와 국방위 결정으로 김용연과 이용무가 차수 칭호를 받았다.

이로써 북한의 차수는 모두 13명이 됐으며 그 명단은 다음과 같다. 조명록, 이하일, 김영춘, 백학림, 김일철, 전재선, 박기서, 이종산, 김봉률(金奉律, 인민무력부 부부장), 이두익(李斗益, 당 중앙군사위원), 김익현(金益鉉, 당 민방위부장), 김용연(만경대 혁명학원장), 이용무(국방위원).

또 84년에 부총참모장을 지내고 현재 인민무력부 부부장 중 한 사람인 상장 정창렬은 같은 날 대장으로 승진했다.

이 같은 북한 군부의 동향으로 볼 때 공석 중인 인민무력부장의 후임은 김정일 체제에서 계속 부상하고 있는 인물 중에서 점쳐졌다. 제1순위가 김정일과 함께 단 2명의 원수인 이을설이다. 그리고 다음으로 떠오르는 스타가 조명록이다. 여기에 3순위에 드는 차수가 김일철과 이하일, 김봉률 정도일 것이다. 그러나 98년 9월 개편에서 인민무력부장에 발탁된 사람은 의외로 해군사령관 차수 김일철이었다. 그는 혁명 1.5세대로 조명록과 이을설을 제쳐 세대교체의 선봉장 격이 됐다.

북한의 군부를 움직이는 장령을 대별하면 3개 그룹으로 나눌 수 있다. 1그룹은 빨치산 1세대로 원수부터 대장까지 있다. 1세대의 대표주자 격이던 오진우와 최광은 원수 칭호를 받은 뒤 사망했다.

2그룹은 빨치산 투쟁을 직접 체험하지 않은 그 후예들로 대장, 상장급을 구성하고 있다. 이 빨치산 2세들은 대부분 만경대 혁명학원을 나온 후 소련이나 동독 등의 군사학교에 유학했다. 인민군이 창건되고 이들이 군관교육을 받던 47년 이후 50년대 중반까지 북한에는 현대군사교육을 시킬 만한 학교가 미비했다. 그러자 김일성은 6·25 전후 군 간부를 양성하기 위해 이들 빨치산 2세들을 해외군사학교에 위탁교육시킨 것이다.

북한의 군장령들 중 제3그룹으로 신진 세대라 할 수 있는 중장·소장급은 오히려 그 선배들인 빨치산 2세보다 해외유학 경험을 갖지 못했다. 이들이 군관훈련을 받을 때 북한에는 강건 종합군관학교 김책 공군대학, 그리고 나중에 핵심군관 보수교육기관으로 김일성 군사종합대학 같은 군사학교들이 세워졌기 때문이다. 50년대 말 이후 북한은 이런 군사학교에서 '자기식 군사전략'과 주체의식을 강조하면서 토착군관을 양성했다.

이렇게 김일성 체제의 주체사상식 군사교육을 받은 군부 3세대가 현재 북한에서 실제 병력을 장악하고 있는 사단장과 군단장들이다. 이들은 외부세계를 접해본 적이 거의 없다. 또 그들의 실체가 바깥

세계에 일절 알려지지도 않았다.

북한군부에서 해외유학 그룹이 있다면 구소련이나 동구의 신무기를 도입할 때 그 운용기술을 익히기 위해 3~6개월 간 단기코스의 연수를 받은 경우가 전부인 것으로 알려져 있다. 이런 부류는 소좌(소령)에서 대좌(대령)급까지 대략 2천5백여 명 정도에 이른다.

신진 세대란 해외의 신전략을 익히고 그래서 개혁개방의 새바람을 불어넣는 역할을 수행하는 법인데 북한의 경우 반대현상이 일어나고 있다는 것이다. 이들 제3그룹은 주체사상과 김일성 유일지배 체제 아래서 북한식 토착교육을 받았기 때문에 김부자의 권력세습체제에 더욱 충성하는 친위세력이다. 이 때문에 김정일이 후계 체제를 확립해가는 과정에서 군부 내 신진 세대에서 1인 체제에 대한 거부감 같은 것이 나올 수 있지 않을까 기대하는 것은 현재로서는 무리다.

빨치산 1세대 중 백학림, 이두익, 전문섭, 이을설 등은 모두 1930년대 함남 갑산 지방에서 나이 10대 중반의 소년유격대원으로 김일성부대에 들어가 그의 호위병과 전령 등을 지낸 최측근 부하들이다. 특히 치안경찰과 대민사찰기구인 사회안전부의 총수인 백학림은 김일성이 중국공산당의 동북항일연군에서 초급지휘관을 할 때 호위병이었다. 그러다가 이들은 소련으로 피신해 들어가 서로 다른 부대로 갈라졌다.

백학림과 함께 소련군 정찰대에 소속돼 있던 김창봉 등 인민군의 창건 초기 간부들은 모두 숙청당했다. 그러나 백학림은 김일성의 호위병 출신이어서 화를 면했다. 그는 6·25 때 연대장으로 참전해 서울 점령에 공을 세웠으며 60년에는 군사정전위 북측대표로 나타나기도 했다. 일찍 출세한 편에 속하는 백학림은 61년에 이미 당 중앙위후보위원과 김일성의 호위처장 겸 수석부관으로 최측근 경호책임자 자리를 굳혔다. 그가 사회안전부장이라는 막강한 권력자가 된 것은 지난 85년이다.

또 빨치산 1세대로 군사전략가이며 정치군인으로 수완 있는 인물이 김철만이다. 그는 군 내부보다는 당에서 군사정책을 입안하는 핵심이며 외부에 알려진 것보다 훨씬 영향력 있는 주목할 만한 실세다.

김일성 사망 후 특히 김정일 후계 체제의 군부에서 중요한 역할을 맡을 집단이 빨치산 2세대로 만경대 혁명학원 출신들이다. 이 그룹의 선두주자가 바로 김정일의 오른팔인 오극렬(66세, 대장, 당 작전부장)이다. 다음은 이들 빨치산 2세대들의 보직 현황이다.

당 중앙군사위원 겸 전 김일성군사보좌관 김두남, 당 중앙군사위원 김강환, 당 중앙군사위원 겸 인민군 총정치국 조직담당 제1부국장 이봉원, 국방위원 겸 당 군사부장 이하일, 당 중앙군사위원 오용방, 총정치국장 조명록, 해군사령관 김일철, 포병사령관 최상욱, 사회안전부 정치국장 장성우, 부총참모장 이병욱, 1군단장 전재선.

이중에서도 김두남, 김강환은 오극렬과 함께 김정일을 떠받치는 트로이카였으나 지금은 그 위상을 알 수가 없다. 이들보다도 총참모장 김영춘이 새로운 군부 실세로 떠올랐다.

김두남은 해방 후 만경대 혁명학원을 거쳐 회령군관학교에서 군관교육을 받았으며 소련 군사아카데미에 유학했다. 일찍이 80년에 52세의 나이로 당 군사부장을 지냈으며 이어 군 전체에 대한 당적 지도를 맡는 당 조직지도부의 군담당 부부장에 기용됐던 군부 엘리트다. 김강환은 만경대 혁명학원 재학 중인 19세 때 6·25에 참전했으며 휴전 후 소련군사아카데미에 유학했다. 주로 작전분야에서 일한 그는 김정일이 북한의 수령후계자로 공개 추대된 80년 6차 당 대회에서 정치국 후보위원과 당 중앙군사위원, 인민군 부총참모장에 올랐다. 그는 84년 김두남의 뒤를 이어 당 군사부장에 임명돼 김정일의 군사문제 자문 역을 맡았다. 이 두 사람이 오극렬과 함께 현대전 이론에 밝고 머리가 깨인 군사 지도자에 속한다.

이 외에 만경대 혁명학원 출신으로 군부에서 힘쓰는 실세로는 이봉원이 꼽힌다. 그는 김일성 대학을 나와 야전이 아닌 군정분야에서 중용된 김정일의 측근이다. 특히 김정일이 90년대 들어 군 총사령관과 국방위원장, 원수가 된 후 군 장악을 위한 실무책임자 역할을 해온 정치군인이다.

김정일의 군권 장악과정

김정일이 군에 직접 영향력을 갖게 된 것은 80년 10월 당 6차대회에서 당 중앙군사위원에 선출된 후부터다. 이 당대회에서 그는 당 중앙위 정치국 상무위원에 오르고 김일성의 후계자로 공개됐다. 이때 그에게 주어진 권력 서열은 김일성, 김일, 오진우에 이어 4위였다.

이후 그가 권력 서열에서 북한군의 대부 오진우보다 처음으로 앞선 것은 90년 5월부터였다. 이때 북한은 헌법을 개정해 공화국 국방위원회를 발족시켰으며 위원장에 김일성, 제1부위원장에 김정일을 선임했다. 국방위의 제1부위원장은 오진우가 맡고 있는 인민무력부장보다 위였으며 군 통수권 2인자였다. 이는 김일성이 아들에게 권력을 상속시켜주기 위한 핵심적인 조치였다.

김일성은 아들 김정일에게 권력을 세습시키기 위한 수순으로 가장 먼저 군을 통제하는 자리를 넘겨주었다. 권력은 총구로부터 나오며 1인 체제를 유지하는 데 물리적 힘을 가진 군부 장악 여부가 관건이라는 사실을 누구보다도 잘 알았기 때문이다.

김정일의 후계자 위치는 국가주석이 위원장인 국방위원회의 제1

부위원장에 오른 것을 비롯, 91년 12월 군 최고사령관, 92년 4월 원수, 93년 4월 국방위원장에 차례로 올라 병권을 거머쥠으로써 확실해졌다. 그렇다고 해서 군부가 그의 군사적 권위에 승복하고 있는지는 아직 알 수 없는 일이다. 그에게는 빨치산투쟁 경력을 내세울 근거가 없다. 그가 김일성과 근본적으로 차이가 나는 점은 바로 군사적 권위를 갖지 못했다는 데서 찾아야 할 것이다. 엄밀하게 말해 그는 권력자의 상속자일 뿐 군사 경력이 없다.

군사 경력에서 앞서는 김평일

군 경력으로 따진다면 김성애 소생으로 그의 이복동생인 김평일이 월등히 유리하다. 김평일은 77년 김일성 종합대학을 졸업한 뒤 78년부터 81년까지 김일성 군사종합대학에서 고급 군관교육을 받았다. 김일성 군사종합대학은 대위급 이상의 군관을 선발해 군사전략 등을 연수시키는 북한 최고의 군 엘리트 교육기관이다. 그러니까 김정일에게 잠재적 경쟁자로 주목되고 있는 김평일은 군부에서 매우 유리한 위치인 셈이다.

김평일은 그후 유고대사관 무관을 거쳐 84년부터 88년까지 인민무력부 경비국장을 지냈다. 그가 헝가리, 핀란드 등 해외주재 대사로 나간 것도 군에 오래둘 경우 김정일의 후계자 위상에 혼란이 야기되기 때문이었다.

군 경력에서 열등감이 있는 김정일은 원수 칭호까지 얻었지만 그것은 정치적 의미가 있을 뿐 다른 군부 지도자들의 경우와 본질적으로 같을 수가 없다. 당의 국가에서 당에 의해 지배되는 군대이기 때문에 그 힘으로 군권을 이어받은 데 불과한 것이다.

그러나 그는 군권을 잡았다는 표시를 분명하게 했다. 군 최고사령관과 원수에 오른 후 그는 92년 4월 23일 16명의 대장 진급을 포함해 664명의 군장성을 진급시켰다. 이때 장성 진급 인사는 '군 최고사령관 명령 제0024호'라고 명시됐다. 군 최고사령관이란 전시에 국가원수인 주석에게 돌아가는 자리로 평시엔 실제 업무가 없는 옥상옥에 불과했다. 그런데 김정일이 맡아 그 권한을 가동해본 것이다.

여기서 더욱 눈길을 끈 것은 군에 관한 한 '애송이'에 불과한 김정일이 인민군의 상징적 존재인 오진우를 차수에서 원수로 진급시킨 권한행사였다. 또 총참모장 최광을 비롯한 빨치산 1세대 출신 대장 8명에게 차수계급장을 달아주었다. 북한의 국가원로들인 빨치산 1세대들에게 인사권을 행사한 것은 그가 김일성의 뒤를 이어 북한의 통치권자가 된다는 가장 확실한 예고였다.

그후 그가 군 관련 최고위직인 국방위원장에 오른 뒤인 93년 7월 19일에는 신진소장파 중 중장 14명, 소장 85명을 각각 진급시켰다. 이때 진급한 장성들 중에 군단장 사단장급 실병지휘관이 많이 포함돼 이들이 김정일의 군부 내 친위세력으로 관측되고 있다.

김정일은 이처럼 군 내에 빨치산 1세대와 2세대, 그리고 소장파 그룹별로 지지기반을 다져왔다.

처음 그가 군부에 대해 영향력을 행사하기 시작한 것은 60년대 말 당 조직을 통해서였다. 그는 당의 권부인 조직지도부 지도원 노릇을 3년여 한 후인 67년부터 71년까지 선전선동부 과장과 부부장으로 활약했다.

이때 그가 주로 벌인 사업은 문화 · 예술 · 출판 · 보도 분야에서의 유일사상 체계 확립이었고 군부에 대해서도 이른바 이질적 요소의 척결을 요구했다. 그의 이념적 문화운동은 73년부터 시작된 3대 혁명소조를 타고 더욱 힘을 얻었다. 김일성의 교시를 내세워 '사상도 기술도 문화도 주체의 요구대로' 라는 구호와 함께 번진 3대 혁명소조는 각 분야에 확산됐다. 마치 60년대 중반 중국공산당의 모택동이 사상순화를 위해 문화혁명을 기치로 내세우며 홍위병을 선동했던 것처럼 북한에서는 한때 3대 혁명소조가 극성을 부렸다. 이들은 소련 공산주의자들의 영구혁명론과 유사한 계속혁명론을 내놓더니 그것을 슬그머니 혁명계승론으로 바꿔치기했다. 그리고 이 혁명계승론이 수령의 후계 체제 확립 주장으로 다시 한 번 탈바꿈했다.

3대 혁명소조 운동의 결과 군 내부에서는 '혁명계승' 이라는 명분 아래 세대교체 바람이 불었다. 당시까지 연대장과 사단장을 맡고 있던 빨치산 1세대 출신이 상당수 밀려났다.

김정일 자신도 이 시기에 당 비밀회의에서 이미 김일성 유일 체제의 후계자로 내정된다. 그는 73년 9월, 드디어 당 핵심기구인 비서국의 조직 및 선전선동담당 비서로 선임되며 이어 74년 2월엔 당의 최고권력부서인 정치국위원에 올랐다. 그의 주변에 빨치산 2세대로 만경대 혁명학원을 나온 중장·소장급 장령들이 모이고 이들이 군부 실세로 힘쓰기 시작한 것도 바로 이 시기였다. 그 선두주자가 오극렬, 김두남, 김강환 등 만경대 혁명학원을 거쳐 소련 군사아카데미에서 유학한 3인방이었다.

김정일 떠받치는 빨치산 혼맥

김정일의 군부 내 지지기반을 따져볼 때 무엇보다도 염두에 두어야 할 것이 바로 빨치산 1세대들의 혼맥(婚脈)에 의한 족벌구조다. 남한에서 군벌이 주로 지연에 바탕을 두고 있다면 북한의 군벌이나 통치집단은 항일빨치산 시절의 '전우가족' 들이다. 이들은 대부분

1930년대 만주의 동북항일연군 및 40년대 소련의 극동방면군 88여단 시절 여자유격대원과 결혼한 빨치산 커플이었다. 여자유격대원들은 만주빨치산 시절에는 재봉·간호·취사요원이었고 소련군 88여단에서는 통신대에 많이 근무했다. 김정일의 생모 김정숙이나 총참모장을 지낸 원수 최광의 처 김옥순도 만주 김일성유격대에 들어가 처음엔 재봉대원이었으며 후에 88여단에서는 통신대원 노릇을 한 여자빨치산들이다.

이런 빨치산 가족들에 의한 통치구조에서 말 그대로 가부장적 위치를 누려온 권력자가 김일성이었다. 이제 그런 통치권이 사유재산의 장자상속 관습처럼 김정일에게 넘어갔다. 그러나 그가 당 총서기에 오른 뒤에도 필요한 것이 통치집단 내부에서 최소한의 심리적인 승복이다. 정치적으로는 '김일성 수령의 유지' 하나로 이미 충분할 것이다.

앞으로 통치집단의 생존 문제를 고려하더라도 권력 상속자에 대한 심리적 복종심이 뒤따라야 한다. 그 복종심은 탁월한 리더십과 경륜이든지, 아니면 물리적인 강제력과 공포의 도구가 있어야 우러나온다. 김정일 후계 권력의 확립에서 군부는 바로 반대자들을 제압하는 도구로 이용돼 온 것 같다.

그러니까 군부가 직접 쿠데타를 일으키지 않더라도 정치적 반대세력에 대한 적극적 진압을 거부할 때 김정일 체제는 종말을 고할수밖에 없다. 앞으로 북한의 군부가 김정일 체제를 얼마나 진심으로 보위하느냐 하는 문제는 군 실력자들의 가족적 유대감을 파헤쳐봄으로써 짐작할 수 있다.

북한의 인민군을 창건한 혁명 1세대 실력자들인 빨치산 커플 명단과 주요 경력이다.

• 김일성-김정숙(김정일의 생모, 1917년 12월 함북 회령 출생. 35년 9월 김일성 유격대 가담)

• 김일(전 부주석, 6·25 당시 민족보위성 부상)-허창숙(김일성유격대원, 전 여맹부위원장)

• 강건(전 인민군 총참모장)-박경숙(동만주 출생, 만주항일유격대 재봉대원. 전 당 중앙위 경공업 및 상업부 부부장)

• 최현(전 민족보위상)-김철호(동북항일연군 여자유격대원)

• 이영호(43년 소련군 장교로 만주 항일전 참가. 전 민족보위성 부상)-유경희(유경수의 누이, 김일성유격대원)

군 원로 중에서 빨치산이 아닌 인텔리여성과 결혼한 유일한 사람은 오진우였다. 그의 처 전금선은 김일성대학 특설학부 사범과를 나온 인민학교 교원 출신이다. 두 사람이 부부가 된 것은 바로 김정일의 생모 김정숙의 중매에 의해서였다. 전금선은 대학 졸업 후 평양의 제4인민학교에서 교편을 잡고 있었다. 6·25전쟁이 터지자 생모와 함께 만주로 피난가 거기서 만경대 혁명학원에 다니던 김정일은 휴전후 돌아와 평양의 제4인민학교를 다녔다. 전금선은 이때 그의 담임교사였다. 전금선은 김정숙이 죽은 뒤 계속해 김정일의 뒷바라지를 맡았다. 오진우 부부는 이런 특별한 인연 때문에 김정일에게 등을 돌리기 어려운 처지였다.

김정일은 생모가 죽은 뒤 오진우 부부와 최광 부부 외에도 옛날 김일성유격대원 출신의 군 실세들에 의해 극진한 보살핌을 받았다. 특히 빨치산 시절 김일성의 호위병이나 전령병 출신인 백학림, 전문섭, 조명록 등이 생모를 잃고 울어대는 7세 소년 김정일을 업어 달래며 오진우와 김일의 집으로 다녔다. 이런 김일성가의 사병들이 지금 군 실력자 자리를 확고히 지키고 있다.

현재 북한의 군 수뇌부가 보았을 때 김정일은 빨치산의 순수혈통을 이어받은 황태자다. 이에 비해 김평일의 경우는 군사경력에서 김정일보다 우월하지만 그의 생모 김성애가 빨치산 출신이 아니어서 북한정권의 후계자로는 부적합하다고 생각하고 있다. 이것도 북한정권이 혈통지배집단임을 나타내주는 지표 중 하나이다.

소년 김정일을 업고 다녔던 군 원로 중 전문섭은 6·25 당시 인민군 사단장이었으며 2집단군사령관과 호위국장, 평양위수사령관, 인민무력부 부부장 등을 거쳐 현재 대장으로 국가검열위원장이라는 막강한 자리에 있다. 전문섭은 또 항일빨치산 1세대로 당 중앙위원 겸 강건 종합군관학교장을 지낸 대장 전문욱의 동생이다. 형제가 함께 김일성 측근의 군부 실세였으나 전문욱은 지난 89년 사망했다.

또 조명록은 40년대 초 소련 극동방면 군 정찰병으로 88여단 대대장이던 김일성의 전령병이었다. 해방 후 김일성이 먼저 귀국길에 오르자 그는 뒤에 남아 김정숙과 김정일을 호위하고 있다가 소련 함정을 타고 함께 함북 웅기항에 들어간다. 입북 후 김일성호위대의 중대장, 대대장을 거친 그는 두 번에 걸쳐 소련 공군대학에 유학했으며 오극렬의 뒤를 이어 지난 77년 공군사령관에 올랐다. 빨치산 1세대와 2세대의 중간연배로 당 중앙군사위원 겸 공군사령관을 거친 차수 조명록은 당과 군에서 김정일의 측근세력 역할을 해왔다. 그는 현재 국방위 제1부위원장으로 김정일을 제외하면 군부의 최고 실력자다.

빨치산 출신 외에 김정일이 끝까지 믿을 만한 군부 실력자는 사회안전부 정치국장을 맡고 있는 대장 장성우와 당 중앙군사위원인 상장 오용방이다.

장성우는 바로 김정일의 친매제인 장성택의 형이다. 장성택은 김정일의 여동생 김경희의 남편인데 김정숙 소생은 이들 남매뿐이다. 현재 장성택은 당 조직부 제1부부장으로 김정일이 권력계승을 준비하는 데 직계부대 역할을 해왔다. 김정일이 당 총서기가 되면 현재 그가 맡고 있는 당 조직비서라는 막강한 실권 자리는 장성택에게 돌아갈 공산이 가장 크다. 김경희의 직책은 당 경공업부장. 이런 족벌체제에서 장성우가 군부실력자 행세를 하는 것은 당연하다.

또 오용방은 30년대 만주 김일성유격대원으로 전사한 오씨 5형제인 오중화의 장남. 이 오씨 일가의 장로는 물론 오진우였지만 오용방도 김일성이 만경대 혁명학원과 소련군사대학에 맡겨 키워낸 '양자그룹'에 속한다.

만경대 혁명학원과 김일성 군사대학

북한에서 가장 알아주는 군부엘리트 코스는 강건 종합군관학교나 김책 공군대학, 김정숙 해군대학을 거쳐 김일성 군사종합대학을 졸업하는 것이다. 그 이전에 만경대 혁명학원을 다녔다면 그는 군부실세가 될 충분한 조건을 갖춘 셈이 된다.

북한의 군부엘리트는 거의 모두가 김일성 정권에 의해 철저히 계획적으로 키워진 인물들이다. 각 개인이 인생관과 소양에 따라 군인의 길을 선택한 것이 아니라 김일성이 주로 고아 등 불우한 청소년을 데려다 기숙사에 넣어 교육시킨 '양자그룹'이다. 항일운동으로 숨진 이른바 혁명가 유자녀와 6·25 당시 사망한 전사자 유자녀 및 전쟁고아들이 김일성의 양자그룹을 구성하고 있다. 빨치산 유자녀와 전사자 가족에게 우월한 교육특혜를 베풀고 그들을 지배계층으로 삼은 것이 김일성 정권에 의한 북한사회 재조직의 골간이다.

그러나 이들이 모두 군관이 되는 것은 아니며 당 중앙위와 각 도

당, 그리고 정무원 등으로 나뉘어 들어가 김일성 정권을 떠받치는 친위세력 노릇을 하고 있다. 그런 김일성의 양자교육의 대표적 산실이 바로 만경대 혁명학원이다. 전사자 유자녀들을 데려다 교육시키는 특수기관으로는 이 밖에도 강반석 혁명유자녀학원과 해주 혁명유자녀학원이 있다. 강반석은 김일성의 어머니다.

특수학교 중에서도 가장 엘리트 코스인 만경대 혁명학원은 인민무력부 직할로 돼 있다. 그렇다고 해서 이 학교 출신이 모두 군관학교에 가는 것은 아니다. 반수 이상은 김일성 종합대학 등으로 진학한다. 그런데도 이런 지배 엘리트의 산실을 인민무력부에서 맡아 운영하고 있는 것 자체가 북한사회에 대한 군부지배의 한 단면을 보여주는 지표다.

이 학원의 재학생들은 전원 기숙사에서 생활하며 군관복장을 착용한다. 교육기간은 유치원 1년, 인민학교 4년, 고등중학교 6년 등 모두 11년이다.

지난 47년 세워진 이 학원이 배출한 졸업생 수는 2천여 명에 이른다. 군에서 대장, 상장급 실세들은 대개가 이 학원 출신이라고 보면 틀리지 않는다. 김정일의 친위대 트로이카인 오극렬·김두남·김강환을 비롯, 김광진(차수, 인민무력부부장 역임. 사망), 오용방(상장, 당 중앙군사위원), 최상욱(상장, 포병사령관) 등이 만경대 혁명학원 출신이다. 김정일 자신은 만경대 혁명학원을 졸업한 것은 아니며 6·25 당시 만주로 피난가 있을 때 역시 그곳에 옮겨간 이 학원에 2년간 재학했다.

군부 이외에도 당정에서 핵심으로 권력 서열의 상위를 차지하고 있는 혁명 2세대들은 대부분 이 학원 출신이다. 다음은 그 주요 인물.

강성산(전정무원 총리), 전병호(당 정치국위원 겸 군수담당비서), 서윤석(당 정치국위원 겸 평남도 당 책임비서), 최태복(당 정치국 후보위원 겸 자강도 당 책임비서), 김국태(당 사상담당비서 겸 당 간부 부장), 김환(정무원 부총리 겸 화학공업부장).

북한에서 군관학교는 우리처럼 고등학교를 졸업한 뒤 입학시험을 거쳐 들어가는 것이 아니다. 북한청소년들은 고등중학교를 마치면 군입대, 일반대학 진학, 기업소 취업 등의 3가지 진로 중 하나를 선택할 수 있다. 이중 군입대를 가장 선호한다. 일반대학을 졸업하면 지식인이 되는데 지식인이란 북한에서 힘깨나 쓰는 '출세'의 길이 아니라 기능적 피고용인층에 불과하기 때문이다. 군에 입대하면 의무복무기간 7~10년을 지내는 동안 당원으로 선발되고 군관학교에 들어갈 수 있는 기회가 주어진다.

군관이 되는 기회는 두 가지가 있다. 하나는 '직발군관'으로 군생활 5년 이상된 전문병과의 사병 중에서 선발된다. 두 번째는 군관학교를 졸업하는 것이다. 군관학교에 입학하기 위해서는 사병 근무성적과 당성 등이 뛰어나 소속부대장의 추천을 받은 뒤 해당학교 심사위원의 전형에 합격해야 한다.

우리의 육군사관학교에 해당하는 강건 종합군관학교는 46년 6월 중앙보안간부학교로 세워졌다. 북한은 해방이 되자마자 군 간부양성학교부터 설립한 것이다. 이 보안간부학교가 48년 12월 제1군관학교로 개편됐다가 60년에 6·25 당시 총참모장으로 전사한 강건을 기리기 위해 교명을 바꾸었다. 이 군관학교는 보병·공병·화학병과의 군관을 양성하며 기타 군관은 각 병과학교에서 배출한다. 재학기간도 달라 보병은 2년, 공병과 화학 군관은 3년이다. 주요 교과과정을 보면 이론보다 실전훈련에 치중하고 있다.

김일성 · 김정일의 업적 문헌 사상강좌, 각개전투 및 분대 · 소대 · 중대 · 대대전술, 병기 및 사격, 격술 · 단도 · 수영 · 장벽 오르기 등의 대열체육과 부대지휘관리, 매복 · 습격 · 파괴 · 교란 · 침투 · 정찰 등의 유격전술. 군사지형학, 남한의 자연지리, 주요산맥 · 하천 · 행정구역 · 도로 · 언어 · 풍습 · 지역별 특징 등 남반부강좌, 6 · 25전사, 외국어(영어 주당 1시간).

우리의 해군사관학교 격인 김정숙 해군대학은 나진에 있던 것을 73년 동해함대사령부가 위치한 퇴조지역으로 이전하고 최근 그 이름으로 개칭했다. 군복무 5년 이상자 중에서 골라 입교시켜 전투관계학과는 4년, 기술관계학과 5년, 정치반 2년, 정장반 3년을 각각 교육과정으로 하고 있다.

김책 공군대학은 고급군관과 정치 · 행정 · 기술군관의 양성을 담당하며 전투기 조종군관은 따로 주을 비행군관학교에서 훈련시키고 있다.

북한의 최고 군관 엘리트 교육기관은 김일성 군사종합대학이다. 6 · 25전쟁 중이던 52년 10월 설립된 이 학교는 당 중앙군사위 소속으로 중대장 이상 지휘관(중위 · 대위) 중에서 선발된 자들을 교육시킨다. 입교 자격은 당성, 경력과 발전성, 출신성분, 신체건강자 등으로 규정돼 있다. 입교자의 선발절차를 보면 인민무력부 계획으로 매년 봄 각 사단별로 사단장 · 정치위원 · 간부과장이 예하부대 대상 군관 전원의 이력표를 검토, 선발 인원의 두 배를 뽑아 명단을 김일성 군사대학 선발원이 파견돼 심사, 면담한 뒤 본부에서 최종 선발한다. 교과과정은 3~4년 간에 걸쳐 정치 · 군사 · 사회 등 전반적인 자질향상 교육이 주 내용이다. 이 김일성 군사종합대학을 나와야 군부 내 주요 보직에 진출할 수 있다.

북한군 특수전 부대

1998년 6월 잠수정을 타고 동해안으로 침투한 북한 무장간첩들은 인민무력부 정찰국 소속으로 밝혀졌다. 지난 96년 9월 강릉 해안에 침투한 잠수함도 이들과 같은 정찰국 소속이었다. 이들의 침투임무는 주요 시설 촬영 등 직접적인 정보수집인 것으로 보인다. 이는 북한 내에서 가장 강경한 대남노선을 견지하는 집단인 군 특수전부대가 조금도 그 예봉을 꺾지 않았다는 증거다. 북한 특수전 부대의 위상과 성격은 북한사회를 떠받치고 있는 세 개의 기둥인 노동당·군부·정무원을 통틀어 가장 강력한 주체 이데올로기의 수호 세력이다. 사상과 이론을 다듬고 전파하는 집단은 아니지만 김일성 주체사상의 전략, 전술에 따라 조직되고 훈련됐기 때문에 그에 어긋나는 어떤 노선도 이들에겐 먹히지 않는다.

북한은 한국의 검은 베레, 미국의 그린 베레나 델타 포스, 영국의 대 테러 진압부대인 SAS와 SBS, 프랑스의 외인부대, 독일의 GSG-9, 이스라엘의 하헤브레, 러시아의 스페츠나즈 등에 비견되는 특수전부대를 키워왔다. 그 부대의 명칭은 경보병여단과 정찰대, 저격여단(일명 청년돌격여단), 그리고 제병연합여단 등이며 전체병력 수는 최근의 정통한 자료로 11만 7천여 명이다. 이 병력 규모는 북한 상비군의 12퍼센트로 정규전 부대에 대한 특수전 부대의 비율이 세계 최고이다.

북한이 이렇게 비정규 특수전 부대를 비중 있게 육성해 온 것은 그 정권을 세운 군벌집단인 김일성·최현·최용건(崔庸健)·김책(金策)·김일(金一) 등이 빨치산 출신이기 때문이다. 특수전이란 일반 정규전과 다른 게릴라전을 말한다. 이들 특수전 부대의 조직을 보면 인민무력부 아래 총참모부의 지휘를 받는 경보교도지도국과 정찰국이 그 사령부 격이다.

경보교도지도국은 지난 83년 특수8군단의 조직을 확대개편한 것이다. 또 특수8군단은 지난 66년 창설한 124군부대와 283군부대, 그리고 제17정찰여단 등을 주축으로 69년 조직됐다. 이 경보교도지도국 산하의 특수전 부대로 24개 경보병여단과 35개 경보병대대가 각급 임무별로 편제돼 있다. 경보병이란 산악전과 특수공작에서 기동성을 높이기 위해 군장의 무게를 최소화한다는 뜻이다. 이들의 훈련목표가 40킬로그램의 군장을 매고 산악지대 150킬로미터를 15시간 내에 행군해내게 하는 것이다.

경보교도지도국 산하 24개 경보병여단은 3개의 상륙여단, 8개의 공정경보병여단, 4개의 정찰여단, 전방군단에 소속되는 9개의 경보병여단 등으로 편성돼 있다. 또 35개 경보병대대가 전방사단에 16개와 후방사단에 19개가 각각 배치돼 있다.

경보교도지도국과 함께 북한 특수전 부대의 두 축을 이루는 정찰국은 전방의 1군단 소속 정찰여단과 서울을 목표로 하는 2군단의 정찰여단, 그리고 5군단의 정찰여단 등을 지휘한다. 이들 정찰여단은 각종 정보·첩보의 수집과 특수공작을 임무로 한다.

북한 특수전 부대의 또 하나의 형태는 5개의 경보병여단이 기계화포병여단들과 혼합편성된 제병연합여단이다. 이 부대는 전선에서 기동돌파전에 투입하기 위해 고안됐다. 그리고 각 전방군단에 상대방의 주요 지휘관 등 목표인물을 사살하기 위한 저격여단도 특수부대로서 배치돼 있다.

북한잠수함 사건 때 침투한 정찰대의 편성을 보면 각 여단별 총병력은 4천2백 명으로 이 병력이 10개의 정찰대대로 나누어지며 이들의 기본적인 전투활동 단위는 약 10명으로 된 분대규모의 정찰조이다. 또 이들은 임무수행에서 인민부력부와 총참모부의 군사작전 명령뿐 아니라 노동당 조사부와 대남사입부의 공작지시도 받는다.

이들 특수부대의 강도높은 훈련내용을 보면 공수, 상륙 및 도하, 전투수영, 암벽등반 및 하강, 침투와 습격, 매복과 야영, 생존과 적 전탈출, 방향탐지, 폭파와 지뢰제거, 은밀이동, 위생학, 격술, 사격 등이다. 이런 혹독한 훈련이 끝나면 보통 사병 출신은 하사관으로, 하사관은 장교로 각각 특진돼 11~12년 간을 의무복무하게 한다.

북한이 이렇게 특수전 부대를 키워온 것도 김일성의 주체전략전 술에 따른 것이다. 김일성의 주체전략은 한마디로 첨단병기에 의한 현대전 개념이 아니라 한반도 자연환경에 걸맞는 정규전과 게릴라 전의 혼합전 방식이다. 이는 북한에서 정권을 장악하고 군사교리를 세운 김일성의 갑산파가 자신들의 빨치산 경험을 강조했기 때문이 다.

당초 북한의 군사교리는 갑산파와 연안파라는 서로 다른 군벌에 의해 만들어졌다. 두 개의 방식이 모두 게릴라전으로 통합될 수 있 지만 기본적인 전략에 차이가 있다.

연안파의 교리는 모택동이 정립한 게릴라전략을 소화한 것이다. 모택동에 따르면 농민계층에 대한 정치사상의 주입과 동화가 혁명 전의 궁극적 승리에 가장 중요한 요인이라는 것이다. 그는 "게릴라 지도자들의 가장 중요한 과업은 대중을 이기는 것이므로 전투 자체 보다도 조직·교육·선동 및 선전에 많은 시간을 투입해야 한다." 고 부하들에게 강조했다. 그에게는 대중을 정치적 동지로 교화시키 는 과정이 가장 핵심적인 혁명전이었다. 이에 따라 그는 설득·토 론·확신 같은 것을 하나의 전술개념으로 정립했다. 모택동의 게릴 라전 교리는 탁월한 현실인식에 바탕한 것이다. 그는 게릴라와 대중의 관계를 물고기와 물에 비유하고 "만약 정치적 수온이 적절하면 물고기는 비록 수가 적더라도 번식할 수 있다."고 말했다. 그리고 정치적 수온이 적절한 때를 기다려 혁명가들은 적극적인 군사단계로 돌입해야 하지만 행동의 주 내용은 언제나 정치적 측면에 맞추어져야 한다는 것이다.

이에 비해 갑산파는 정치적 측면을 덜 강조하고 군사작전 자체를 중시했다. 이는 김일성의 경험이 일본군을 상대로 한 빨치산전과 6·25침략전에 국한돼 있으며 대중의 민심을 교화시키는 혁명전 과정에서는 매우 취약하기 때문인 것으로 분석된다. 또 김일성의 최종 군사경력인 2차세계대전 당시의 소련군 유격전 교리도 동일했다. 이런 김일성의 군사전략에 따라 오늘날의 북한군 특수전 부대가 조직되고 육성돼 온 것이다.

북한의 군사교리는 특히 6·25 이후 정규전과 빨치산전의 배합을 핵심내용으로 발전시켜 왔다. 정규전과 게릴라전은 그 기본적인 전투내용이 다르다. 빨치산전은 단타적인 파괴 실상의 테러를 연속해가는 전투이고 정규전은 대국적인 점령과 제압이 주 내용이다. 이런 상반되는 군사경험 때문에 북한의 군부는 정규전과 빨치산전, 대부대와 소부대, 현대첨단무기와 재래식병기를 각각 배합하는 혼합전술을 발전시켜 왔으며 이것을 입체전이라고 보았다.

또 혼합전을 중시하는 북한의 군은 정규군과 준 군사조직으로 편성돼 있다. 그러나 북한의 준 군사조직은 우리의 예비군보다 훨씬 잘 훈련돼 있다. 인민군은 약 1백3만의 병력규모에 스커드 미사일과 전차·방사포·자주포, 그리고 세계 3위의 화생방 무기 등 막강한 화력으로 무장돼 있다.

유격전을 중시한다고 해서 북한의 군사전략이 정규전을 경시하는 것은 아니다. 지난 75년 베트남 전쟁이 20년 만에 공산 월맹의 승리로 끝난 후 베트남 군사대표단이 평양을 방문한 자리에서 김일성은 이렇게 말했다.

"오랫동안 베트남 인민들이 전민 무장화와 전국토 요새화를 달성해 제국주의자들을 물리치느라 어느 나라 인민도 겪지 못했던 고생을 했습니다. 그러나 베트남의 군사지도자들이 계속 게릴라전에만 의존해 전쟁이 너무 길었어요. 그런 게릴라전에다 정규전을 제대로 배합시켰더라면 전쟁 기간은 그 절반도 채 걸리지 않았을 것입니다."

게릴라전으로 세계 최강의 미군을 물리친 베트남 군부지도자들에게 한마디 훈수를 했다는 얘기다. 이런 김일성의 전략에 따라 북한 인민군의 구조는 일반 정규전 부대와 정예화된 특수전 부대로 배합돼 있다.

북한에서 모든 무장력에 대한 통수권자는 국가주석과 그 아래 국방위원장이다. 이 두 사람은 일반 정규군과 특수전 부대, 준 군사조직, 그리고 사회안전부 소속 병력까지 관장한다. 국방위원장 아래 인민무력부장과 총참모장은 정규군과 특수전 부대의 수장이다. 준 군사조직과 사회안전부 병력의 경우 지휘 체계가 다르다.

인민무력부와 총참모부 예하 군편제를 보면 다음과 같다.

60개 보병사단으로 이루어진 9개 지상군 군단, 24개 여단의 4개 기계화 군단, 13개 여단의 1개 전차군단, 30개 여단의 2개 포병군단, 3개 항공전단과 1개 민용항공국으로 구성된 공군사령부, 5개 전대의 서해 함대 사령부와 9개 전대의 동해 함대 사령부로 이루어진 해군사령부, 9개 지구사령부, 평양방위사령부, 24개 여단으로 구성된 특수8군단.

북한군이 우리의 육·해·공군 합동군조직과 기본적으로 다른 것은 전형적인 통합군 체계를 채택하고 있다는 점이다.

북한의 총참모장은 형식상 우리의 합참의장에 해당한다. 그러나 우리의 합참의장이 육·해·공군의 합동회의체 의장이라면 북한의 총참모장은 육·해·공군의 단일 사령관이다.

전쟁수행과 군사작전 능력의 극대화만을 고려한 군편제가 통합군제다. 예컨대 북한군에는 육군본부나 해군·공군본부가 없다. 지상군을 군사전략상 필요에 따라 몇 개의 작전사령부로 나누었고 해군과 공군사령부는 그런 작전사령부급의 하나일 뿐이다.

또 특수전 부대를 보면 특수8군단 예하에 각급 경보병 부대를 두어 전시 정면공격의 특수작전과 후방침투 임무를 수행하도록 돼 있다. 또 특수8군단과 별도로 모든 보병군단이나 사단도 경보병여단과 경보병대대를 두어 전술군으로 운용하도록 하고 있다.

인민무력부 산하에는 순수한 군사작전을 담당하는 총참모부와 동급으로 후방총국, 보위부가 각각 편제돼 있다. 총정치국은 이들보다 사실상 상위에 있다.

이중 후방총국은 군수 보급을 담당하며 보위부는 각급 부대에 대한 사상 이념을 통제하고 당 중앙의 시책이행을 독려하는 감시기구다. 우리의 기무사가 수행하는 쿠데타 방지와 방첩임무를 북한군에서는 여러 조직이 중첩적으로 수행한다.

총정치국은 당 중앙정치국의 지침을 받아 군내에서 당 지도 노선이 제대로 먹혀드는지를 감시 감독한다. 각급 부대의 지휘관은 군사훈련이나 병력동원 등을 할 때 정치부 지휘관이나 정치위원과 사전 협의하도록 돼 있다. 이 정치군관이 일반적인 모든 문제에 대해 당 노선을 따르도록 하는 데 비해 군 보위부장이나 보위부지도원은 정치범죄 사상문제를 감시한다. 이 외에도 70년대 중반 이후 김정일이 주도한 3대 혁명소조와 사로청 등의 조직원이 군부 내에서 김정일과 당 지도노선에 이질적인 요소를 계속 청소해 왔다.

우리의 경우 군의 탈정치화가 가장 중요한 과제로 강조돼 왔으나 북한의 군은 집권세력의 정치노선을 추종하지 않을 수 없게 겹겹이 정치조직으로 둘러싸여 있는 형상이다. 북한노동당의 가장 핵심적 조직 기반 중 하나가 군당위원회라는 것만 보아도 인민군은 정치에 직접 예속돼 있음을 알 수 있다.

북한의 군사조직으로 빼놓을 수 없는 것이 준 군사부대들이다. 우리의 예비군과 유사한 교도대는 17~40세의 일반 주민(여자는 30세)을 대상으로 연간 5백 시간을 훈련시켜 9개 지구사령부에서 동원, 지휘하도록 돼 있다. 규모는 1백20여만 명. 우리의 민방위대에 해당하는 노농적위대는 41~60세의 남자만을 대상으로 3백80만 명이 편성돼 있으며, 14~17세의 고등중학교 학생들로 이루어진 붉은 청년근위대도 90여만 명에 이른다. 김정일의 군부 내 오른팔인 오극렬이 인민군 총참모장직에서 밀려난 후 맡았던 직책이 방대한 규모의 준군사조직을 관장하는 자리다. 또 하나의 준군사조직으로 사회안전부 소속 인민경비대가 있다. 사회안전부는 치안경찰이 주 임무지만 인민경비대의 경우 국경·해안·철도경비대 등으로 편성돼 정규군과 똑같은 훈련을 받는다.

주체사상의 핵심인물 황장엽 망명

97년 들어 북한의 경제난과 식량난이 심각해지자 그 핵심인물들이 잇달아 북한을 탈출해 체제위기를 신호했다. 황씨 외에도 미국으로 망명한 전 이집트 대사 장승길과 그의 형 파리대표부 참사관 장승호 씨 역시 북한의 고위 외교관이었다. 그러나 97년 초겨울 북경에 체류 중인 북한 차수 이두익의 망명설은 허위였음이 밝혀졌다. 여기서 중요한 것은 북한이 제아무리 체제위기라 해도 그 창업자 그룹인 빨치산 군벌이 망명하는 일은 없으리라는 점이다. 이 점 또한 북한에서 군벌과 테크노크라트 출신의 차이로 흥미로운 대목이다.

황장엽 씨의 망명 이유

전 북한노동당 비서 황장엽 씨의 진짜 망명 이유는 무엇일까. 여기에는 권력자로서 세가 불리해지자 긴급 피난했다는 풀이도 가능하고 그것과는 일정한 차이가 있는 학자 또는 양심적 지식인으로서 일대 인식전환이라는 측면을 상정할 수 있을 것이다.

황 비서의 망명을 놓고 그저 북한 체제 핵심 인물의 남한귀순이라는 냉전 시대 공안당국식 시각으로 본다면 이런저런 분석이 불필요할지도 모른다. 그러나 의미 있는 사건일수록 여러 측면에서 분석적으로 들여다보아야 한다. 사실 그의 망명 이유가 석연하지 않은 구석이 있었다. 그가 북한의 통치이념인 주체사상을 작성한 장본인이기 때문에 한국 공안당국의 입장에서 보면 전향시키기 가장 어려운 몇 명 안 되는 확신범들 중 한 사람임에 틀림없다.

한국의 보수층은 그의 '귀순'을 환영했다. 일각에서는 무조건 박수치지 않고 그의 망명 이유를 분석해보려는 식자층을 향해 "황장엽의 망명으로 뒤가 쿠린 데가 있느냐?"며 윽박지르기까지 했다. 극우세력의 정신적 테러인 매카시즘의 망령을 보는 듯한 분위기였다. 황씨가 북한 체제의 거물일수록, 또 북한 지식인층의 대부로서 명사(名士)일수록 귀순의 동기와 의미를 따져보아야 할 것이다.

황씨의 미출간 논문들을 분석해보면 그의 사상적 회의가 일어난 전후과정이 나타남을 읽을 수 있다. 그가 공산주의의 철학적 바탕인 유물론과 그 이론전개의 방법론에 해당하는 변증법에 대해 회의를 품었던 것은 분명했다. 즉 그의 망명을 사상적 회의라는 지식인 특유의 행동동기에서 찾아볼 수 있는 근거자료들이다.

황씨의 미출간 논문은 95년 3월 작성한 세 편이 그가 망명신청한 직후 도쿄(東京) 등지에서 나돌았다.

하나는 〈철학의 사명〉이라는 제목 아래 쓰여진 것으로 주체사상의 철학적 기초이론에 해당한다. 이 논문의 내용을 간단히 개괄해보면 우주와 생명체, 그리고 자연환경 속에서의 인간존재에 대한 탐구다. 황씨는 108페이지(200자 원고지 약 320매) 분량의 이 논문에서 인간중심의 철학이론을 강론하고 있다.

그는 '인간은 우주의 창조력을 한 몸에 지니고 자기를 발전시켜 나가면서 동시에 세계를 발전시켜 나가고 있다'며 '인간은 우주의

전 북한 노동당비서 황장엽(왼쪽) 씨가 1997년 5월 24일 그의 수하인 김덕홍 씨와 함께 서울 공항에 도착, 망명 성공을 기뻐하며 만세를 부르고 있다.

운명을 대표하고 있으며 책임지고 있다'고 주장했다. 주체사상의 핵심은 물질중심의 가치관과 객관적 환경을 중시하는 서구의 마르크스·레닌이즘과 달리 주체적 행동자로서 인간중심과 객관적 환경 극복을 강조한 데 있다는 것. 그 인간중심의 철학을 이 논문에서 읽을 수 있다.

두 번째는 〈인류의 광명한 미래를 위하여〉라는 184페이지 분량(200자 원고지 약 550매)의 논문으로 사회적 존재로서 인간의 역사발전 단계와 미래에 대해 논하고 있다. 마르크스나 레닌 트로츠키를 비롯, 마오쩌둥(毛澤東)까지 공산주의자들은 모두가 역사발전 단계론자들이며 기계적 역사철학을 갖고 있었다. 예컨대 인류역사는 노예사회, 봉건사회, 자본주의 사회를 단계적으로 거쳐 사회주의로 넘어간다는 주장이다.

이 단계론의 허구는 어떤 공동체든 동일한 단계에서는 동일한 사회현상과 경과과정을 거치도록 가정하고 있다는 점이다. 그 구성원들의 창의와 노력에 따라 일정한 과정을 생략하거나 비약적인 발전을 이루는 사례를 설명할 수 없는 구멍난 이론에 불과한 것이다. 한국의 경우도 서구에서 볼 수 있는 분명한 봉건사회를 경험하지 않은 채 자본주의 사회로 이행했다. 또 한국에서 자본주의 이후 사회주의가 도래할 가능성은 거의 없다고 보아야 한다.

그런데 황씨의 이 논문도 역사발전 단계론에 입각하고 있다. 그는 노예사회에서는 군사적 실력이 모든 것을 결정했으며 봉건시대 지배계급은 권력독점을 영구화하기 위해 신분제도를 실시했고 자본주의는 인류의 경제발전에 기여했지만 자유경쟁 때문에 동물세계처럼 약육강식이 보편화했다고 주장했다. 교과서적인 역사관을 개진한 가운데서도 '역사발전을 저해한 기본 요인은 자연재해와 같은 객관적 요인이 아니라 인간 자신이 저지른 과오로 하여 빚어진 재해였으며 그것은 주로 인간에게 남아 있는 동물적 잔재와 결부돼 있다'고 한 대목은 주목된다.

집단이익 멀고 개인이익 가깝다

주체사상을 체계화한 장본인으로서 황씨의 정치철학을 분석할 수 있는 자료가 되는 것은 〈현시대와 당면한 력사적 과제〉라는 논문이다. 그는 188페이지(200자 원고지 약 560매) 분량의 이 논문에서 인간의 본성으로서 자주성과 창조성, 소련 사회주의의 붕괴와 냉전종식의 의미, 유물사관과 변증법 비판, 개인주의와 집단주의, 개인의 이해관계와 계급적 이해관계, 시장(市場)과 교환개념, 인간개조사업(교육)의 기본내용, 대립물의 통일원리, 조직원리로서 민주적 집중제의 약점과 사회정치적 생명체론, 혈연관계와 집단적 생명체, 비폭력적 사회주의 실현방법 등을 논하고 있다.

이 논문은 공산주의 이론가가 작성한 것으로는 이상하리만치 노예사회와 봉건사회, 자본주의 등에 대해서 비판적이지 않은 점이 특이하다. 역사적 단계마다 그 나름의 과제와 축적가치가 있었다고 평가하고 있는 것이다. 이 점이 단계론자들의 특징이기도 하다. 예컨대 황씨는 이 논문에서 '인류가 노예사회를 통해 실력(군사력을 뜻함)의 중요성에 관한 교육을 받았다면 봉건사회를 통하여 초인간적인 권위와 위력에 대한 자기희생적 복무의 정신을 배웠다'고 쓰고 있다.

여기서 그가 말하는 자기희생적 복무정신이란 18세기 사회계약론자들이 근대시민의 덕목의 하나로 제시한 '규범준수의 의무(obligation)'와 같은 의미인 것으로 보인다. 그러나 그는 봉건적 지배에 의해 순치된 자기희생적 복무정신만을 강조한 것으로 이는 '각 개인이 자발적으로 계약한 규범과 대표자에 복종한다' 는 근대민주 정치 사상과는 차이가 있다고 보아야 한다.

또 황씨는 봉건시대의 공헌점으로 종교와 도덕의 발전을 들었다. 그는 '도덕의 발전을 통해 인간은 사회적 평가인 명예를 생명보다 더 귀중히 여기는 좋은 품성을 배양했다' 면서 '종교적 교육 없이 과연 인권에 대한 사상, 인간의 자유와 평등에 관한 사상이 나올 수 있었겠는가' 고 지적했다.

소련의 사회주의 체제 붕괴에 대한 그의 분석은 경제적 요인이 아 니라 그 인민과 정권의 사회주의화 실패에 있었다. 이런 시각이라 면 주체사상으로 전주민이 철저히 교육된 북한 체제는 제아무리 경 제난과 식량궁핍이 심하다고 해도 붕괴되지 않으리라는 추론을 가 능하게 한다. 황씨의 논문은 '소련의 붕괴와 냉전의 종식은 사회주 의 소련과 자본주의 미국과의 경쟁에서 소련이 패배했다는 인상을 주게 됐다' 면서 '이로부터 일부 사람들 속에서는 사회주의 이념 자 체를 부정하고 자본주의를 이상적인 것으로 내세우는 경향까지 나 오게 됐다' 고 썼다.

그는 그러나 소련이 군사적으로나 경제적으로나 미국의 공격으로 쓰러진 것이 아니라 소련 자체의 내부 모순 때문에 아무런 저항도 없이 무너졌다고 강조했다. 이는 소련의 사회주의 제도가 그 누구 의 지지도 받지 못했으며 그것은 또 소련 사회주의 제도가 인간의 사회적 본성에 배치되는 것이었다는 사실을 말해준다고 황씨는 지 적했다. 그는 러시아 혁명(1917년) 당시 주민의 80퍼센트가 문맹자 였다면서 이들이 사회주의 사회의 주인으로서 자질을 가졌다고 볼 수 없다고 말했다. 이어 그는 소련이 붕괴될 때도 노동계급이 사회주의를 고수하기 위해 싸우지 않았을 뿐 아니라 공산당원들의 대부분이 사회주의로부터 자본주의에로의 이행을 묵인했다면서 '인간을 사회주의화하는 사업, 즉 인간을 사회주의적으로 개조하는 사업에 깊은 관심을 돌려야 했다'고 지적했다.

황씨의 논문은 공산주의 이론 체계의 바탕인 유물론을 비판하고 인간의 정신과 목적의식을 중시했다는 점이 가장 특이한 점이다. 또 그는 개인과 집단 간의 관계에서는 집단에 우선 순위를 두었지만 개인의 의미도 상당부분 인정하고 있다.

그는 '사회에 대한 유물론적 이해에서 가장 큰 잘못은 사회적 현상을 물질적인 것과 정신적인 것으로 갈라놓고 물질이 정신을 규정한다고 본 것'이라고 강조했다. 그는 인간사회의 발전과정을 의식 작용의 영향 없이 자연사적 과정으로 이해하려 했던 것이 유물사관이었다면서 사회적 운동을 목적의식으로 끌고나가는 주체가 인간이라는 데 자연의 운동과 다른 기본특징이 있다고 설명했다.

지금까지 공산주의 이론가에게는 정신과 의식의 중요성이란 인정되지 않았기 때문에 매우 이례적인 대목이다. 그가 이처럼 정신을 강조한 것은 주체사상의 핵심이라는 인본(人本)주의 때문이다. 그는 이 논문에서 '인간은 가장 발전된 물질적 존재로서 다른 물질들에는 없는 정신을 가지고 있다'면서 '모든 활동을 목적의식적으로 할 수 있다는 데서 인간의 본질적인 우월성이 있는 것'이라고 말하고 있다.

그는 '주체사상은 인간의 운명을 개척하는 데 객관적 조건이 아니라 주체가 결정적 역할을 한다는 데에서 출발한다'고 주장한다. 이어 그는 '주체사상은 집단주의에 기초한 인본주의 사상'이라면서 '집단으로서의 인간만이 자기 운명의 주인으로 될 수 있으며 역사의 주체, 혁명의 주체로 될 수 있다'고 역설하고 있다.

집단과 개인의 관계설정은 정치사상의 가장 오래된 과제 중 하나로 고대 그리스 시대 아리스토텔레스로부터 시작됐다. 아리스토텔레스는 '전체는 부분 없이 존재할 수 없으며 또 부분은 전체를 구성하는 일부이다'는 명제 아래 양자의 조화와 균형을 추구했지만 부분이 기본개념으로 중시됐다. 즉 그는 '부분의 극대화가 전체의 발전에 공헌한다'고 갈파했다. 이것을 정치사회학에 원용한다면 공동체와 그 구성원인 개인 간의 관계에서 아리스토텔레스는 개인의 자유와 창의성에 무게를 두었다. 이 때문에 그는 개인주의적 자유주의의 원조로 오늘날 추앙받게 된 것이다.

그러나 마르크스에 이르러 개인보다도 사회전체에 가치중심이 옮겨지게 된다. 이 같은 마르크스의 사회철학을 이어받은 레닌과 스탈린에게 개인은 집단에 종속하는 존재일 뿐이었다.

이 같은 집단과 개인 간의 관계에 대한 사고에서 황씨의 입장은 아리스토텔레스와 마르크스의 중간 정도에 해당하는 것으로 풀이된다.

수정주의자 혹은 회색분자라는 평가

황씨는 이 논문에서 '인간은 개인적 존재인 동시에 집단적 존재'라며 '역사의 주체는 집단이지만 그렇다고 하여 개인이 자기 운명의 주인이라는 면을 무시할 수 없다'고 피력하고 있다. 그러면서 그는 공산주의가 개인의 이익보다도 집단의 이익, 특히 이른바 계급적 이익을 따라 행동하는 것처럼 주장했다고 비판했다.

그는 '이성적으로 생각할 때 집단의 이익이 개인의 이익보다 더 귀중하다는 것은 의심할 바 없다'면서도 '그러나 개인에게 있어서 일반적으로 집단의 이익은 멀고 개인의 이익은 가깝다'고 주장했다. 황씨의 이 같은 개인이익 중시 인식은 18세기 근대 자유주의와 자본주의가 싹틀 당시 사상가들의 인간본성에 대한 성찰과 맥을 같이 한다고 볼 수 있다.

하지만 사회주의 학자로서 그는 개인의 의미에 있어서 한계가 분명해 보인다. 그는 이 논문에서 '개인의 생명은 유한하지만 집단의 생명은 무한한 것'이라고 비교하고 있다. 이 같은 인식틀에 따라 그는 '집단의 이익이 개인의 이익보다 더 귀중하며 인류의 미래는 집단적으로만 실현할 수 있기 때문에 집단의 이익을 실현하는 것을 인생의 근본목적으로 내세우고 이 목적을 실현하는 테두리 안에서 개인의 요구를 실현해나가는 것이 옳다'고 선언했다.

다만 그가 북한 체제를 버릴 수 있었던 행동동기는 인간본성과 사회주의적 요구 간에 깊은 괴리가 놓여 있다는 통찰력에서 엿보인다. 그는 '집단에 대한 자기 희생성 하나만 강조하는 자들은 집단주의자인 것이 아니라 남의 희생성을 이용하여 자기의 이기주의적 요구를 실현해보려는 위선자이고 기만자'라고 지적하고 있다. 그는 이어 '개인적 존재가 아닌 사람이 없는 것처럼 세상에는 개인의 요구를 희생하여 오직 집단의 이익만을 위해 사는 사람은 없다'고 강조했다.

황씨의 이 논문은 결론 부분에서 사회정치적 생명체의 성과를 위한 조직의 방법론과 인간개조사업(교육사업)을 제시하고 있다.

인간개조사업에 대해 그는 '사회적 집단이 자기 운명을 위한 투쟁에서 성과를 거두자면 무엇보다 먼저 집단의 자질을 높이는 사업부터 해결해야 한다'고 교육의 중요성을 언급했다. 인간개조사업의 기본내용은 자주성, 창조성, 집단성이라는 인간의 세 가지 본성을 강화하는 것이라고 그는 주장했다.

사회정치적 생명체의 조직원리와 관련, 그는 전통적 공산주의가 강조한 민주적 중앙집중제의 한계를 지적하고 있다. 민주적 중앙집중제란 1920년 8월 코민테른 제2차 세계대회가 채택한 '코뮤니스트 인터내셔널의 가입조건' 21개 항에 규정된 개념이다. 이것은 각국 공산당의 조직 및 통제원칙으로 규정됐다.

그 내용을 보면 '치열한 구조적 내전상황에서 철의 규율 아래 운영되고 중앙당이 포괄적인 권한을 갖는 중앙집중화가 이루어질수록 그 임무수행 능력이 커진다' 는 것으로 '세계 공산당에 대해서는 코민테른이, 그리고 각국 공산당에서는 중앙당이 모든 권한을 부여받는다' 고 돼 있다. 중국 같은 광대한 나라가 하나의 공산당 조직 아래 천하통일될 수 있었던 것도 이 같은 중앙집중제와 집단주의 때문에 가능했다. 이 중앙집중의 원칙은 오늘날까지 모든 공산당에 그대로 고수되고 있다.

이에 대해 황씨는 '민주주의 중앙집권제 원칙만 가지고서는 생사고락을 같이하는 동지적 집단으로 결합될 수 없다' 비판하고 '집단이 생사운명을 같이하는 하나의 사회정치적 생명체로 결합되려면 사랑과 의리의 원리를 구현해야 한다' 고 제시했다.

또 그의 사상 체계가 북한 체제의 적화혁명 노선을 이탈했다는 증거는 다음의 결론대목에서 찾아진다.

'사회주의는 인간의 사회적 본성을 구현한 것이기 때문에 사회주의를 위한 투쟁을 비밀에 붙일 필요가 없다. 폭력적 방법으로 현존하는 정권을 타도할 것을 선포하는 것이 아니라 사회주의적 인간의 집단을 창조하고 이러한 집단에 기초하여 인간의 본성에 맞는 인간관계와 인간생활을 창조해 나가자는 것이다.'

이는 북한의 폭력 적화통일노선과 대남(對南)공작에 대한 근본적인 부정에 해당한다. 교육에 의한 일종의 사회개량주의를 제시한 이 논문으로 그는 북한 체제를 세우고 지배해온 빨치산 계열과 그 후 계세대인 군부강경파들에게 수정주의자나 회색분자임을 드러낸 결과가 된 것 같다.

■에필로그

전환 시대의 역사의식

1997년 12 · 18 대통령 선거로 30여 년에 걸친 군인정치 시대가 끝난 후 두 번째 민간정권이 탄생했다. 김대중 대통령은 새정부를 '국민의 정부'로 불러달라고 주문했다. 국민의 선택이 배제된 권위주의 절대권력에 의한 역사의 터널이 너무 길었으며 그 터널만큼이나 유산(遺産)의 영향도 오래 지속돼 왔다는 느낌이다.

대통령 박정희가 사라진 후 12 · 18대선 이전까지 네 명의 대통령이 나왔다. 박정희 이후의 대통령을 꼽으라면 보통 전두환 · 노태우 · 김영삼 씨 등 세 명을 생각한다. 그러나 최규하 씨도 유신 체제 아래서의 박정희 · 전두환 씨와 똑같은 방식으로 대통령이 됐다.

통일주체국민회의라는 관변 유지들의 모임에서 혼자 출마하고 찬반투표를 거쳐 추대된 것이 유신 체제의 대통령이었다. 이는 분명 이승만이나 유신 이전의 박정희와는 본질적 의미가 다른 대통령이다. 유신대통령의 선출방식은 내각책임제 대통령의 경우와도 달랐다. 내각책임제 하의 대통령은 아무 실권을 못 갖지만 그래도 집권여당 내 경쟁을 거쳐 의회에서 선출된다. 복수 정당제가 보장된 자유민주주의 사회에서 복수 후보가 출마하고 유권자들이 자유로이 투표한 결과 당선되는 대통령과 유신대통령은 그 의미가 본질적으로 달랐다.

유신대통령은 누구나 학교에서 배워온 민주국가의 대통령이 분명 아니었다. 단일후보에 찬반투표 방식으로 치르는 간접선거란 북한에서나 하던 흑백선거와 다를 게 없다. 유신 체제 아래서는 이런 말을 하는 사람이 국사범 취급을 받았다. 실로 중세 암흑기 같은 정치 생활이었다.

우리는 이렇게 대통령 아닌 대통령의 독재권력 아래 오랫동안 살아 온 과거를 갖고 있는 것이다. 5·18광주항쟁의 살상진압 등이 정권찬탈을 위한 내란이었다는 확정판결이 내려지는 것을 보면서 많은 사람들은 역사의 코미디를 보는 느낌이었다. 그 정권 찬탈자를 대통령이려니 여기고 살았다. 그뿐 아니라 찬탈자는 퇴임 후에도 전직 대통령이라는 너울 아래 온갖 예우를 다 받았다. 연간 수억 원의 국고예산과 경호원 및 비서까지 지원받았다. 그렇게 16년여가 지난 뒤에야 그가 전직 대통령의 예우를 받을 국가지도자가 아니라 내란의 주범이었다는 엄연한 역사적 사실이 법원의 판결로 공표된 것이다. 이 얼마나 허위의식이 지배했던 사회인가, 어린아이 장난 같은 시대사인가.

이 같은 미개 정치와 저급한 정신문화 상황에서도 한국민에게 유일한 위안은 경제성장이었다. 모든 불합리한 정치·사회적 관계와 횡포, 그리고 비이성이 오직 경제성장과 조국 근대화라는 구호 하나로 정당화됐다. 60년대 초 가난을 추방한다는 군사 쿠데타의 명분이 69년 대통령 박정희의 3선을 위한 개헌 때도 그대로 재포장됐다. 이어 72년 박정희 1인독재를 확립하기 위한 유신헌법 제정에서도 민족통일 대비와 함께 지속적인 조국 근대화라는 구실이 통용됐다.

박정희의 민족통일 대비는 총력안보 체제라는 전체주의 냄새마저 풍기는 말로 등식화했다. 경제개발과 조국 근대화가 총화 체제 아래 지도자의 영명한 판단과 정책결정으로 성공해가고 있으며 앞으로도 그런 지도자가 계속 정권을 맡아야 한다는 논리가 횡행했다.

그러나 이런 '지도자 논리'는 70년대 한국의 경제성장을 일으킨 다양한 계층의 시민들에게 말 없는 분노를 안겨주었다. 60~70년대 한국경제의 경이적 성장을 이끌었던 기업인과 젊은 화이트 칼라층 샐러리맨, 전문기능인, 그리고 어린 여공들은 자신들의 피땀 위에 올라선 유신권력자를 보면서 공분을 삭여야 했다.

기업인들은 정권으로부터 특혜를 받았다는 등의 시비도 있었지만 그런대로 투자선택과 노사관계 조정 등 수시로 닥치는 고뇌를 안고 살았다. 또 갓 대학을 졸업한 무역상사원들은 이른 아침 출근해 해장국이나 라면으로 조반을 때우고는 하루 12시간 이상씩 일하며 젊음을 불태웠다. 그러면서 오로지 훗날의 장밋빛 삶을 희구하며 살았다. 한국의 경제개발은 이들의 근검과 투지로 일궈진 과실이었다.

기능공이나 어린 여공들의 경우 한국경제 성장에 대한 평가는 더욱 회한의 대상이었다. 이들에게 기업과 정부와 국가경제란 연관짓기에 너무나 큰 개념들이다. 하지만 70년대 보세가공 공장 여성근로자들의 희생이 없었던들 개발독재 정권의 수출목표가 달성되기 어려웠으리라는 것은 엄연한 사실이다. 이들은 공장 기숙사에서 먹고 자고 일했다. 그렇게 젊은 시절을 수출상품에 공들이며 살았다. 그러나 그 과실을 기업주와 독재정권이 독차지한다고 생각한 이들에겐 한국의 경제성장이 갈등의 역사에 지나지 않았다.

갈등은 폭발할 수도 있고 삶의 공동체라는 커다란 용광로 속에서 용해될 수도 있다. 갈등의 폭발과 용해라는 두 갈래 길 중 어디로 들어서느냐는 선택은 공동체적 정의와 민주적 정치과정이 존재하는지 여부에 따라 좌우된다. 유신 체제를 포함해서 군인정치인 시대엔 이 같은 갈등과 회한이 공동체적 정의 앞에 승복하고 용해되는 진정한 정치과정이 존재하지 않았다. 공장근로자든 농민이든, 아니면 도시 화이트 칼라층이든 자신들이 선택한 조건과 계약 위에서 피땀을 흘린다면 불만은 생겨날 리가 없다. 자유의사로 체결한 계약이라야 그것에 대한 복종의 의무를 수반한다. 그것이 바로 자유민주주의 사상을 정립한 근대 사회계약론자들의 가르침이다.

그러나 한국의 개발독재 정권인 유신 체제는 체제에 대한 준수와 복종만을 강요하면서 그 전제조건인 자유의사에 의한 선택과 계약의 의미를 도외시했다. 인간사회면 어디서나 똑같은 이치인 이 같은 전후관계를 무시하면서 그것을 한국적 민주주의라고 포장해 내놓았다. 자유의사에 따라 약속하고 이를 준수해야 한다는 인간사회의 보편적 규범에 대해 한국인의 몸에 맞지 않는 서양옷이라고 억지를 부렸다. 그리고는 유신 체제가 한국사람의 체질에 맞는 민주주의라고 강변했다.

민주주의와 시장경제를 병행시키겠다는 김 대통령의 국정기조는 바로 이 같은 왜곡된 역사를 환골탈태하겠다는 의미로 받아들여진다.

유신 체제 아래서 한국민이 정권과 대통령을 자유의사로 선택할 수 없었다는 것은 아무도 부인하지 못한다. 따라서 유신 체제는 한국민이 아무런 준수의무를 느끼지 못하는 정치 체제였다는 것이다.

중앙정보부 등 정보수사기관의 위협을 수단으로 한 공포통치가 계속됐지만 국민 대중의 말 없는 분노는 몇 년을 못 가서 극한적 저항으로 바뀌었다. 72년 10월 유신헌법 선포 이후 74년부터 시작된 서울대생 등 수많은 대학생들의 항의투신과 분신, 79년 여름 YH무역 여공들의 신민당사 농성과 투신 사건, 같은 해 10월 중순의 부산·마산 시민궐기, 그리고 80년 5월의 광주시민항쟁 등이 바로 그 공포통치의 업보였다.

한국의 개발연대 당시 허리띠를 졸라매고 피땀 흘려 일한 주역은 건전한 시민사회의 청장년 세대였을 뿐 당시 쿠데타군 출신 권력자들은 국민의 눈길이 가려진 중앙정보부 안가에서 소행사, 대행사 술자리를 즐기며 방탕에 빠져들고 있었다. 이들은 자기네들끼리 통하는 일본말을 쓰면서 고급양주에 연예계 여인들의 술시중까지 받으며 연회를 즐겼다. 대통령 박정희가 즐기는 소행사, 대행사의 연회는 한 달에 열 번, 그러니까 사흘에 한 번꼴로 열렸다. 그 자리엔 중앙정보부장과 청와대 비서실장, 경호실장 등 대통령의 측근 권력자들이 동석했다.

10·26 박정희 살해사건도 바로 그런 대행사 술자리에서 터졌다. 이 같은 극적인 콘트라스트가 한국의 경제개발 시대에 무대의 전면과 뒤켠에서 동시에 벌어지고 있었다. 10·26 당일의 정국만 해도 부산·마산의 시민시위 사태로 위수령이 발동중이었으며 공수특전사 소속 3개 여단이 진주해 질서를 유지하고 있었다. 그러고도 정상화가 안 돼 박정희와 그의 경호실장 차지철은 이미 발포 명령 여부를 둘러싸고 중압감에 시달리는 상황이었다. 그런 비상시국 아래서 이들 권력자들은 비밀 연회장에 연예계 여인 둘을 불러놓고 술판을 벌인 것이다. 진지하고 성실한 국가지도자라면 어떻게 이런 행태를 보일 수 있겠는가. 그들의 경제개발은 자신의 영화와 방탕을

위한 도구였을 뿐 진정한 조국 근대화와 다수 국민의 인간적 삶을 실현하기 위한 것이 아니었다.

그런 유신 체제와 군인정치 시대가 막을 내린 지 이제 5년이 지났다. 민간 정부 제2기, '국민의 정부'를 맞으며 우리는 다시 전환 시대에 임하는 역사의식을 추슬러보아야 할 것 같다.

그러나 아직도 우리는 유신 권력자들이 남겨놓은 쓰레기를 설거지하지 못하고 있음을 느낀다. 오늘날 간헐적으로 나타나는 권위주의적 지도자를 갈구하는 신드롬도 오랜 권위주의 정권이 남긴 오염물질 중 하나다. 박정희 향수가 바로 그것이다. 합리적이고 유연하며 남의 의견에 귀기울이면서 중지(衆智)를 모아 나가는 지도자에게는 우유부단하고 나약하다는 비난이 뒤따랐다. 자기 생각대로 밀어붙여야 결단력 있으며 신뢰할 만한 지도자로 평가받았다.

이는 영웅을 좋아하는 보편적인 대중심리 탓도 있을 것이다. 영국이나 일본은 국왕이 그런 대중심리를 충족시켜 주는 데 필요한 존재로 인식되고 있다. 미국의 대중들은 나름대로 다양한 영웅을 간직한다. 스포츠 스타나 영화배우, 가수, TV뉴스의 앵커 등이 현대 대중사회의 영웅이다. 그리고 대통령도 그중 하나다. 그러나 한국인들에겐 제1의 영웅이란 뭐니뭐니해도 대통령이다. 대통령은 남의 얘기를 듣기보다 자신의 결단을 내세우는 영웅으로 자리매김해 온 것이다.

앞으로도 우리에게 이 같은 영웅 대통령이 필요할 것인가. 한국 사회에 어떻게 이런 정치문화가 배태됐으며 그것이 어떤 배경에서 간헐적으로 복고(復古) 신드롬화하고 있는가. 선진 시민사회의 정치 생활은 우리와 어떻게 다르며 다가오는 21세기 한반도 통일 시대에 우리의 정당정치와 외교안보는 어떻게 다듬어져야 하는가. 그리하여 우리 앞에 복고를 넘어서는 전진의 역사가 리드미컬하게 펼쳐질 수 있을 것인가. 저자는 바로 이런 물음들을 생각하면서 이 책의 원고를 정리했다.

군인정치 시대를 문 열어놓은 박정희에 대한 예찬이나 향수가 모두 그 나름의 이유를 갖고 있다. 많은 국민이 기대했던 문민정치가 허상으로 드러났기 때문일 것이다. 저자는 박정희 시대 18년과 그 유산을 평가하는 데 있어 긍정적인 면과 부정적인 면이 함께 있다고 믿는다. 전체적으로 영웅이라거나 완전히 오도된 절대권력자라는 양 극단의 시각에서 벗어나야 한다고 생각한다.

예컨대 박정희의 대통령으로서 정통성도 복수후보 출마와 국민에 의한 직접선거가 있었던 71년까지는 인정된다. 그러나 선거라기보다는 공작적 추대로 선출된 72년 이후의 유신대통령은 사실상 대통령의 정통성을 인정받기 어렵다. 시간적으로 길었고 정치 체제 면에서도 변모를 크게 겪은 박정희 시대를 재평가하는 데는 분석적으로 시시비비를 가리는 자세가 필요하다는 것이다. 문민정치에 실망한 대중에게 감성적인 박정희 향수론을 전파시키는 것은 무책임하고 퇴행적인 복고주의에 다름아니다.

복고는 역사발전의 필요악일지도 모른다. 그렇더라도 그것은 2보 전진을 위한 1보 후퇴라는 역사의 리듬운동에 그쳐야 한다. 지금 우리 앞에 전개되는 단편적 구체제 향수가 전진 에너지를 모으기 위한 현실타파라고 나는 믿는다. 박정희 시대의 경제개발, 전두환 정권의 물가안정, 노태우 정권에 의한 밀사외교의 성과 등등에 대한 예찬은 바로 문민정치에서 잃은 것들에 대한 보상심리 때문이다.

그러나 더 중요한 것은 그런 부분적 요구를 내세워 삶 자체의 의미까지 저당잡혔던 개발독재에 대한 역사재판이 광범하게 이루어지고 있다는 사실이다. 단세포적 부분개념이 아니라 공동체 구성원 모두의 삶과 역사의 수레바퀴 전체를 이끌어가는 균형잡힌 중심가치가 추구되고 있다는 것이다. 이것이 진정한 역사발전의 조건이다. 21세기 통일 시대에 진입하는 한국인에게 부분적 욕구 때문에 삶 자체의 가치가 짓밟힌 구체제를 되살리려는 퇴행적 복고란 받아들여질 리가 없다. 그런 믿음으로 이 책을 썼으며 또한 결론도 같은 것임을 밝혀둔다.

숲의 소설·숲의 시

광야에서

●윤영수 장편소설/신국판/전3권

1920-40년대, 세계제패 야욕을 품은 일제에 대항해 평등과 대동의 깃발을 들고 펼치는 조선민중의 대반격. 항일단체 송백단의 요인 암살, 만주·도쿄 주식시장을 뒤흔드는 주인공들의 숨가쁜 장면과 감추어졌던 사건들, 그리고 예고된 새로운 대결이 독자의 가슴을 뛰게 한다.

한국판 어린 왕자

●전윤호 글/ 육근영 그림/변형 4·6판 양장/116쪽

저자는 이 땅에 온 어린 왕자를 통해 남을 이해하고 사랑하기 위해 얼마나 긴 시간 동안의 인내와 노력이 필요한지, 그리고 우리가 지켜야 할 소중한 것이 무엇인지를 말하고 있다.

살아간다는 것

●여화(余華) 장편소설/신국판/312쪽

'90년대 중국 문학을 대표하는 작가인 여화의 장편소설.

체스

●슈테판 츠바이크/신국판/128쪽

뛰어난 소설가이자 전기 작가로 널리 알려진 독일문학의 거장 슈테판 츠바이크의 심리소설.

황홀한 반란

●이경자 장편소설/신국판/296쪽

주부들의 소외에 천착한 집필활동으로 주목받아온 이경자 장편소설.

하얀 새

'96년 한국 간행물윤리위원회 청소년 권장도서

●송우혜 장편소설/신국판/354쪽

병자호란을 겪는 고통과 아픔의 시대를 사는 명문 사대부 가문의 젊은 여인 이승효의 삶을 통해, '남성중심적이고 명분지상적인 사회제도와 의식이 한 여인을 어떻게 속박했으며 또 어떻게 단련했는지' 이야기하고 있다.

그대 굳이 사랑하지 않아도 좋다

●이정하 시집/신4·6판/104쪽

이루어질 수 없는 사랑에 때론 아파하고 때론 절망하는 마음을 서정적인 감성으로 그린 시집.

너는 눈부시지만 나는 눈물겹다

'96 '97년 시부문 전국 베스트셀러

●이정하 시집/신4·6판/104쪽

사랑의 애잔한 아픔과 그 속에 깃든 사랑의 힘을 섬세하게 풀어쓴 시집.

그대가 곁에 있어도 나는 그대가 그립다

8년 연속 전국 베스트셀러

●류시화 시집/신4·6판/112쪽

뛰어난 서정성과 환상적 이미지로 삶의 비밀을 섬세하게 풀어낸 류시화 시집.

그대에게 가고 싶다

7년 연속 전국 베스트셀러

●안도현 시집/신4·6판/98쪽/값 3,000원

가슴 아픈 사랑의 마음을 그린 안도현의 서정시집.

그대 거침없는 사랑

5년 연속 전국 베스트셀러

●김용택 시집/신4·6판/108쪽

〈섬진강〉의 시인 김용택이, 소박하고 꾸밈없는 목소리로 사랑의 견건함과 따사로움, 사랑의 순정함을 노래한다.

아름다운 사람 하나

'97년 시부문 베스트셀러

●고정희 시집/신4·6판/144쪽

고통스러우면서도 절실한 사랑의 감정을 통해 성숙해가는 이를 그린 서정시집.

숲 의 에 세 이

성격대로 살아가기

●김정일 지음/변형 국판 양장본/280쪽

현대인들의 정신병리와 심리 문제를 진단하고, 자아의
소중함을 일깨워온 저자가 타고난 성격 때문에, 혹은 다
른 사람들과 맞지 않는 성격차이로 고민하는 사람들에
게 전하는 심리 에세이.

지상에서 사라져가는 사람들

●김병호 外/국판 양장본/280쪽

오랫동안 현대 문명과 단절된 채 민족 고유의 생활방식
을 따르며 살아온 소수민족의 삶과 죽음, 종교와 제의,
성의식과 결혼 풍습 등을 문화 인류학적인 관점에서 조
명한 문화 탐사기.

영혼을 위한 닭고기 수프 1, 2

●잭 캔필드 · 마크 빅터 한센 外/류시화 옮김/신국판/전2권

우리가 살아가면서 잃어버리기 쉬운 꿈과 행복을 어떻
게 지키며 살아가야 하는가를 보여주는 1백여 편의 감
동적인 이야기. 이 책은 역경을 딛고 일어선 사람들의
이야기, 생활 속에서 만나는 작은 감동들, 인생의 의미
와 철학이 담긴 우화 등으로 구성되어 있어 깊은 감동을
준다.

괴테의 이탈리아 기행

●괴테 지음/박영구 옮김/변형 4 · 6양장본/704쪽

저명한 작가이자 바이마르 공국의 정치가로서 명성을
떨치고 있었던 독일의 대문호 괴테가 자신의 문학적 상
상력을 옭죄는 궁정생활을 탈출하여, 베네치아, 피렌체,
로마, 나폴리, 시칠리아 등 이탈리아 전역을 여행하며
남긴 기록.

심리를 알면 궁합이 보인다

●최창호/신국판/368쪽

심리학의 대중화에 힘써온 심리학자 최창호가 결혼을
앞둔 연인들과 부부를 위해 쓴 심리 에세이
97년 1월부터 1년여 동안 분석한 연구 결과를 바탕으
로 '심리 궁합' 프로그램을 개발하여 이 책에 담았다.

여성이여, 느껴라 탐험하라

●전여옥 · 임정애 지음/신국판/372쪽

우리 사회의 성차별과 남성 우위의 의식구조에 문제의
식을 갖고서, 억압되어 온 여성의 性문제를 조명하였다.
여성의 性에 대한 무지와, 성편견으로 점철된 왜곡된 성
문화에 의해 피해자가 될 수밖에 없는 여성의 현실을 지
적하고, 과감한 틀 깨기와 자유의 메시지를 전한다.

삶이 나에게 가르쳐준 것들

●류시화 명상 에세이/국판 양장본

삶이란 명제를 내적인 체험과 다양하고 재미있는 우화 사
이를 넘나들면서 류시화 특유의 바람결 같은 문체로 이끌
어가고 있다. 삶을 찾아 끊임없이 헤매어다닌 긴 여행길
의 이야기들을 씨줄과 날줄로 엮어가면서 깨우침을 찾아
함께 길 떠나자는 류시화의 초대에 귀기울일 만하다.

여성이여 테러리스트가 돼라

●전여옥 지음/신국판/384쪽

일과 결혼 사이에서 갈등하는 현대 여성들을 위한 에
세이.

아하, 프로이트 1, 2

●김정일 지음/신국판/전 2권

프로이트의 정신분석 이론과 개념들을 일상 생활 속에
서 재발견하여 쉽고 흥미있게 풀어쓴 에세이.

어떻게 태어난 인생인데!

●김정일 지음/신국판/340쪽

자아의 소중함을 일깨워주어 자유로운 창조와 개성의
길로 인도해주는 현대인의 필독서.

상처 없는 영혼

●공지영 산문집/신국판/320쪽

갈등과 고통 속에서도 자신의 길을 찾아가는 여성상을
제시해온 공지영의 첫 산문집.

푸른숲 인문 · 사회과학

도도의 노래

● 데이비드 쾀멘/이충호 옮김/신국판/전2권

진화와 멸종을 연구하는 섬 생물지리학의 모든 역사와, 진화의 비밀, 지구상에서 일어난 멸종의 사례, 그리고 자연 파괴의 현장에서 멸종을 막으려는 사람들의 노력을 흥미진진하게 풀어간 책.

히틀러 평전
한겨레신문 '98 상반기 추천도서
● 요아힘 C. 페스트/안인희 옮김/변형 국판 양장본/전2권

히틀러 평전의 결정판. 철저한 고증, 균형잡힌 시각으로 서술한 평전의 모범으로, 한 인물의 전기를 넘어서 그 시대의 역사를 폭넓고 깊이 있게 다루고 있다.

권력장
● 곽존복 지음/김영수 옮김/신국판 양장본/484쪽

중국 역사 속에 나타난 다양한 권력행사 유형을 통해 권력의 본질과 올바른 권력행사 방법을 제시하는 역사서.

박정희를 넘어서
● 한국정치연구회 편/신국판/416쪽

한국정치연구회의 젊은 소장학자들이 그 동안의 연구 성과를 토대로 4개 분야로 나누어 집필한 이 연구서는 박정희 신드롬, 박정희 시대의 정치, 박정희 시대의 산업화, 박정희 시대의 외교를 객관적, 역사적으로 다루고 있다.

한반도 30억 년의 비밀
'98 한국 간행물윤리위원회 청소년 권장도서
● 유정아 지음/변형 신국판/올컬러/전3권

KBS에서 3부작으로 방영한 다큐멘터리와 동시에 제작한 것으로 과학, 특히 지질학과 고생물학을 통해 한반도 30억 년의 역사를 최초로 복원한 책.

1부-적도의 땅: 5억 년 전 한반도는 적도 아래 있었다.
2부-공룡들의 천국: 한반도의 가장 오랜 지배자는 공룡이었다.
3부-불의 시대: 발해의 멸망은 백두산 폭발 때문이었다.

1.5평의 문명사
● 줄리 L. 호란 지음/남경태 옮김/신국판/296쪽

'인간은 배설 욕구와 그 부산물을 어떻게 해결해왔는가'라는 관점에서 인류의 역사와 문화를 새롭게 조망한 책. 각 시대의 특성을 반영한 배변관습과 민족마다 독특하게 발전시킨 화장실 문화, 변기의 변천사를 토대로 서구 문명의 발전 과정과 사회상을 충실하게 전달하고 있다.

한국의 性石
● 김대성 · 윤열수 지음/변형 4 · 6배판/244쪽

민초들의 소망이 담겨 있는 성신앙의 현장을 직접 발로 뛰어 취재한 한국 성석의 현장 보고서. 현장감 넘치는 글과 풍부한 볼거리인 사진자료를 담고 있으며, 우리 민속을 연구하는 전문가의 글을 통해 민속 신앙으로서의 성석의 의미를 확인할 수 있다.

최초의 인간 루시
'96 한국 간행물윤리위원회 서평도서
● 도널드 요한슨 · 메이틀랜드 에디/이충호 옮김/신국판/464쪽

세계적인 인류학자 도널드 요한슨이 고인류학의 역사 및 인류진화 과정을 설명한 고인류학서. 1974년 에티오피아에서 발견된 '최초의 인간 루시'를 통해 인류진화 과정을 설명한 이 책은, 고인류학의 태동에서부터 인류학사에 중요하고 재미있는 사건을 총망라하여 상세하고도 흥미롭게 다루고 있다.

한 권으로 읽는 융
● E. A. 베넷/김형섭 옮김/신국판/240쪽

인간의 감정, 사고, 행동의 근원이 되는 무의식의 정신활동과 내적 세계의 탐구에 몰두했던 정신의학자 융의 사상과 생애를 한 권으로 정리한 융 심리학 개설서.

한 권으로 읽는 프로이트
● D. S. 클라크/최창호 옮김/신국판/276쪽

프로이트가 전 생애에 걸쳐 남긴 20여 편의 저서를 중심으로 그의 정신분석 이론이 생성, 수정, 발전해가는 과정을 총망라하여 보여주는 정신분석 해설서.

문명의 기둥

'97 교보문고 '좋은 책' 선정도서

●곤도 히데오 外/양억관 편역/신국판/268쪽

전설 속의 대륙 아틀란티스와 레무리아에서부터 수메르, 메소포타미아, 이집트, 고대 에게 해의 문명국들, 아메리카의 잉카 제국, 중국의 황허 문명, 인도의 갠지스 문명에 이르기까지 세계의 고대 문명을 총괄, 정리한 고대 문명 입문서.

인간속의 악마

●장-디디에 뱅상/류복렬 옮김/신국판/360쪽

인간 안에 존재하는 악마의 존재를 통해 인간을 보다 깊이 있게 이해하려는 독특한 관점의 인문교양서. 진화론을 바탕으로 인간의 두뇌 속에서 우리의 행동과 언어를 이끌고 인식능력을 지배하는 악마의 존재를 추적한다.

우리 역사를 읽는 33가지 테마

'97 교보문고 청소년 권장도서

●우윤 지음/신국판/360쪽

정치, 문화, 학문, 생활 등 33가지 주제를 통해 우리 역사 전반을 분석한 책. 실증적 자료와 일정한 사관을 기본으로 한 역사학자로서의 전문성과 일반 대중들을 대상으로 한 흥미로운 서술방식을 갖춘 역사서이다.

반일 그 새로운 시작

'97 한국 간행물윤리위원회 권장도서

●이규배 지음/신국판/372쪽

역사적 문헌을 바탕으로 반일 감정의 연원을 밝히고, 일본의 실체를 파헤친 한일론에 대한 본격 연구서.

최초의 인간 루시

'96 한국 간행물윤리위원회 서평도서

●도널드 요한슨 · 메이틀랜드 에디/이충호 옮김/신국판/464쪽

세계적인 인류학자 도널드 요한슨이 고인류학의 역사 및 인류진화 과정을 설명한 고인류학서. 1974년 에티오피아에서 발견된 '최초의 인간 루시'를 통해 인류진화 과정을 설명하는 이 책은, 고인류학의 태동에서부터 인류학사에 중요하고 재미있는 사건을 총망라하여 상세하고도 흥미롭게 다루고 있다.

소크라테스 최후의 13일

'97 한국 간행물윤리위원회 청소년 권장도서

●모리모토 데츠로/양억관 옮김/신국판/346쪽

소크라테스가 사형 선고를 받은 이후 독배를 받고 죽기까지 13일 동안의 사색을 소설적으로 재구성하여 그 사상의 핵심을 알기 쉽게 해설한 책.

푸 른 역 사

사도세자의 고백　　[신간]

●이덕일 지음/신국판/348쪽

그 여드레 동안 무슨 일이 있었을까

누가 역사의 진실을 말했는가　　[신간]

●크리스티안 마이어 지음/이온화 옮김/신국판/500쪽

소크라테스에서 나치까지 2천 년 역사를 뒤흔든 법정세계사

영조와 정조의 나라 ●박광용 지음/신국판/339쪽

금관의 비밀 ●김병모 지음/4 · 6배판/213쪽

정도전을 위한 변명 ●조유식 지음/신국판/382쪽

새로 쓰는 백제사 ●이도학 지음/변형 신국판/644쪽

*푸른역사는 도서출판 푸른숲의 역사전문 자회사입니다.

박정희의 유산

첫판 1쇄 펴낸날 · 1998년 10월 10일
　　　2쇄 펴낸날 · 1998년 10월 20일

지은이 · 김재홍
펴낸이 · 김혜경
편집주간 · 김학원
기획실 · 김수진 조영희 선완규
편집부 · 한예원 김선경 임미영
디자인 · 김진 이열매
영업부 · 이동훈 엄현진
제 작 · 김영희
관리부 · 권혁관 임옥희 우지애
인 쇄 · 백왕인쇄
제 본 · 정민제본

펴낸곳 · 도서출판 푸른숲
출판등록 · 1988년 9월 24일 제11-27호
주소 · 서울시 서대문구 충정로 3가 270번지
　　　푸른숲 빌딩 4층, 우편번호 120-013
전화 · (기획실) 362-4457~8 (편집부) 364-8666
　　　(영업부) 364-7871~3
팩시밀리 · 364-7874